英雄儿女
GREAT HEROES

服务于国家　　国家支持你

服务于社会　　社会认可你

服务于朋友　　朋友回报你

老兵　颜建国

英雄情结始于军旅

三十多年前参加南疆之战留影

在"世界英雄儿女电影节发起启动仪式"
上向好莱坞著名导演克里斯-里比授牌

在"2017英雄儿女英雄传说亚洲巅峰拳王
争霸赛"上为冠军颁奖并集体合影

颜建国受聘任央视微电影英雄儿女频道执
行总监

在2017哈萨克斯坦中国电影展暨中哈英雄
儿女电影节新闻发布会上主题发言

在寻找英雄儿女系列活动之百名共和国将
军笔会论英雄（北京篇）上主题发言

在"寻找英雄儿女足迹"电视节目新闻发
布会上主题发言

在寻找英雄儿女系列活动之百名共和国将
军笔会论英雄（北京篇）上主题发言

在"英雄儿女号"冠名动车发车仪式上主题发言

在寻找英雄儿女之百名法官系列微电影启动仪式上主题发言

在百集系列儿童电影《我是英雄儿女》新闻发布会上主题发言

在"歌唱祖国 礼赞英雄寻找英雄万里行巡演"启动仪式上主题发言

在"歌唱祖国 礼赞英雄寻找英雄万里行巡演"横店演唱会上致辞

势力与视力经济循环模式图

中华人民共和国国家版权局著作权登记证书

登记号：2010-K-027647

发明人与著作权所有人：颜建国

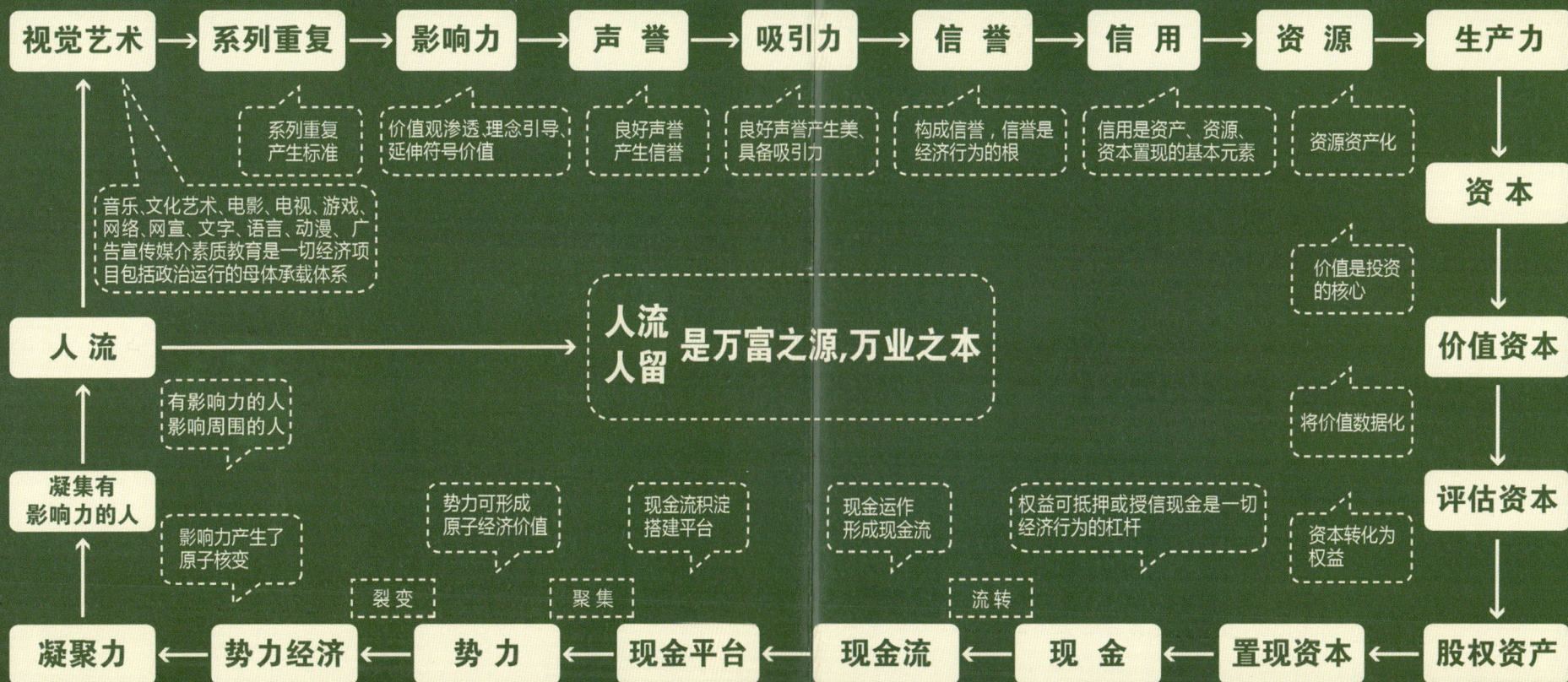

视觉艺术 → 系列重复 → 影响力 → 声誉 → 吸引力 → 信誉 → 信用 → 资源 → 生产力

系列重复产生标准

价值观渗透，理念引导，延伸符号价值

良好声誉产生信誉

良好声誉产生美，具备吸引力

构成信誉，信誉是经济行为的根

信用是资产、资源、资本置现的基本元素

资源资产化

音乐、文化艺术、电影、电视、游戏、网络、网宣、文字、语言、动漫、广告宣传媒介素质教育是一切经济项目包括政治运行的母体承载体系

资本

人流 → 人流 人留 是万富之源,万业之本

价值是投资的核心

价值资本

有影响力的人影响周围的人

将价值数据化

凝集有影响力的人

评估资本

影响力产生了原子核变

势力可形成原子经济价值

现金流积淀搭建平台

现金运作形成现金流

权益可抵押或授信现金是一切经济行为的杠杆

资本转化为权益

裂变 聚集 流转

凝聚力 ← 势力经济 ← 势力 ← 现金平台 ← 现金流 ← 现金 ← 置现资本 ← 股权资产

英雄文化与国家安全战略发展模式图

中华人民共和国国家版权局著作权登记证书
受理号：2013Z11S029903
发明人与著作权所有人：颜建国

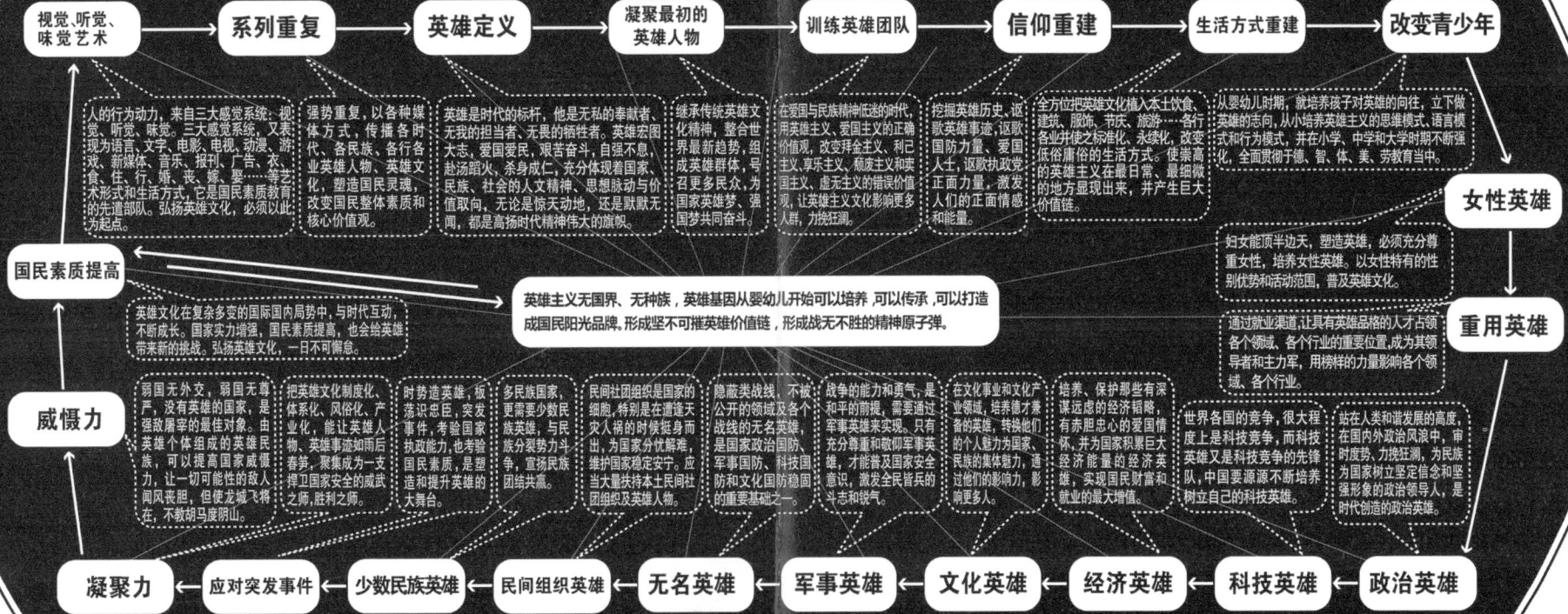

视觉、听觉、味觉艺术 → 系列重复 → 英雄定义 → 凝聚最初的英雄人物 → 训练英雄团队 → 信仰重建 → 生活方式重建 → 改变青少年

人的行为动力，来自三大感觉系统：视觉、听觉、味觉，三大感觉系统，又表现为语言、文字、电影、电视、动漫、游戏、新媒体、音乐、报刊、广告、衣、食、住、行、婚、丧、嫁、聚……等艺术形式和生活方式，它是国民素质教育的先遣部队。弘扬英雄文化，必须以此为起点。

强势重复，以各种媒体方式，传播各时代、各民族、各行各业英雄人物、英雄文化，塑造国民灵魂，改变国民整体素质和核心价值观。

英雄是时代的标杆，他是无私的奉献者，无我的担当者、无畏的牺牲者。英雄宏图大志，爱国爱民，艰苦奋斗，自强不息，赴汤蹈火，杀身成仁，充分体现着国家、民族、社会的人文精神、思想脉动与价值取向，无论是惊天动地，还是默默无闻，都是高扬时代精神伟大的旗帜。

继承传统英雄文化精神，整合世界最新趋势，组成英雄群体，号召更多民众，为国家英雄梦、强国梦共同奋斗。

在爱国与民族精神低迷的时代，用英雄主义、爱国主义的正确价值观，改变拜金主义、利己主义，享乐主义、颓废主义和卖国主义、虚无主义的错误价值观，让英雄主义文化影响更多人群，力挽狂澜。

挖掘英雄历史、讴歌英雄事迹、讴歌国防力量、爱国人士，讴歌执政党正面力量，激发人们的正面情感和能量。

全方位把英雄文化插入本土饮食、建筑、服饰、节庆、旅游……各行各业并使之标准化、永续化，改变低俗庸俗的生活方式。使崇高的英雄主义在最日常、最细微的地方展现出来，并产生巨大价值链。

从婴幼儿时期，就培养孩子对英雄的向往，立下做英雄的志向，从小培养英雄主义的思维模式、语言模式和行为模式，并在小学、中学和大学时期不断强化，全面贯彻于德、智、体、美、劳教育当中。

国民素质提高

英雄文化在复杂多变的国际国内局势中，与时代互动，不断成长。国家实力增强，国民素质提高，也会给英雄带来新的挑战。弘扬英雄文化，一日不可懈怠。

英雄主义无国界、无种族，英雄基因从婴幼儿开始可以培养，可以传承，可以打造成国民阳光品牌，形成坚不可摧英雄价值链，形成战无不胜的精神原子弹。

女性英雄

妇女能顶半边天，塑造英雄，必须充分尊重女性，培养女性英雄。以女性特有的性别优势和活动范围，普及英雄文化。

重用英雄

通过就业渠道，让具有英雄品格的人才占领各个领域、各个行业的重要位置，成为其领导者和主力军，用榜样的力量影响各个领域、各个行业。

威慑力

弱国无外交，弱国无尊严，没有英雄的国家，是强敌屠宰的最佳对象。由英雄个体组成的英雄民族，可以提高国家威慑力，让一切可能性的敌人闻风丧胆，但使龙城飞将在，不教胡马度阴山。

把英雄文化制度化、体系化、风俗化、产业化，能让英雄个人物、英雄事迹如雨后春笋，聚集成为一支捍卫国家安全的威武之师，胜利之师。

时势造英雄，板荡识忠臣，突发事件，考验国家执政能力，也考验国民素质，是塑造和提升英雄的大舞台。

多民族国家，更需要少数民族英雄，以民族团结为斗争，宣扬民族团结共赢。

民间社团组织是国家的细胞，特别是在遭遇天灾人祸的时候挺身而出，为国家分忧解难，维护国家稳定安宁。应当大量扶持本土民间社团组织及英雄人物。

隐蔽类战线，不被公开的领域及各个战线的无名英雄，是国家政治国防、军事国防、科技国防和文化国防稳固的重要基础之一。

战争的能力和勇气，是和平的前提，需要通过军事英雄来实现。只有充分尊重和歌吮军事英雄，才能普及国家安全意识，激发全民皆兵的斗志和锐气。

在文化事业和文化产业领域，培养德才兼备的英雄，转换他们的个人魅力为国家、民族的集体魅力，通过他们的影响力，影响更多人。

培养、保护那些有深谋远虑的经济韬略、有赤胆忠心的爱国情怀的经济英雄，实现国民财富和就业的最大增值。

世界各国的竞争，很大程度上是科技竞争，而科技英雄又是科技竞争的先锋队，中国要源源不断培养和树立自己的科技英雄。

站在人类和谐发展的高度，在国内外政治风浪中，审时度势、力挽狂澜，为民族为国家树立坚定信念和坚强形象的政治领导人，是时代创造的政治英雄。

凝聚力 ← 应对突发事件 ← 少数民族英雄 ← 民间组织英雄 ← 无名英雄 ← 军事英雄 ← 文化英雄 ← 经济英雄 ← 科技英雄 ← 政治英雄

英雄文化，是一个民族的精神长城。
没有英雄文化安全，就没有文化安全；没有文化安全，就没有国家安全。

《英雄儿女》®品牌符号价值运行发展模式图

发明创作人：颜建国

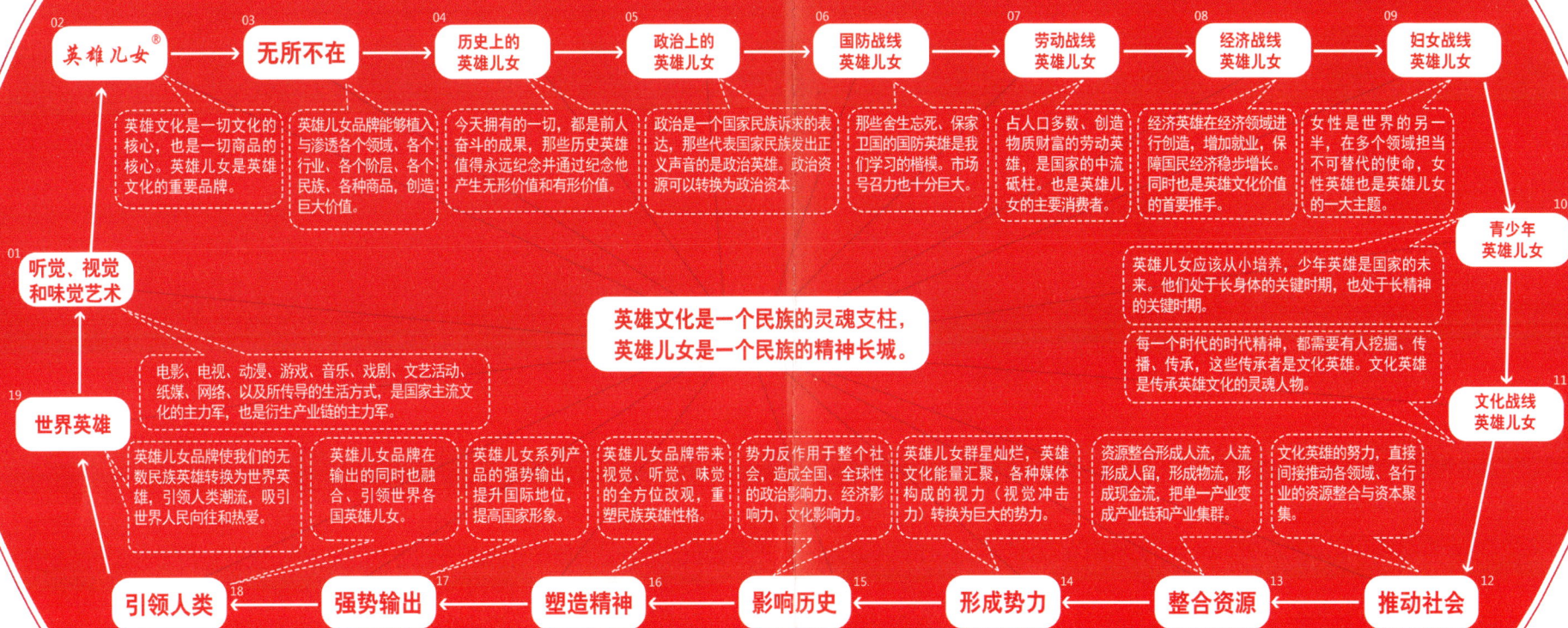

02 英雄儿女® → **03** 无所不在 → **04** 历史上的英雄儿女 → **05** 政治上的英雄儿女 → **06** 国防战线英雄儿女 → **07** 劳动战线英雄儿女 → **08** 经济战线英雄儿女 → **09** 妇女战线英雄儿女

英雄文化是一切文化的核心，也是一切商品的核心。英雄儿女是英雄文化的重要品牌。

英雄儿女品牌能够植入与渗透各个领域、各个行业、各个阶层、各个民族、各种商品，创造巨大价值。

今天拥有的一切，都是前人奋斗的成果，那些历史英雄值得永远纪念并通过纪念他产生无形价值和有形价值。

政治是一个国家民族诉求的表达，那些代表国家民族发出正义声音的是政治英雄。政治资源可以转换为政治资本。

那些舍生忘死、保家卫国的国防英雄是我们学习的楷模。市场号召力也十分巨大。

占人口多数、创造物质财富的劳动英雄，是国家的中流砥柱。也是英雄儿女的主要消费者。

经济英雄在经济领域进行创造，增加就业，保障国民经济稳步增长。同时也是英雄文化价值的首要推手。

女性是世界的另一半，在多个领域担当不可替代的使命，女性英雄也是英雄儿女的一大主题。

01 听觉、视觉和味觉艺术

10 青少年英雄儿女

英雄儿女应该从小培养，少年英雄是国家的未来。他们处于长身体的关键时期，也处于长精神的关键时期。

英雄文化是一个民族的灵魂支柱，英雄儿女是一个民族的精神长城。

每一个时代的时代精神，都需要有人挖掘、传播、传承，这些传承者是文化英雄。文化英雄是传承英雄文化的灵魂人物。

电影、电视、动漫、游戏、音乐、戏剧、文艺活动、纸媒、网络、以及所传导的生活方式，是国家主流文化的主力军，也是衍生产业链的主力军。

19 世界英雄

11 文化战线英雄儿女

英雄儿女品牌使我们的无数民族英雄转换为世界英雄，引领人类潮流，吸引世界人民向往和热爱。

英雄儿女品牌在输出的同时也融合、引领世界各国英雄儿女。

英雄儿女系列产品的强势输出，提升国际地位，提高国家形象。

英雄儿女品牌带来视觉、听觉、味觉的全方位改观，重塑民族英雄性格。

势力反作用于整个社会，造成全国、全球性的政治影响力、经济影响力、文化影响力。

英雄儿女群星灿烂，英雄文化能量汇聚，各种媒体构成的视力（视觉冲击力）转换为巨大的势力。

资源整合形成人流，人流形成人留，形成物流，形成现金流，把单一产业变成产业链和产业集群。

文化英雄的努力，直接间接推动各领域、各行业的资源整合与资本聚集。

18 引领人类 ← **17** 强势输出 ← **16** 塑造精神 ← **15** 影响历史 ← **14** 形成势力 ← **13** 整合资源 ← **12** 推动社会

英雄
文化论

颜建国 著

Great
Heroes

长江出版传媒 长江文艺出版社

北京长江新世纪文化传媒有限公司
www.cjxinshiji.com
出品

英雄精神是文化精髓

著名文学家、中国电影文学学会常务副会长

艾克拜尔·米吉提（哈萨克族）

近十多年来，颜建国致力于研究英雄文化，且自成一体。摆在读者面前的是他又一部关于探究英雄文化的新著，读来令人耳目一新，感同身受，为之振奋。

一个民族的文化，是根植于这个民族的人民群众之中，英雄精神是这个民族文化的精髓，也是这个民族的精神脊梁。崇敬英雄、学习英雄、礼赞英雄、仿效英雄、是中华民族古已传续的核心价值观，激励着无数中华儿女前赴后继，流血牺牲，共创辉煌，走向未来。

但是，不可否认，曾经一夜之间英雄成为被嘲弄的对象。调侃英雄、贬低英雄、抹黑英雄、诋毁英雄、否认英雄似乎成为某种时尚。中小学教育缺失英雄文化的传承，那些为了今天而献出生命的英雄，在新一代的记忆中成为一种空白。这一切异常现象，看似无序，却有着必然的内在关联。当一个社会、一个民族开始漠视英雄的现象大行其道，甚至成为一种社会风气，说明这个社会、这个民族的道德底线出现紊乱。作者是一位经历过南疆战役，从死亡线上还魂回来的共和国老兵。在这样一种背景下，毅然决然地开始研究英雄文化，为此奔走相告、大声疾呼，要崇尚英雄主义，弘扬英雄文化。他的这一深谋远虑、深有远见的义举，却曾不被理解，甚至遭遇冷嘲热讽，认为他不务正业，放着聪敏的脑子不去赚钱，搞这些徒劳的举措。可见我们的社会曾经被拜金主义戕害有多深重。

作者面对这些大义凛然，有如一个独行侠，独自为英雄鼓与呼。他比那些长眠于地下的战友们要幸运得多，毕竟生命还在，且充满张力，活到今天，看到今朝，是他人生最大的幸福。他深深地感恩祖国，是祖国大地令他热血沸腾，甘愿为这片土地流血牺牲。

随着对英雄文化的研究深入，他结交了的同道合者越来越多。他们和他有着同样的感触，同样的愿望，同样的目标，同样的追求。要捍卫英雄文化，要保护英雄荣誉，要学习英雄楷模，要弘扬英雄精神，尤其是让青少年一代传承英雄文化，崇尚英雄，仿效英雄，成长为从肌体到精神都充满英雄细胞、不屈不挠的一代。

在当下，颜建国致力于把英雄儿女文化转换为一种普通民众的生活方式，乃至消费方式，并由此来服务于英雄儿女事业的拓展。我以为这也是一种探索，或许他正走在迈向成功的道路上，也许他还会面临许多困难和挫折，让我们富有耐心地拭目以待吧。

当然，我们在目的地期待他一路顺利地走来。

目

GREAT HEROES

录

第七章　**自古英雄出少年**

第八章　**共和国建设时期的英雄**

第九章　**中国农业战线上的英雄**

第十四章　**信仰是核心生产力**

第十五章　**发起争夺灵魂之战**

第十六章　**国家品牌与四个自信**

第十七章　**作为英雄品牌的中国共产党**

绪论

英雄文化延续中国梦

按照现代心理学研究，梦是愿望的满足。个人有个人的梦，民族有民族的梦。从孔夫子开始，中华民族就有一个不死的梦想：天下大同。历代古圣先贤们都在为这个梦想努力，虽然努力方式不同，毕竟殊途同归。

值得每一个炎黄子孙引以为骄傲的是，能够做梦的民族常有，能够长期把这个梦想坚持下来的民族不常有。伟大的中华民族作为一个英雄辈出的民族，屹立于世界优秀民族之林，始终未中断追寻中国梦的完整进程。纵观世界史，有不少民族成为匆匆过客。究其原因，不是他们消亡了，而是他们的英雄消亡了；不是他们的英雄消亡了，而是他们的英雄文化消亡了。当一个国家、一个民族不再为自己的英雄祖先骄傲，不再以培养英雄儿女为己任的时候，便会形成英雄文化断层，这个民族的命运就步入下坡路。而当一个民族以拥有英雄祖先为骄傲，以培养英雄儿女为己任的时候，无论遇到什么艰难险阻，总会拥有绝地反击、东山再起的机会。古人说"楚虽三户，亡秦必楚"，就是这个道理。那个时代的楚国，虽然有楚怀王这样的投降主义者，它更有"吾将上下而求索"的屈原，有"力拔山兮气盖世"的项羽，只要拥有这样的英雄主义，楚人就有机会与强秦抗争到底。

值得庆幸的是，中华民族从来不缺少这样不屈不挠的"楚人"，从来不曾在历史的长河里中断过，英雄血液一直在燃烧和流淌。中华民族多次遭遇灾难，甚至有几次灭顶之灾，然而由于生生不息的英雄主义精神，中华民族总是能够化险为夷，起死回生。特别是进入近代，在列强入侵、民族生死存亡关头，中华儿女同仇敌忾，共赴国难，打败了强敌，建立了人民共和国，并在毛泽东、邓小平等几代领导人为核心的中国共产党领导下，经过六七十年的奋斗，将一穷二白的中国建设成为独立富强的世界第二大经济体，正在步入世界舞台的中心。两弹一星，四化实现，一带一路，大国战略，都在开创着国际新格局，给人类一个更加富有想象力、更加具有操作性的美好未来，一个不同于美国式的梦想。

那种让中华民族屡屡大难不死，凤凰涅槃的力量，让中华民族保持旺盛生命力的秘密，就是恒星一样永不改变的英雄主义！没有英雄主义，就没有中华民族的今天，也没有中华民族的明天，更不能谈上中国梦。这种英雄主义，贯穿于中华民族的整个文化传统、社会结构和行为模式当中。习近平主席在纪念长征80周年大会上指出："历史是人民创造的，英雄的人民创造英雄的历史。"这是对英雄主义历史作用与地位的最好诠释。

中华民族的英雄主义主要体现在以下几个方面。

01、英雄主义的史学传统

民族依靠历史而延续，历史文献是英雄文化基因传承的载体。中国治史传统源远流长、数千年始终未曾中断，一部洋洋洒洒的《二十四史》足以傲视世界史林。除了正史之外，中华民族还拥有无数的野史。中国见之于文字的历史典籍有一个基本特性——求实直书、会通古今、经世致用、褒奖英雄。英雄文化是中国历史典籍中最具有活力和最具有传承性的部分。那些少有历史记载或史籍被毁的民族，不仅在文化上受了伤、断了根，产生英雄的土壤也会变得十分贫瘠。铭记过去的英雄，学习过去的英雄，可以使当代人成为英雄，使后代成为英雄，子子孙孙薪火相传。

鸦片战争后，有些国人逐步丧失了民族自信，对自己的历史文化产生怀疑。近几十年以来，有的人无视近代以来中国被侵略被欺侮的历史，将半封建半殖民地中国落后原因归咎于所谓 "中国人的劣根性"，并渲染所谓"丑陋的中国人"之类的妄言。有了"解构英雄"甚至"消费英雄"的丑行。如对这种逆流听之任之，民众心理会持续受到冲击，还会导致在部分人群中弥散历史怀疑主义和虚无主义，英雄文化传统便会受到根本性威胁。因此，必须正本清源，还英雄文化的历史正位，还英雄人物的历史正位。

02、英雄主义的文艺传统

历史典籍记录的是过往发生的事情，而不是现实生活中正在发生的事情。历史典籍依据的是真实的事件和人物，它为历代文艺作品创作提供了基本素材。但它并不像文艺作品那样易于流传。人们需要既来源生活又高于生活的表达方式，文艺作品完全能适应和满足人们的这一审美要求，因为它能够真实及时地记录生活，生动活泼地反映生活，乃至高屋建瓴地超越生活。即使讲述过去的故事，它也能够在尊重历史和现实生活逻辑的基础上，融入新的思考，使历史事件和历史人物活起来，使之成为现实生活的参考与指导。纵观历代文艺作品，其所表现的一大主题，就是英雄主义。数千年来，无论传奇、话本、书法，诗歌和戏剧，英雄主义在各种文艺形式中留下了深刻的烙印。中国古典诗歌有着最为古老、最为深沉、最为系统的英雄主义表达，《诗经》《楚辞》、唐诗、宋词饱含着荡气回肠的英雄主义歌咏。宋、元以后，小说这一艺术形式日臻成熟，成为雅俗共赏时代主流艺术形式，英雄主义更是借助这一故事叙述的躯壳达到高潮。

无疑，文艺作品的主流，应以饱满的激情和丰富的形式，去解析英雄和讴歌英雄，使读者和观众能够了解英雄，学习英雄和效法英雄。就当下而言，如果文艺作品无视或绕开英雄主题，甚至陷入亵渎英雄和抹黑英雄的泥淖，这不仅是某些文艺作品自甘堕落，而且给民族的未来带来隐忧。

03、英雄主义的教育传统

如果说文艺是成年人的教育，那么教育便是未成年人的文艺，二者都是人必不可少的精神食粮。一个人接受民族英雄主义精神的传承过程，分为幼儿、少年、青年、壮年和老年不同阶段。幼儿、少年、青年阶段是接受英雄主义文化传承的关键和重要时期，也是一个人文化学习与品德培育的重要时期，以及世界观价值观形成的重要时期。成人会老去，儿童会长大，未来是属于下一代。下一代人英雄主义精神的有无，英雄主义精神的多少，都取决于现在的教育。

　　我们的老祖宗自古以来就非常注重教育，教育名著《三字经》《千字文》《千家诗》《四书五经》……里面都有大量关于英雄主义内容。英雄主义文化生生不息，经代代相传，已成为中华民族的血液。只要系统受过英雄主义文化的传统教育，都会从小对中华民族充满热爱与感恩之情，愿意为民族做出自己的贡献。岳母刺字是一个典型的英雄主义教育故事。人莫不爱子孙，当代人愿意在孩子的技能教育上投资，这是好事。然而也应看到，就像丰富的物质不能解决精神方面的发展需求一样，单纯的技能教育并不能解决孩子在精神方面的发展需求。无疑培养孩子身上的英雄品格和英雄情怀，这才是更高意义上的素质教育。

04、英雄主义的道德传统

　　世界上没有任何一种教育可以毕其功于一役。童年时期进行了英雄主义教育，并不意味着到了成年阶段就可以放松。教育贯穿于人的一生，所谓活到老学到老、活到老教到老。作为教育的核心内容，英雄主义的教育与道德教育需密切结合。道德教育贯穿于生活的各行业各领域如此才能不留死角，把教育当成一种内在律令，而不仅仅是外在表现，真正发挥教育的正能量功能。在这方面，我们的祖先做得非常到位他们善于把世俗性道德与宗教性道德完美结合起来，既着眼于小事，又能放眼于大事，达则兼济天下，穷则独善其身。唯如此，"舍生取义""视死如归"，带给人们的不再是死亡的痛苦与恐惧，而是生命的升华与愉悦。正是由于这种英雄主义道德的滋润和激励，苗木方能成为大树，矿石方能百炼成钢。

05、英雄主义的军事传统

　　英雄主义不是和平时期的摆设，"养兵千日，用兵一时"，当民族面临天灾人祸危难险阻之时，方能有人挺身而出，赴汤蹈火。因此，需要在平时灌输一种军事思维。军事思维，不仅军人要有，文人要有，每一个普通民众也要有。人人知军事常识，乐于学战略战术。春秋战国时期，在六艺"礼、乐、射、御、书、数"中，"射""御"两项都是军事技能，在六艺中占的比重，达到了三分之一。孔子周游列国，也不是熟语里说的"孔夫子搬家尽是书"，他在25岁时"仗剑去国，辞亲远游"。

有些志士仁人，不甘于舞文弄墨，而是渴望亲身投身于军事事业当中。汉时的班超渴望效法傅介子、张骞，投笔从戎。后来随窦固出击北匈奴，又奉命出使西域，在31年的时间里，班超平定西域五十余国，为西域回归与民族融合，做出了巨大贡献。南宋时期的虞允文，更以进士而跻身著名军事家之列。当时金军进逼，宋军连遭败绩，虞允文被派去犒师，由于主帅尚未赶到，形势危急。此时，虞允文当仁不让，阵前激励士气，亲自督师向前。当金军企图渡江时，宋军竟以不足2万兵力挫败金军15万虎狼之师，这就是著名的"采石大捷"。

进入现代，英雄主义军事传统更是得到了发扬光大。中国共产党的革命先驱不少是出身文人，毛泽东是文化人出身，周恩来是文化人出身，刘少奇也是文化人出身，由于他们都具有良好的军事素养毛泽东的军事才能更是出神入化，亘古未有，成为彪炳于当代世界军事史上的卓越天才。正是革命先驱拥有英雄主义的军事传统，中国共产党才能在险恶的环境中存活下来，并取得开天辟地的成就。

06、英雄主义的经济传统

一般认为，中国文化重农轻商。在历史上，商人曾长期处于社会底层。在近现代，随着生产力和生产方式的变化和民族工业的兴起，商业活动在国家经济生活中的地位愈加突出。在争得较高的社会地位的同时，也为国家做出应有的贡献。无论弦高，胡雪岩，都曾写下了商人爱国的伟大传奇。英雄主义的经济传统，就是经济为国家民族服务，而不仅是为个人服务，爱国是商人的天职。一个国家有两支军队，国防大军和经济大军。没有经济大军提供粮草给养，国防大军将寸步难行，更不要说保家卫国，杀敌拓土。经济不仅要为国家服务，还要善于把英雄主义转换为可以获得巨大利润的商品，一面为国家赚钱，一面为国家宣传；一面为国家赚取经济利润，一面为国家赚取精神利润！

07、当代革命英雄主义精神

梳理当代革命英雄主义精神，大致包括以下12种：

井冈山精神：胸怀理想、坚定信念；实事求是、勇闯新路；艰苦奋斗、敢于胜利；依靠群众、无私奉献。

长征精神：把全国人民和中华民族的根本利益看得高于一切，坚定革命的理想和信念，坚信正义事业必然胜利的精神；为了救国救民，不怕任何艰难险阻，不惜付出一切牺牲的精神；坚持独立自主、实事求是，一切从实际出发的精神；顾全大局、严守纪律、紧密团结的精神；紧密依靠人民群众，同人民群众生死相依、患难与共、艰苦奋斗的精神。

抗战精神：天下兴亡、匹夫有责的爱国情怀；视死如归、宁死不屈的民族气节；不畏强暴、血战到底的英雄气概；百折不挠、坚韧不拔的必胜信念。

抗大精神：坚定正确的政治方向，艰苦朴素的工作作风，灵活机动的战略战术，团结、紧张、严肃、活泼校风。

南泥湾精神：自力更生、艰苦创业；同心同德、团结奋斗。

抗美援朝精神：祖国和人民的利益高于一切、为了祖国和民族的尊严而奋不顾身的爱国主义精神；英勇顽强、舍生忘死的革命英雄主义精神；不畏艰难困苦、始终保持高昂士气的革命乐观主义精神；为完成祖国和人民赋予的使命、慷慨奉献自己一切的革命忠诚精神；为了人类和平与正义事业而奋斗的国际主义精神。

雷锋精神：憎爱分明的阶级立场，言行一致的革命精神，公而忘私的共产主义风格，奋不顾身的无产阶级斗志。

好八连精神：勤俭节约、艰苦朴素的政治本色；拒腐蚀、永不沾的浩然正气；先人后己、无私奉献的高尚情操；全心全意为人民服务的子弟兵品格。

　　硬骨头精神：战斗精神过硬，作战本领过硬，作风纪律过硬，班子队伍过硬。

　　抗洪精神：万众一心、众志成城；不怕困难，顽强拼搏；坚韧不拔、敢于胜利。

　　"两弹一星"精神：热爱祖国、无私奉献；自力更生、艰苦奋斗；大力协同、勇于登攀。

　　载人航天精神：热爱祖国、为国争光的坚定信念；勇于登攀、敢于超越的进取意识；科学求实、严肃认真的工作作风；同舟共济、团结协作的大局观念；淡泊名利、默默奉献的崇高品质。

　　这些精神中，有展示我军特质的精神，也有体现中华民族优良传统精神。从中可以看出，战争时期，强调更多的是英勇顽强、勇于牺牲、敢打必胜，和平时期更多强调的是艰苦奋斗、无私奉献，而贯穿于战争与和平全过程的是全心全意为人民服务，这也是我们这支军队的根本宗旨。

08、英雄主义延续中国梦

　　英雄主义无所不在，渗透在中国社会生活和中国文化的各个方面，形成一种久远的传统。正是因为以上七个方面的英雄主义传统，中国梦才能得以实现。当下，由于消极因素的长期冲击，社会的主流价值观遭到震荡，一些本来放之四海而皆准的真理，特别是英雄文化，也受到质疑甚至亵渎。此种潮流，难免在以上各个领域留下深刻的烙印，使其渐有偏离传统之势。

　　针对此种情况，本书尝试提出一整套解决方案。希望这本书能够抛砖引玉，引起志士仁人对英雄文化的热情，在精神上给予持续的关注，在经济上给予长期的投入，只有英雄文化完全引起中国人的重视，才能使中国梦的方向更加明确，路径更加清晰，步伐更加稳健，前途更加光明！

第一章

英雄文化是全人类的精神遗产

英雄文化是一个民族的灵魂，英雄文化是一个民族的信仰。

英雄文化是一个民族的灵魂，英雄文化是一个民族的信仰。一个民族，如果丧失了英雄文化，即便其富足了、发达了，也绝难步入世界优秀民族之林。

值得骄傲的是，英雄文化在华夏大地从未断绝过，这是祖先留给我们的一笔巨大精神遗产，将之继承并作为长期精神投资，可在未来得到不可限量的精神回报。可惜由于受到西方某些国家敌对势力的洗脑，当下流行一些错误观念，认为英雄主义是过时、落后、不符合普世价值的概念。这种观念影响广泛，甚至连一些机关部门、党员干部和知名人士，也被卷入其中而难以自拔，甚至为这种错误观念摇旗呐喊。此种谬言竟能流传，实令人愤慨。稍有一点历史知识的人都知道，英雄文化是全人类的宝贵精神遗产。它超越时代，超越空间，超越种族，超越宗教，超越政体，超越职业，超越性别，超越年龄。

在现实生活中，英雄主义文化可以给各行各业带来巨大的正面推动力，提高执政效能，提升国民经济，提振民族精神，强健国民体质，增加国民的民族自豪感，提高民族的国际地位。没有英雄、英雄主义和英雄文化，如同没有日月之光，任何一个国家和民族，其历史和现实都将陷入无边黑暗之中。这些本是基本常识，只是被荒废太久，为有些人所遗忘。因此有必要重新捡起常识，重新宣讲常识。拥有足够的常识之后，才能够底气十足地来思考创新。

01、中国古代的英雄文化

英雄文化是中华民族的宝贵精神遗产。

西方文化在当代世界文化中占据主导地位。西方文化忽视和贬损包括中国文化在内的所有非西方文化，这是非常不公正的。在谈论西方文化之前，我们不能不感恩地谈起中国的英雄文化。

论中国文化，我们应该无比自豪地宣告，中国文化本质上是一种英雄文化。英雄是中华民族与生俱来的基因。千百年来，中华民族留下了数不清的英雄。一部《二十四史》，就是一部英雄史诗。当遇外敌入侵、天下大乱、生灵涂炭，更是英雄辈出。自古以来，中华民族就有伟大的爱国主义的传统，就有滋养英雄浩气的肥沃土壤。无论不食周粟的伯夷、叔齐，还是怀沙投江的屈原；无论骂贼而死的颜真卿，还是绝食而死的杨业，都激励着一代代志士仁人。他们在国家生死存亡的关键时刻，为民族的利益和荣耀挺身而出，甚至奉献出自己的生命。正如唐太宗李世民诗中所言："国难思良将，板荡识忠臣。"即便在积贫积弱的清朝，也不乏爱国忠臣。

在中华民族五千年历史上，英雄层出不穷。抵抗外侮的英雄有卫青、霍去病、祖逖、冉闵、岳飞、文天祥、于谦、戚继光、袁崇焕、林则徐、邓世昌……反抗暴政的英雄有陈胜、吴广、张角、黄巢、钟相、杨幺、刘福通……科学发明的英雄有扁鹊、华佗、张衡、张仲景、蔡伦、祖冲之、贾思勰、黄道婆、李时珍……事功于文化艺术的英雄有诸子百家、司马迁、王羲之、韩愈、柳宗元、苏轼、陆游、关汉卿、罗贯中、施耐庵、曹雪芹、蒲松龄……政治方面的英雄，有孔子、老子、韩非子、贾谊、黄宗羲……古代英雄在不同领域，不同行业，在各个维度为国家为民族做出了杰出贡献。

这种英雄传统，一直延续到当代社会。自辛亥革命之后的一百多年来，无数英雄在革命的烽烟中涌现，真可谓"遍地英雄下夕烟"。正是由于革命英雄群体发扬艰苦奋斗和忘我牺牲的精神，中华民族才得以翻身解放。这一切怎能忘记！我们有理由用各种方式将他们的英雄业绩再现出来，让子孙后代牢记，让各国人民知晓！让中华民族的这份宝贵遗产，既造福于中华，也造福于世界。

02、以色列的英雄文化

世界上有一个民族，其经受的磨难比任何民族都多。然而无论经历多大的劫难，这个伟大的民族都不曾丧失其文化，其信仰不变，语言不变，风俗不变，这就是希伯来民族，即犹太人。犹太人自古就被称为"上帝的选民"。在历史上，犹太人为全世界做出过杰出贡献。伟大的革命家和思想家马克思，伟大的科学家爱因斯坦，音乐大师门德尔松，心理学家弗洛伊德，现代艺术之父毕加索，英特尔公司的创始人葛罗夫，世界外汇、商品和股票投资家索罗斯，有着"股神"美誉的投资家巴菲特等，都是犹太人。有句话在美国十分流行，说是"美国人的智慧在中国人的脑袋里，美国人的财富在犹太人的钱袋里"。意思是说犹太人的财商极高，高于其他民族。

犹太人能够精英辈出，与它的英雄文化不无关系。在犹太人古老经典《圣经》中有许多神人英雄故事记载，无论建造方舟的诺亚，以少胜多的亚伯拉罕，带领以色列人出埃及的摩西，征服迦南的约书亚，摧毁非利士人神庙的力士参孙，纵横驰骋的女英雄底波拉，击杀巨人哥利亚的大卫，带领以色列人回归的所罗巴伯，只身行刺的女英雄犹滴……都是在犹太人中家喻户晓，妇孺皆知。拿撒勒人耶稣医病救人，最后为人类的罪恶被钉十字架，更是感动激励了无数人，其事迹成为基督教的来源。

犹太人对英雄文化的传承，更值得人们尊敬。无论身处何种环境，无论国兴国亡，无论国弱国强，犹太人都是"一块拒绝溶化的冰"，甚至在其国破家亡、在世界颠沛流离的时候，也是痴心不改，抱定一个顽强的梦想，要像他们古代的英雄所罗巴伯那样返回故乡重建家园。1948年，犹太人终于回到了阔别一千多年的故乡，在阿拉伯人包围中，恢复了自己的"祖国"！一般的民族，国家灭亡几十年后就完全灰飞烟灭，甚至文化也随之消亡，然而以色列人的历史文化几乎都得到承续。1948年复国之初的以色列，虽然遇到周边的阿拉伯国家的重重围困，但是这些犹太庄稼汉却全然不顾。为何？因为他们笃信自己的宗教。英雄文化激励着、鼓舞着他们，团结一致，浴血奋战，一次又一次地战胜对手。撇开国际政治立场，仅从民族奋斗史看，经过短短半个多世纪，以色列已取得了日新月异的成就。如今的以色列，已经成为世界科技强国，远远超越了周边的阿拉伯国家，在许多方面都达到了世界先进水平。如果没有英雄文化，以色列人要实现这些目标无异于痴人说梦。

03、古希腊的英雄文化

现代文明，是在吸取了各国古代文明的基础上逐步建立起来的。从其西方血统来看，做出最大贡献的，有两大文化体系，一个是犹太文化，另一个是希腊文化。以至于英国著名诗人玻·比·雪莱称："我们都是希腊人！"不光英国人如是说，不少西方人也都如是说。希腊文化是整个西方文化的摇篮，是西方文化最早凝结的文化形态。就像甲骨文是现代汉语的祖先一样，古希腊神话是整个西方文学的源头，后世几乎所有的文学艺术都从古老的神话中汲取养分。希腊文化在西方人的生活中留下太深的烙印。

就像英雄文化是犹太文化的主要构成部分一样，英雄文化也是希腊文化的主要构成部分。希腊的英雄文化以神话传说、英雄史诗和希腊戏剧三种形式存在。古希腊文化是一种多神文化，无论男神还是女神，只要看中人间的人，就会想方设法与之结合，并生儿育女，他们所生子女，是半人半神的生命体，无一例外都是英雄。这些神和人所生的后代，具有过人的才能、旺盛的精力、非凡的毅力，有的武艺高强，有的力大无穷，有的聪明过人，有的擅长音乐……英雄传说以不同的家族为中心，形成许多系统的英雄传说。这些英雄故事，在荷马史诗《伊利亚特》《奥德赛》和古希腊喜剧、古希腊悲剧中，记载最为丰富和翔实。

古希腊的这些英雄，自由奔放、独立不羁、狂欢取乐、享受人生，而在困难面前又表现出艰苦卓绝、百折不挠的精神。不可知的命运给古希腊人带来了困惑与恐惧，也激发了他们的英雄气概，他们在与命运抗争中激发出蓬勃的生命活力。古希腊文学正是在描写人对现世价值的追寻、人与命运的矛盾和抗争中，展示了人性的活泼与美丽，表现了人类童年时期的自由、乐观与浪漫。生命意识、人本意识和自由观念是古希腊文学的基本精神，以后也成了西方文化的基本内核。不论是盗火的普罗米修斯，建立十二大功勋的赫拉克利特，夺取金羊毛的伊阿宋，所向披靡的阿喀琉斯，指挥大军的阿伽门农，足智多谋的奥德修斯……这些英雄无一不构成西方人的文化基因。

和所有的国家民族一样，古希腊社会有战争与和平，希腊神话传说与戏剧较多记载了战争，那么希腊人的和平生活中又是怎样的呢？换言之，英雄文化能不能指导他们的日常生活？答案是肯定的。众所周知，古希腊人尚武，是不服输的民族，是与人斗其乐无穷的民族。在没有战争的时候，运动就是他们的战争，或者说运动是战争的模拟和预备。在运动方面，古希腊人有一个伟大的发明，那就是奥运会。

奥林匹克运动会因举办地点在奥林匹克而得名。希腊雅典位于欧洲南部巴尔干半岛南端，包括附近许多岛屿，在古希腊雅典城西南隅三百余公里处，阿尔菲斯河之滨，克罗菲斯山麓有一块依山傍水、绿荫如盖、风光旖旎的丘陵，叫奥林匹克村，被认为是诸神聚居之所。古代希腊人在这里建筑宙斯神庙。当时每年七八月间，各城邦都要来此祭祀宙斯。同时举办盛大的竞技运动。四年一次的闰年，更是扩大祭祀，后来逐渐形成制度，这就是奥运会四年举行一次的由来。奥运会比赛项目，多数都与军事技能有关，反映了战争对奥运会比赛项目发展的驱动作用。

正是古代奥林匹克运动会说倡导的英雄文化，联系着古希腊的各个城邦，使他们团结一致、同仇敌忾。古希腊文明蒸蒸日上。自公元前8世纪开始，随着古希腊殖民运动的兴起，在地中海区域形成了一个群星灿烂的希腊文明圈。使古希腊成为多种文化的交汇之处，并因此加快了社会发展的进程，在哲学、科学、文化、艺术和体育等领域，为人类做出了多方面的卓越贡献，留下一大批文化巨人的名字，成为西方文明的发祥地。

遗憾的是，古希腊文化虽然是一种英雄主义的文化，但是其中也有享乐主义、纵欲主义的毒素，后来享乐主义、纵欲主义喧宾夺主，成为希腊文化的主流，而英雄主义式微。当面临外族入侵时，竟无法组织有效的抵抗，希腊文明终于衰落，希腊走下世界中心舞台后，再无法恢复其祖先的辉煌。

古希腊文明虽然没落了，然而古希腊的英雄文化，却深深地铭刻在西方人的记忆里，成为西方人探索、扩张的精神动力。西方人渴望恢复希腊那样的强盛与辉煌，并且一直在为此做着不懈努力。无论是文艺复兴，大航海运动，在某种意义上，都可以看作古希腊英雄文化的延续。

04、美国的英雄文化

众所周知，第二次世界大战后，美国是世界人民不得不面对的一个强大存在。无论你喜欢还是不喜欢，都无法回避美国，无法回避美国的文化。美国之强大，不光在军事、经济和科学方面，美国还有系统的文化战略，特别是英雄文化战略。强大的英雄文化，在塑造美国人的国民性格与情操时，起到了无可比拟的作用。早在19世纪中叶，美国诗人沃·惠特曼创作《草叶集》时就已经初露端倪，他写道："我想英雄业绩都发生在光天化日之下……我把广大的世界揽入胸怀……我比我想的更伟大更卓越。"在美国跻身于世界大国的过程中，英雄文化成为美国前进的宣传者和鼓动者，其自身也变得极为丰富和完备。

张扬英雄文化是美国走向成功和辉煌的秘诀所在。英雄文化蕴含着深奥的哲理，反映了美国民信念追求和价值观念，凝聚着美国人特有的智慧，成为美国崛起的精神源泉。无论是名垂青史的美国总统乔治·华盛顿，黑奴解放者亚伯拉罕·林肯，还是普通的平民英雄内森·黑尔，无论是诗人沃·惠特曼笔下的船长，作家麦尔赫尔曼·维尔笔下的水手，还是大师欧·米·海明威笔下的硬汉，无论是白人还是黑人，黄种人还是印第安人，无论是原住民还是移民到美国的意大利人、俄罗斯人、华人，只要生活在美国的土地，对美国宣誓之后，他的精神就系上了美国英雄文化的情结。

英雄文化与现实生活并肩而行，它紧跟时代，引领时代，与所处时代最先进生产力相结合，与民族精神和民族产业一起升级。美国崛起的时代，正是先进传媒产业崛起的时代，先是印刷技术主导的报刊业，之后是广播技术主导的广播业，然后是影视技术主导的影视业，直到现在网络技术主导的信息业。

在好莱坞产生之前，美国的软实力尚未形成世界霸权，其文学无法与英国、德国相媲美，电影无法与法国、瑞典相抗衡。然而美国人异想天开地建立了好莱坞。在其他国家还把电影看作娱乐手段时，美国已经认识到电影的潜在价值，开始把电影当成一项国家战略，借此向世界大做美国的国家广告。自此，美国电影进入了一个突飞猛进的发展时期，美国文化和美国英雄文化的传播首先驶入快速道。通过电影，美国无孔不入地宣扬自己制度的优越性和所谓的普世价值观。电视问世之后，美国一路走来，更显得张扬和狂傲。

表面上看，美国影视是艺术性与商业性的完美结合，它技术先进，投资惊人，场面宏大，手法新奇，故事紧张，人物丰满，结构紧凑，情感深沉，发行渠道畅通，广告攻势凶猛。此外，美国影视还有更加强大的东西，那就是作品中所渗透的个人主义、扩张主义和无所不胜的英雄文化，这种美国式英雄文化，对受众而言是麻醉品、刺激药和洗脑剂。

美国的英雄文化不仅在西部片中得到了有力展现，在战争片、科幻片中更是如此，甚至在爱情片、在喜剧片、在儿童片、在动画片中，英雄主义也无孔不入。秀兰·邓波儿的儿童片曾风靡一时。秀兰·邓波儿扮演的角色虽然幼小，但孩子身上所显示的勇敢无私品格，却描绘出一幅感人而温馨的英雄主义画图。

正是这一整套的美国英雄文化，成为美国文化输出的超级武器，它甚至具有某种摧枯拉朽、所向披靡的力量。"二战"后，随着美国军事上的得势，全球市场的不断开放，美国影视在世界各地可谓高歌猛进。美国人的国民素质和国际形象也为之一变，不再被一些英法老牌资本主义国家视为粗鄙的乡下人，而是赢得了许多赞许乃至尊敬的目光。我们似乎无法说清，到底是电影成就了美国，还是美国成就了电影。

美国式英雄文化，不仅仅是一种天马行空的艺术，它还在现实中改变了现实。美国主导创立联合国，实现马歇尔计划，推动欧洲全面复兴，成功实现阿波罗登月，实现中美和解，推动"星球大战"计划，发动海湾战争，以美元统治世界，无一不是推行美国式英雄主义的结果。美国一时间能对全球事务这样得心应手，都得益于英雄主义：即美国式的国家英雄主义，集体英雄主义和个人英雄主义。

到了网络时代，美国利用自身技术先进、做英雄文化轻车熟路的优势，以人们意想不到的速度占领各国网络阵地，输出其主流文化，特别是美式英雄文化。同时又绞尽脑汁，质疑、贬低、恶搞其他国家的英雄文化。通过这两手，美国进一步加强了在世界的文化霸权。

通过中国、以色列、希腊、美国几国英雄文化的发展，可看出英雄文化对一个国家和一个民族的历史、承续和发展的极端重要性。实际上，任何国家和任何民族，都离不开英雄文化。19世纪的英国学者托马斯·卡莱尔称，人们崇尚英雄和英雄文化，"这是人类历史巨变中有生命力的中流砥柱，也是近代革命史中的一个不可动摇的基点；否则，它将变为一片深不可测和漫无边际的海洋"。无疑，英雄文化是放之四海而皆准的价值观，是全人类的共同宝贵财富。越是民族的，就越是世界的，英雄文化亦然。中华民族要实现自己的伟大复兴，必须高举英雄文化的大旗，构建中国英雄文化的大厦，打破西方特别是美国为我们设置的藩篱，正确地看待历史，正确地看待现实，正确地看待未来。

第二章

中国古代的神话英雄

　　拥有神话的民族是自豪的，因为神话可以产生能够传承民族文化的基因。

拥有神话的民族是自豪的，因为神话可以产生能够传承民族文化的基因。这些基因，又能幻化出一个民族文化的精气神。没有神话的年轻民族，往往也会刻意地制造神话，以弥补自己的文化缺陷。

世界上每一个古老文明，毫无例外，莫不始自于神话。神话既是朦胧的历史记载，又是浪漫的文艺作品，记载民族的过去，隐藏民族的密码，还能指导民族的现在和未来。正因如此，每一个神话的主角，几乎都是经天纬地的大英雄。神话尽管是神的历史而不是人的历史，但故事中的神明角色具有人类社会中超人统治的社会意义。神明角色不仅活动内容指向人类，而且其行为意识也产生自人类生活。从细节上看，神迹形式上有虚构，但在本质上，却是人的现实生活和奋斗在人们虚拟的神明世界中的反映。神话英雄，是华夏英雄文化的源头，是它推动了连绵不绝的英雄文化长河，不仅使民族始终具有超强的竞争能力，而且历经磨难甚至面临毁灭性打击而屹立不倒。可以说，华夏英雄有着一个共同的精神先驱——中国神话英雄！

01、与太阳赛跑——夸父

夸父是中国古代神话中的英雄人物，最早见于《山海经》。《山海经》中《大荒北经》和《海外北经》都写了夸父故事。两篇相互补充，构成一部完整的远古英雄巨人传。

传说夸父是峨眉山上夸父族的首领，他身材魁梧、力大无穷。更难能可贵的是，他不仅体型高大威武，还有远大宏伟的志向。夸父为了追赶太阳的影子，在地上奔走，他大步流星，健步如飞。山冈河流，原野沙漠都在他脚下向后退去。千百里距离，瞬息而过。在这样的奔走中，夸父越来越接近太阳，最后甚至进入了太阳的光轮。但是太阳的热度太高，夸父渴得实在难耐，于是将头伸进黄河，让河水滋润滚烫的喉咙。

黄河竟然被他喝干，渭河也被他喝干。夸父又奔向北方的大泽，还想再喝几口水，但他已精疲力竭。他就像大山一样悲壮地倒下，和大地融为一体，再也没能起来。夸父抛出去的手杖，化成一片桃林。

读夸父的故事，人们都会情不自禁被故事那磅礴的气势和夸父的伟岸形象所征服。夸父虽然死了，却把宏伟的理想、热烈的追求、无畏的气势和豪放乐观的精神留给后人，成为中华民族宝贵的精神资源。

关于夸父逐日的动机，有人说他是害怕黑夜，想把白昼留住，有人认为他是想表达自己想征服自然的愿望，有人认为他是想锻炼身体，有人认为他是想弄清太阳在一年四季对农作物的影响，有人认为他是想研究阳光与降雨、河流的关系……无论起初的动机是什么，夸父都是中国上古一位了不起的神话英雄。夸父逐日传说，表现出人类社会在形成初始寻求光明的渴望与坚强意志，反映出先民在艰难困苦面前明知不可为而为之的拼搏进取精神。

02、茹毛饮血时代的终结者——燧人氏

一万年前的旧石器时代，人类过着茹毛饮血的生活。当时先民以粗糙的石制工具获取生活必需品。那时的人，吃的是动物的生肉或生的植物根茎或叶片，穿的是兽皮或用植物编织的简陋织物。生冷食物，不仅口感差，食物里还会有各种病菌，古代人类患病的概率居高不下，老弱病残更是苦不堪言。

人类需要从大自然中得到启示，学会用火！学会用火，人类在自己的发展史上才能跃上新的台阶。大自然中有各种各样的自然火，雷电、自燃，都是引发自然火的原因。由于当时对自然的认识能力低下，人们根本无法认识和解释自然火，只能怀着恐惧、神秘、茫然的心理，面对这个恐怖的神秘之物。在神话传说中，这时出现了一个与众不同的人物，他对各种自然火念念不忘，他就是燧人氏。自然火引起了燧人氏强烈的好奇心，他由远及近，尝试靠近火，接触火。他发现火不仅能灼伤人，还可以给人带来温暖，可以把食物烤熟，使食物味道更美，而经火烤的食物，吃后还不容易生病。于是，燧人氏带领人们把捕获的动物或

采摘的植物根茎放在火上烘烤，人们逐渐改变了生食的习惯。在寒风刺骨的冬日，火可以用来御寒。困难的是，火有用，但难以控制。

人类在认识到火给日常生活带来的有益作用之后，又陷入新的困惑之中。此后，在保留火种的同时，人类在使用火的道路上取得具有突破性意义的成果：人工取火。燧人氏经苦思冥想和反复实践，最终探索出钻木取火与点石击火两种人工取火方法。希腊神话里的普罗米修斯是从天上偷来火种交给人间，燧人氏却是自己发明了取火办法。就此而言，中国传说比希腊神话少了些神秘色彩，多了些人类生活的真实影像；少了些被动，多了些主动和创新。燧人氏实际上是以神话形式反映的中国远古的文明轨迹。在解决了人工取火的难题之后，中国古代文明便进入了一个新时期。

这项伟大发明，结束了远古人类茹毛饮血的历史，开创了华夏文明的新时代。燧人氏无疑成为一位万世流芳的神话英雄人物。

03、古代粮食安全的开拓者——神农氏

所有生命，都有赖于物质能量。只有源源不断的物质能量补充，才能维系生命的发育和延续。物质能量，主要来源于食物。在严酷的自然环境中，能量的获取颇为不易，人类只能被动地从大自然中摄取，饥饿时刻伴随着先民。要在与大自然的竞争中取得主动权，先民就必须冲破大自然编织的樊笼，认识、战胜乃至超越已经习惯和熟悉的自然规律。否则就难以改变物质能量缺乏的困局。于是，伟大的英雄人物——神农氏出现了。

神农氏生活的年代，五谷隐于杂草丛，药物藏于百花原。各种草类，有的有毒，有的无毒；有的味道甘美，有的难以下咽；有的营养丰富，有的营养单调；有的一年生，有的多年生；有的有药用价值，有的无药用价值；有的容易驯化，有的不易驯化。对它们如何做精细分类，让其种植、培育、采摘、繁殖都变得可控？集先民智慧于一身的大英雄神农氏边观察、边思考、边动手、边品尝。神农氏遍尝百草，不仅品其口感，知其营养，还要进行毒性毒理试验。传说神农氏牛首人身，肚皮

透明，龙颜大唇，三岁知稼穑。他可以透过肚皮看见各种植物在肚子里的反应。神农氏运气好，中毒多次，均得药而解，所谓"神农尝百草，日遇七十二毒，得茶而解之"。

经过多年不屈不挠的探索试验，神农氏终于对各种植物有了一套系统的认知，他发现稻、黍、稷、麦、菽五种植物味道甜美，营养丰富，容易驯化，这就是后来的"五谷"。《尚书大传·卷第四》："神农为农皇也。神农以地纪，悉地力种谷疏……故托农皇于地。"神农氏还把尝百草经历，著书《神农本草经》。神农氏以其勤劳、勇敢、睿智，成为中华民族的农业之祖、医药之祖、植物学之祖、商贸之祖、音乐之祖等，对中华文明有不可磨灭的巨大贡献。

04、建立民族的避难所——有巢氏

人类区别于动物，不仅在于有劳动能力和思维能力，而且在于讲究"衣食住行"。人类由于肌体相对娇弱，无法像动物那样随地而卧，而要有遮风挡雨和抵御野兽的住所。于是又一个大英雄——有巢氏应运而生。

有巢氏在先秦古籍中即有记载。《庄子·盗跖》："且吾闻之，古者禽兽多而人少，于是民皆巢居以避之。昼拾橡栗，暮栖木上，故名之曰有巢氏之民。"《韩非子·五蠹》："上古之世，人民少而禽兽众，人民不胜禽兽虫蛇。有圣人作，构木为巢以避群害，而民悦之，使王天下，号曰有巢氏。"大意是说，上古时期先民常受野兽毒虫侵害，白天尚可躲避，待夜晚熟睡毫无防备时，便面临危险。于是他们中间出现了一位大英雄，他带领人民捡拾、砍伐树木，像鸟儿搭窝一样，用木头在树上搭建起住所。经过艰辛劳作，树上住所大功告成。当夜晚来临，先民既不必担心风雨交加，也不必担心野兽侵扰，妇孺能踏踏实实地进入梦乡，这才是真正人类向往的生活方式！

人们非常感激这位巢居的发明者，认为他德高望重，有圣王的才能，一致推选他为总首领，尊称他为"巢皇"，也就是部落联盟总部的大酋长。成为部落酋长后，有巢氏更加关注民生，胸怀民众，为民谋生，为民造福，功高德隆。

有巢氏是一位伟大的古代科学家，是他创立了中国的居住文化，使我们的祖先开始和动物区别开来。他是一位划时代的伟大英雄。

05、明知不可为而为之——愚公

《愚公移山》是《列子·汤问》中的一个神话故事。

愚公是一位90岁的老人，他的家门前有两大座山，一座是太行山，一座是王屋山，这两座大山挡在家门口，出来进去都要绕道，全家人苦不堪言。愚公决心把山平掉，家人纷纷表示赞同。只有他的妻子提出疑问："凭你的力气，连魁父这座小山都不能削平，能把太行山、王屋山怎么样呢？况且把土石放到哪里去呢？"众人说："把它扔到渤海的边上，隐土的北边。"于是愚公率领儿孙中能挑担子的三个人上了山，凿石头，挖土，用簸箕运到渤海边上。邻居京城氏的寡妇有个孤儿，刚七八岁，也蹦蹦跳跳地去帮助他们。这样的工作实在辛苦，冬夏换季，才能往返一次。大山，看起来丝毫都没有减少。有一个叫智叟的老人对愚公的行为不以为然，他嘲笑愚公在做傻事。愚公说："我死了有儿子，儿子死了还有孙子，子子孙孙是没有穷尽的，总有一天，两座大山会被凿平。"天帝被愚公的诚心感动，就命令夸娥氏的两个儿子把两座大山背走了。

愚公移山，表面上愚，实际上却说明一个持之以恒的道：一个民族无论做任何事，都要有不怕艰难、顽强拼搏的精神，来不得半点投机取巧。正是由于这种强大的精神力量，才保障中华民族披荆斩棘，排除万难，战胜了各种来自大自然和外族的挑战，创造出辉煌的成就。抗日战争时期，毛泽东同志曾在《愚公移山》一文中盛赞愚公移山的精神，以"下定决心，不怕牺牲，排除万难，去争取胜利"激励中国共产党和中国人民为争取祖国的解放而战斗不息，奋斗不止。进入21世纪后，四周智叟式的人物并未消失，机会主义仍有市场，因此，学习愚公精神更具有深远的现实意义。

06、大一统思想的创始人——黄帝

上古时期的中国，版图辽阔，部落林立，各自为政。大小部落之间，常年杀伐，民不聊生。随着生产力的提高和生产方式的变化，建立大一统部落的时机日渐成熟，住在中国西北方的黄帝遂应运而生。黄帝生活于约五千年前，他本是少典与附宝之子，本姓公孙，后改姬姓，故称姬轩辕。居轩辕之丘，号轩辕氏，建都于有熊，亦称有熊氏。传说黄帝居住在昆仑山上，昆仑山高万仞，方八百里。

据说黄帝出生几十天就会说话，少年时即思维敏捷，青年时敦厚能干，成年后聪明坚毅。他不仅智慧超人，德性上也宽厚仁爱，深得人民拥戴。因此之故，他获得天帝的喜爱，被赋予管理天神和动物的特权。

当时南方的部落首领蚩尤兽身人言，头有角，吃砂石，暴虐无道，兼并诸侯，凶悍斗勇，驱逐炎帝族。黄帝族毫不畏惧，联合炎帝族与蚩尤战于涿鹿之野。双方战士英勇无畏，战斗十分惨烈。蚩尤请风伯雨师作大风雨，黄帝请天女魃下界相助。结果蚩尤战败被杀。黄帝自此逐步统一华夏、征服东夷、九黎族，使一盘散沙的中华统一为一个部落，被尊为天子，成为天下的共主。

黄帝不仅建立了大一统的民族，还努力发展生产，在他治下，上古的农耕文明、交通文明、服饰文明、音乐文明、医药文明，都取得了长足发展。黄帝时代，是中华民族创造力大踏步前进的时代。

黄帝之后，中华民族又有了个特殊的称谓"炎黄子孙"，可见黄帝的贡献之大，人民对黄帝的感情之深。

《山海经》《大戴礼记》所记载的古代帝王世系，均溯源到黄帝。历史上的唐尧、虞舜及夏、商、周三代，相传都是黄帝的后裔。黄帝是被公认的中华民族大一统思想的创造者。中国历史有一个规律："分久必合，合久必分"。"合"是人心所向，"分"是背离民愿；"合"是顺应潮流，"分"是不循大道。"分"虽逆潮流、悖人心，在其短暂得势之时，却能给民族带来灾难性后果，或因孱弱而受强敌欺凌，或难以在民族竞争中立足。只有民族大一统，才能确立坚不可摧的大国文明。黄帝，使统一成为中华民族的一种思维特征，成为一种先验性的共识，这种共识无须证明，不容置疑。谁若质疑，则天下共诛之。正是这种大一统的思维特征，才使中华民族历尽五千年风雨而屹立不倒，并在21世纪，爆发出更加茁壮的生命力与创造力。在此意义上，黄帝是中国第一个伟大的战略家，是一位值得永远尊敬的民族英雄！

07、远古时期的信息革命引领者——仓颉

文字是人类进化到一定阶段的产物。衡量民族文明程度的一个标尺，是看其有无文字，文字是否成熟，文字源流是否悠久。中华民族拥有成熟的文字——汉字。汉字是世界上先进、神奇、伟大而美丽的文字，无论从设计的科学性、使用的方便性、审美的艺术性、还是历史的悠久性，均可称为世界上独一无二的奇观。

说起汉字，必须提到一位英雄，他就是仓颉。黄帝统一中国各部落之后，迎来了一个科学发明的高峰期。但是信息文明成为当时社会发展的瓶颈，人们强烈感受到信息量在不断增加，而信息的传播手段却十分滞后。当时，人们传递信息只有两种渠道，一种是口口相传。口头相传受制于传话者的德性、记忆力，如果传话者不在场，信息就将完全中断。如果传话人死亡，信息可能会完全灭失。作为口口相传的补充，人们发明了结绳记事的方法。然而结绳记事也有弊病，绳子昂贵不说，所记内容极其简单，且不易修改；如果所记内容稍多，则绳子的消耗将成倍增加。何况当时很多人尚难温饱，遑论用大量绳子来记事！对信息载体的这种需求，让黄帝忧心如焚，他决定委派一位智慧贤人造字，以记载黄帝的丰功伟绩和法律制度，昭告天下，传之后人。这一使命就落在了史官仓颉头上。

仓颉接到任务后，把流传于先民中的各种支离破碎的文字、便分类别异，加以收集整理，但仍然很不系统。他又观察鸟兽，他发现鸟兽的脚印虽然在人看来杂乱无章，然而在鸟兽自己看来，却隐藏着许多秘密，信息量很大，鸟兽通过自己的脚印，可以标出自己的范围，警告他人不要冒犯；可以告诉同伴，哪里有食物，或者危险；到了求偶的季节，也可以通过脚印吸引异性，喜结连理，生儿育女。这一发现都让仓

颉兴奋不已。但是鸟兽是低等生命，表达的内容是有限的，即使完全破译、模仿，也不足以描述人类的全部历史、处境、经验和需求。仓颉又观察天上的星辰运行，地上的山川草木，甚至手掌上的指纹，不断从中受到启迪，发现规律，经过呕心沥血数十年的夙兴夜寐，仓颉终于创制出一整套文字。

许慎《说文解字序》："仓颉之初作书，盖依类象形，故谓之文；其后形声相益，即谓之字。"《淮南子·本纪》称仓颉造字，感动天地："昔者仓颉作书，天雨粟，鬼夜哭。"仓颉所造汉字，构成中华文明最重要的基石。仓颉造字，结束了刻木结绳记事的蒙昧时代，开辟了中华民族人类进化史上的一个新的纪元。仓颉被尊为"文字始祖""史皇"，永远为炎黄子孙所敬仰。仓颉是中华民族当之无愧的文化英雄。

08、承先启后的部落领袖——尧

传说中的历史是由英雄构成的，英雄离不开领袖，领袖是英雄的主要存在状态。在严酷斗争环境中成长起来的领袖承担着引领部落前进的重任，他们敢为天下先。他们有威望、有德行，登高一呼，万众相应。他们的业绩，在华夏历史上打下深刻的烙印，成为人们怀念和瞻仰的千古楷模。他们的名字都进入人们的日常生活，成为人们修身齐家、治国安邦的行为标准。无疑，尧和舜都是这样的领袖。

尧，传说是黄帝的五世孙，姓伊祁，名放勋，古唐国人。尧是帝喾的儿子，幼年便聪慧过人，十五岁开始辅佐哥哥帝挚。由于帝挚昏庸无能，尧在20岁时代挚行天子职责。尧是一位锐意进取的领袖。他受命于危难之际，先是遇"十日并出"，稼禾焦枯；继而洪水泛滥，水势浩大，奔腾呼啸，危害天下。为减少洪水危害，尧殚精竭虑，又是派人治理，又是率民迁徙。他行事大刀阔斧，有力地控制了洪水，保护了人民。除了天灾，他还要面对人祸。届时各部落方国，都想扩大本族势力。尧依靠一些正义部落方国的支持，削平群雄，统一了中原。

尧还安排专人根据日月星辰的运行情况制定历法，使农业生产有所依循。经过实践，测定出了春分、夏至、秋分、冬至，总结出一套历法。尧决定以366天为一年，每三年置一闰月，用闰月调整历法和四季的关系，使每年的农时正确，不出误差。精确的历法，保证了农业生产的顺利进行。尧的时代，是中国上古农业飞速发展的时期。在四境之内，到处男耕女织，繁荣兴旺。

尧还是一位广开言路、胸怀宽广的领袖，他设置谏言之鼓、诽谤之木，给天下百姓畅所欲言的机会，哪怕他有过错，百姓们也可以在这里批评，并借着鼓和木头的大声，吸引远处的人过来一起听。

领袖不是孤胆英雄，尧还善于提拔人才。他重用了九位功臣。虽说身边人才济济，他仍恐有的人才被社会所埋没，所以他常常深入穷乡僻壤，明察暗访，求贤问道。尧选拔人才不仅为己所用，也为未来的长治久安打基础。由于他的儿子丹朱不学无术，很没出息，尧决定不将帝位传给丹朱。人们向他推荐了舜，舜素有孝名，以德报怨，胸怀宽广。考察三年，尧觉得舜名不虚传，无论说话办事，都成熟可靠，堪当大任。于是在太庙举行禅位典礼，正式让舜接替自己，登上天子之位。自己从此退居避位，留下一个禅让的佳话。28年后尧去世时，"百姓如丧考妣"。

09、贤明君王的代表——舜

舜据说是帝颛顼的七世孙。舜号有虞氏。《孟子·离娄篇》：舜生于诸冯（ping），东夷之人也。舜早年丧母，后来父亲娶了继母，生弟象。此后，舜就成为他们欺凌和迫害的对象。舜是一个孝子，行事恭谨，以德报怨，终于感化了他们。由于家境清贫，舜自幼就养成热爱体力劳动的习惯，在耕耘、烧陶、经商方面，都是一把好手。因其品德高尚，舜的贤名在很年轻时就得到传播，对当时的道德风气产生了巨大影响。舜在历山耕田，人们都愿意靠近他居住，原来好勇斗狠的当地人洗心革面，变得谦让有加。人们听到这个消息，很快从远处搬迁过来，一起劳动，一起生活，不久这个地方即发展成为一个物阜民丰的村落。

当时部落联盟领袖帝尧年事已高，需要一个能够担当大任的接班人，人们一致推举舜。尧让舜参与政事，管理百官，接待宾客，经受各种磨炼。舜没有辜负期望，他不但将政事处理得井井有条，而且在用人方面有所改进。尧未能起用的人才，舜大胆起用；尧未能惩治的恶人，他大胆流放。这一系列措施，都充分显示出舜的治国才干。经过严密的考核、试用，尧放心地把帝位禅让给舜。舜执政后，开始了一系列的重大政治行动。他重新修订历法，又举行祭祀上天的大典；还把诸侯的信圭收集起来，再择定吉日，召见各地诸侯君长，举行隆重的典礼，重新颁发信圭。舜即位的当年，就到各地巡守，祭祀名山，召见诸侯，考察民情；还规定以后五年巡守一次，考察诸侯的政绩，明定赏罚，舜十分重视与地方的联系，加强了对地方的统治，为中国后来的中央集权提供了宝贵的经验。尧去世时，舜已摄政28年。三年的丧事完毕之后，舜便让位给尧的儿子丹朱，他觉得丹朱比他更有资格管理国家。但是，天下诸侯不理会丹朱，仍然去朝见舜；打官司的人也都告状到舜那里，民间编了许多歌谣颂扬舜。民心所向，天意所归，舜又重登天子位。

舜是上古德才兼备的政治英雄代表，他在为人和治国方面，在后人心里留下了一座丰碑。

10、公而忘私的治水英雄——禹

人类命运面临的挑战，常来自大自然。自然灾害是阻挡人类前进步伐的重大障碍。在古代科学技术低下的时代，更是如此。英雄人物在带领人民奋斗过程中，以大无畏的精神，与自然灾害作斗争，在斗争中锻炼，在斗争中成长，在斗争中成功，走向辉煌生命的高峰。在上古时代，洪水是世界每一个民族所必须面对的威胁，治水也必然成为英雄成长的温床。圣经里诺亚方舟的故事，说的是上帝通过洪水对人类罪恶进行惩罚，故事本身描述的海洋泉源开裂、地下水柱喷射而出、大雨日夜不停、山巅均被淹没的景象，未必不是欧洲上古先民所亲历的状况。诺亚成为大洪水之后的英雄，因他恢复了大地生机和人类繁衍。

禹是中华民族历史上最伟大的治水英雄。上古时期，黄河及其支流泛滥成灾，中原常沦为泽国，洪水无边无际，淹没了庄稼，卷走了牲畜，吞没了房屋，甚至覆盖了山岭。许多人被洪水卷走，幸存者流离失所，很多人只得背井离乡。而洪水后的饥荒与瘟疫，更让人们苦不堪言。水患给人民带来了无边的灾难。历代天子都在治水方面煞费苦心。

禹出生于治水世家，他的父亲鲧就多年治水。可惜鲧采用的是堵的方法，效果适得其反，最后还因为治水失败而被斩首。鲧虽然受到了惩罚，治水的工作却不能停止。治水的大任又落在禹的肩上。接到任务的时候，禹结婚才四天。父亲的教训加上新婚燕尔，禹有很多拒绝的理由。如果治水失败，他会不会也落个和父亲同样的下场？他的妻子涂山氏是一位贤惠的女人，面对滔滔的洪水，人民的哀哭，她毅然支持丈夫治水。于是禹告别爱妻，带着助手踏上了征程。

禹左手拿着准绳，右手拿着规矩，走到哪里就量到哪里，算到哪里。他跋山涉水，风餐露宿。中原大地，山山水水，到处都留下了他的足迹。禹终于摸清了地形。他的心中有了一张中国地图，他明白了，父亲过去失败，是支离破碎地看洪灾，而没有把中国地理当作一个整体，进行通盘考虑。故而治水十分被动，常常疲于奔命，此处洪水刚治，彼处的水患又起。禹则因势利导，做出了新的解决方案。过去鲧治水，都是用堵塞的方法，他反其道而行之，放弃"堵"的办法，对洪水因势利导，使水能够顺利地流入大海。想出这个办法不容易，实施起来更难。禹就放手发动老百姓，进行如当代大兵团作战式的施工。禹和人民一起劳动，吃在工地，睡在工地，披星戴月，日夜奋战。在这艰辛的日日夜夜里，禹的脸晒黑了，人累瘦了，甚至连小腿上的汗毛都被磨光了，脚指甲也因长期泡在水里而脱落。功夫不负有心人，经过13年的苦战，汪洋恣肆的河流开始变得规规矩矩，高山和丘陵，也不再是水的障碍，而是水的路径。他们还挖了水库，把水储存起来，以备干旱少雨的日子使用。从此，水不仅不再祸害庄稼和人民的恶魔，而成为灌溉土地、造福人民的朋友。

在治水的整整13年里，禹将个人和家庭放置一旁，他自离开家后很少和妻子团聚。有三次因公事从家门口路过，可是工作紧急，他都未顾上进去。所谓"三过家门而不入"。有一次他路过自己的家，听到婴儿的哭声，那是他的妻子刚给他生了一个儿子，他多想进家门看看妻子和孩子，但一想到治水任务等着他，便又打消了进门的念头，只是向家中茅屋行了一个大礼，边又骑马飞奔而去。

后代人们感念禹的功绩，为他修庙筑殿，尊他为"禹神"。大禹治水，为中国后来的农业文明打下了坚实的基础。后来中国能够人寿年丰、国泰民安，都与禹留下的水利工程经验有关。后人治水，要么在禹的根基上修补，要么采用了禹的治水理论。

禹为后人留下的更大财富是他的精神。大禹治水，不因私废公，不计个人得失，他依靠群众，依靠科学，艰苦奋斗，不怕牺牲，亲力亲为，调查实践，因地制宜，因势利导，这一切都是他成功的关键。

这些宝贵的精神财富，不仅帮助禹成功治理了洪水，也帮助中华民族克服了许多难以想象的艰难险阻，在惊涛骇浪中安然度过，并且创下了更大辉煌。禹之后，中华民族的神话时期渐行渐远，历史越来越真实了，创造历史的英雄也越来越清晰了……

以上通过对于中国古代神话世界的畅游，褪去奇幻的外衣，我们可看到古代英雄人物自强不息、舍生忘死的身影。神话不是凭空想象，而是依托于坚实的现实基础。神话是我们的祖先以另外一种语言写下的英雄史诗。这些惊天动地的史诗，是我们中华民族精神的源泉，在这些源泉的滋养下，中华民族发展壮大，冲过险滩，越过沙漠，成为一条浩荡的精神大河。当今社会科技高度发达，越来越多的未知之谜都被解开，神话中幻想的场景也日益变成现实，民族神话被科学证明包含很多想象成分，然而神话并没有过时，因为神话中所蕴含的英雄主义内核永不过时，它是拯救享乐主义软骨症的灵丹妙药！愿每个人都能从英雄神话中源源不断地汲取精神资源，为中华民族创造光辉灿烂的明天！

第三章 中国古代戏剧中的英雄主义

由于戏剧的流传甚广，英雄人物形象不胫而走，在观众心目中留下深刻印象，并对社会审美和价值观产生重大影响。

古老民族精神的发展历程，可通过不同形式记录下来，影响最为广泛的有三种：一是神话传说，二是历史记述，三是文学作品。三种形式相互交叉，相互补充，相互促进。其中文学作品中长于描写人物、讲述故事者，一是戏剧，二是小说。

中国戏剧，萌芽于先秦，形成于唐宋，成熟于元代。以元杂剧为代表的古代戏剧，内容丰富，人物丰满，堪称是一部波澜壮阔的英雄画廊。由于戏剧的流传甚广，这些英雄人物形象不胫而走，在观众心目中留下深刻印象，并对社会审美和价值观产生重大影响。

01、勇敢无畏，单刀赴会——关羽

论中国古代最有名的戏曲英雄，许多人会说是关羽。关羽是三国时真实的历史人物，也是元代戏曲大家关汉卿《单刀会》中的主人公。他辅佐刘备东征西讨，建立了不世功勋。

在东汉晚期形成的魏、蜀、吴三个割据政权中，刘备是汉高祖刘邦的后裔。按照传统观念，继承汉朝正统的应是非蜀汉莫属。于是，关羽地位被人为拔高，成为家喻户晓的大英雄。作为忠义的化身，其地位甚至超过了刘备。刘、关、张桃园结义后，关羽抱定"同心协力，救困扶危，上报国家，下安黎庶"的誓愿，开始为友情和事业而战，铸造了一个个传奇，留下了一段段佳话。他大智大勇、道德完美，甚至被赋予神话色彩。

到元代，经历代统治者的尊崇和各种文学艺术的渲染，关羽已化身为家喻户晓的英雄偶像。关汉卿的《单刀会》截取关羽戎马生涯中单刀赴会的片段，突出关羽的过人胆略、凛然大义与机变权谋。当时吴将鲁肃向刘备讨还三郡，关羽奉命相争。双方战阵横陈，兵戈相向。鲁肃煞费苦心，想出上中下三策：上策是以礼索要，中策是扣留逼迫，下策是动用武力。面对东吴虎狼之师，关羽毫不畏惧，欣然单刀赴会。对于东吴图谋，关羽早已了然于胸。他将这次宴会比作临潼会、鸿门宴。宴会开始，吴将鬼鬼祟祟，关羽却谈笑自若，饮酒如常。当鲁肃提出索取荆州时，关羽理直气壮予以批驳，并根据自己的价值观，声明蜀汉政权的合法性，嘲弄了东吴政权的非法性。鲁肃张口结舌，一时竟无以答对。宴席结束，关羽从容起身，鲁肃却魂不附体，眼睁睁看着关羽上船回营，事先准备的三个方案全告破产。作者充分运用了衬托、铺垫等艺术手法，赋予形象独特的审美内涵。《单刀会》通过人物乔公之口描述了关羽的战神形象："他上阵处赤力力三绺美髯飘，雄赳赳一丈虎躯摇，恰便是六了神簇捧定一个活神道。那敌军若是见了，唬得他七魄散、五魂消。""便有千万军，挡不住他不剌剌千里追风骑；你便有千员将，闪不过明明偃月三停刀。"杂剧还通过周仓唱词烘托关羽过江赴会时的气定神闲："旌旗闪闪龙蛇动，恶战英雄胆气高。假饶鲁肃千条计，怎胜关公这口刀！赴单刀会走一遭去也。"《单刀会》中关羽的高大形象卓然不群地矗立在戏曲舞台上，具有独立的美学价值和永久的艺术生命力。

关羽集忠、勇、义于一身。他驰骋沙场，东征西讨，所向无敌，气贯长虹，成为勇武的化身。他对朋友有情有义，"义重如山"，不随外部环境的改变而改变。关羽"富贵不能淫、贫贱不能移，威武不能屈"的高尚情操，将永远激励着人民。

02、忧国忧民，力挽狂澜——郭子仪

与关羽相似，郭子仪是一位忧国忧民、大智大勇的英雄形象。郭子仪也是真实的历史人物。

唐朝至天宝年间，逐渐由盛转衰。由于唐玄宗荒淫无度，高官钩心斗角，边镇尾大不掉，国运急转直下。握有重兵的安禄山、史思明趁机举兵，悍然发动了一场足以动摇唐朝根基的全国性叛乱，即"安史之乱"。关于"安史之乱"题材，古代不少文学作品都曾描写过，清人洪升的戏剧《长生殿》即是其中之一。郭子仪是《长生殿》中的英雄人物，他出身寒微，却心忧天下。早在"安史之乱"之前，他就看出了朝廷"竞豪奢，夸土木"所潜藏的政治隐患。他通过自己的所见、所闻、

所思，对当时的社会危机有了具体而深刻的认识。对唐明皇的沉湎酒色，杨国忠的招贿弄权，安禄山的狼子野心，他看在眼里，忧在心头。虽然污浊的现实让他一筹莫展，但他仍然在等候报效国家时机。一次外出回到家中，郭子仪接到了天德军使的任命，终于登上施展抱负、实现理想的政治舞台。

"安史之乱"爆发后不久，叛军一路杀来，攻陷潼关，直逼长安。唐玄宗仓皇出逃，到马嵬坡地界，军伍发生哗变，杀死杨国忠，缢死杨贵妃。此后，时任朔方节度使的郭子仪联合各路兵力勤王，击败安史叛军，收复了长安。《长生殿》第31折"剿寇"中渲染郭子仪进军长安时的威仪："三军笑口齐开，齐开；旌旗满路争排，争排。拥大将，气雄哉，合图画上云台。把军书忙裁，忙裁；捷奏报金阶，捷奏报金阶。"第35折《收京》描写了郭子仪的理想抱负："宣威进讨，喜日明帝里，风静皇郊。欃（chan）枪涤尽，看把乾坤重造。扬鞭漫将金镫敲，整顿中兴事正饶。"

古代大臣都有"文死谏，武死战"的传统，面对战乱的血雨腥风，郭子仪挺身而出，义赴国难，浴血奋战，扫清贼寇，收复长安，再造社稷。没有郭子仪，唐室恐难中兴。郭子仪是中国戏剧史上一个不可取代的英雄形象，在他身上寄托着人民渴望天下和平、渴望国泰民安的理想。

03、两袖清风，疾恶如仇——包拯

中国有两千多年的封建社会历史。封建社会由于其自身的缺陷，吏治腐败成为常态。作为对腐败的矫正需求，必然会出现清官廉官，否则政治格局便会趋于崩盘。政治体制需要清官，黎民百姓更需要清官以解倒悬之苦。艺术作品作为现实生活的反映，常以清官作为歌颂对象。戏剧里最有名的清官形象就是包拯。

包拯，字文正，北宋名臣，官拜龙图阁待制，正授南衙开封府尹，是中国古代著名的清官。许多文学作品中都有他的活动踪迹，仅元杂剧中就有十余种包公戏，可见包拯形象在民间的地位是多么尊崇。包拯铁面无私，不畏权贵，总会在百姓沉冤莫辩时出现，扭转整个的案情，使公义得以伸张，沉冤得以昭雪，坏人得到惩罚。包拯的形象，在无名氏杂剧《陈州粜米》中塑造得最为生动丰满。《陈州粜米》写道：陈州大旱三年，黎民楚苦，几至相食。朝廷决定赈灾，权臣刘衙内想趁机发国难财，为子与婿争得负责赈灾机会。两个花花公子到陈州后，贪污盘剥，提价加秤，往米里掺糠掺土。有人表示不满，竟被他们挥御赐金锤打死。包公微服私访，查清了事情的来龙去脉。此前，刘衙内见势不妙，到皇帝那里讨得赦免诏书。包公便在赦书到来之前果断将两恶人处死。作者借唱词展示了包公湛湛青天的高大形象：猛听的叫赦书来，不由得临风回首笑咍咍："想他父子每依势挟权大，到今日也云塞时衰。他指望着赦书来时有处裁，怎知道赦来时先杀坏……也是他人谋不善，总见的个天理明白。"

在其他的包公戏里，他往往只是为一人一家的冤案平反昭雪，在这里却通过为一家人做主，来为一方百姓撑腰。这就使人物形象的分量显得更加厚重与丰满，具有了强烈的人民性。此剧的包公形象，还在于深刻地刻画了包公的内心矛盾和思想斗争。

包公虽受人民喜爱，但也是贪官污吏的眼中钉肉中刺，几十年宦海浮沉，使他深知封建官场的黑暗和险恶。他看到过许多坚持正义的清官廉吏、忠直贤臣因触犯邪恶势力的利益，而遭到了打击报复。他曾心灰意懒，也有消极退隐的想法。但是，当他得知老百姓的冤情和苦难，便难掩胸中燃烧着的正义之火，义无反顾地投入与同邪恶势力的较量之中。包公秉公执法，疾恶如仇，与疆场上戎马倥偬的英雄比，他的战场在和平年代。

在包公身上，寄托着人民在和平时期对社会公正的美好愿望。戏剧舞台上的包公形象是人民群众塑起的一座丰碑，包拯是权豪势要、贪官污吏的克星，是人民理想和信心的寄托。

04、刚正不阿，拼死抗争——周顺昌

在国人的精神世界里，一直都有善与恶、正与邪、美与丑、忠与奸

的对立观念；两种力量的斗争势不两立，常呈你死我活之势。虽然邪、恶、丑、奸力量可以一时得逞，看来不可一世，然而天下自有公理，正义终会击败邪恶，光明终会战胜黑暗。这是人间大道，也是民众的盼望。正因如此，无论遇到多么大的挫折，多么大的打击，哪怕付出生命的代价，坚持必有胜果。这种精神在周顺昌这一戏剧人物身上得到充分体现。同为清官，周顺昌和包拯不同，包拯是一个胜利的英雄，周顺昌则是一个失败的英雄。周顺昌身上体现出更深的悲剧美学意义。

周顺昌是明末真实的历史人物，因反对魏忠贤阉党，被下狱害死。明末清初戏曲家李玉在戏剧《清忠谱》中记述其事迹。周顺昌所处的时代，政治黑暗，道德败坏，魏忠贤擅权，一手遮天，鱼肉人民，迫害忠良。朝中官员，要么卖身投靠，要么噤若寒蝉，周顺昌却不同流合污。他虽官至吏部侍郎，但清廉正直，两袖清风，不仅茅舍萧条，而且儿女寒伧。

对于魏忠贤的倒行逆施，周顺昌从不妥协，敢于针锋相对地进行斗争。周顺昌对魏忠贤之流怀着刻骨仇恨，他正气凛然、坚贞不屈，不仅自己不向魏忠贤妥协，而且积极声援和激励其他志同道合者。有人因弹劾魏忠贤被贬职还乡，他前去探视；有人因弹劾魏忠贤被诬逮捕，他赶往舟中饯行，还把女儿许配其子。阉党爪牙为魏忠贤在苏州建造生祠，徒子徒孙纷纷前往叩贺，周顺昌却冲进祠堂，义正词严，历数魏阉罪孽。他凭借一己之力，对抗一个暗无天日的时代，难度可想而知。周顺昌常觉报国无门，除奸无方，甚至在梦中还在泣血谏言，弹劾魏阉。周顺昌的刚正不阿，触怒了魏忠贤。魏忠贤起初还假装大度，但是最后恼羞成怒，撕下伪善面具，借一起冤案，派厂卫缇骑到苏州捕拿周顺昌。

周顺昌视死如归，从容被捕。周顺昌入狱后，受到各种酷刑折磨，如铜挺子、铁夹棍、阎王闩、红绣鞋、披麻火烙、铜包木棍等，不一而足，但他宁死不屈。魏逆亲自审问时，周顺昌直立不跪，怒目而视，慷慨激昂，他把阉党拷问的刑场变成叱奸骂贼的战场。魏忠贤命武士敲掉他的门牙，周顺齿虽断，舌还在，仍然奋起斥骂，不绝于口。在《清忠谱》第17折，作者借狱卒道白刻画了周顺昌不计生死的英雄形象："只有一个周吏部，屡次受刑不死。前日千岁爷亲审，他偏不怕死，倒是一场狠骂。却又作怪，千岁爷只将他敲去门牙，反不加刑，仍旧收监。咳，算是周吏部倒是一条好汉了。"当其子扮作更夫探监，见他被折磨得体无完肤，浑身脓血，蛆虫成堆。见儿子心如刀绞，周顺昌却叮嘱儿子不要悲伤，要牢记今日，传之后人。最终，周顺昌被魏忠贤的爪牙暗害。在临死前，周顺昌仍然大义凛然，视死如归，表示出誓与魏阉斗争到底的决心："我周顺昌生不杀汝，死作厉鬼击杀奸贼便了！"周顺昌之死，死得壮烈，死得高贵！周顺昌疾恶如仇、不屈不挠，是中国古代戏剧英雄形象中的一个杰出代表，深受广大民众的爱戴与敬重，戏剧《清忠谱》多年来盛演不衰。 而周顺昌身上所体现出的英雄主义精神，更是鼓舞、激励着后人。持守内在的高贵，直面邪恶的现实，等待光明的到来。这便是周顺昌这个英雄形象给我们的启示。

中国古代戏剧博大精深，其中的英雄人物形象当然不限于以上四人。本章旨在从一个新的视角切入，审视古代戏剧，探讨英雄主义，为中国英雄文化研究，提供一点浅见与一个思路。当代社会是信息社会，戏剧艺术在信息社会里也在冲击中提升。如何在信息社会里使戏剧艺术推陈出新，使其中所蕴含的英雄主义发扬光大，这是一个需要更多人关注的话题。

第四章 中国古代小说中的英雄主义

英雄人物广为流传，深入人心，若细雨润物般塑造着国人的灵魂。

戏剧是讲述故事的一种载体。因着戏剧的演出，英雄人物广为流传，深入人心，若细雨润物般塑造着国人的灵魂。戏剧也有局限，必须有戏班子搭台才可以演出，只有演出才可以欣赏，故有诸多不便。与戏剧相比，小说则不受场地、人员、设备的制约，随时随地可以欣赏阅读。继元代戏剧高峰之后，明清以降，中国文化迎来小说创作的黄金时代。中国古典小说，在思想上继承了戏曲的优秀传统，形式上又能推陈出新。在主题、人物、情节方面，也多有传承。英雄主义，是中国古典小说的一大主题，特别是那些能够在时代风云中挺身而出的具有历史原型的英雄人物。

01、忠心耿耿，杀身成仁——张飞

《三国演义》是中国古典小说的奠基之作，不仅艺术成就惊人，思想主题深刻，其在结构布局、人物设计方面，也为后人的艺术创作留下光辉的典范。元朝作为一个少数民族建立的王朝，只延续了98年。汉族人民的激烈反抗，最终导致了它的覆亡。元末乱世，风起云涌，正是驱逐强暴、恢复中华的大好时机。在此背景下，一部前所未有的伟大文学作品问世了，即《三国演义》。

《三国演义》所宣扬的英雄主义，吸引人、感动人，对后人产生着巨大的精神影响力。作为英雄，热爱国家是责无旁贷的责任。当国家处于危急存亡之秋，英雄当义无反顾地冲在第一线。匡扶天下，舍我其谁！刘、关、张"桃园三结义"的故事，便是生逢乱世，英雄人物的必然选择。由于《三国演义》中的关羽和戏曲中相似，本章不再赘述，这里重点分析一下张飞。

张飞是刘备的结义兄弟，蜀汉政权的一员虎将。张飞本来是涿郡一个屠夫，以卖酒屠沽为生。他身长八尺，豹头环眼，声若巨雷，势如奔马。社会地位不高，喜打抱不平，结交天下义士。他看到社会黑暗，民不聊生，便一直在寻找报效国家的机会。天注定这一天是个特别的日子，他与刘备、关羽进行了具有历史意义的会面。三位英雄惺惺相惜，旋即在桃园与结拜为异姓兄弟，不求同年同月同日生，但求同年同月同日死。他舍弃家财，招募乡勇，走上报国安民的决定性一步。张飞生性坦荡，快人快语，疾恶如仇。在安喜县痛鞭骄横无理的都督，在刘备领徐州牧时欲杀前来祝贺的"无义小人"吕布。他虽然头脑简单，行动鲁莽，被称为"莽张飞"也不介意。因为整个社会弥漫着富有城府和工于心计腐浊味道的时候，"鲁莽"便成为一种稀缺而珍贵的品质。张飞自结拜之后，对刘备一直忠心耿耿，毫无保留。一生身经百战，出生入死，从不畏惧退缩。他与马超对阵，从白天斗到黑夜，越战越勇；他在长坂坡据水断桥，一声断喝，吓退曹操十万兵马。小说的张飞形象充分体现了人们对英雄能力边界扩张的无限向往。

在后期的战斗生活中，张飞还学会了以智胜人的斗争艺术。在攻打巴郡时，他采用"引蛇出洞"的战术，使巴郡太守严颜束手就擒;在瓦隘口与魏军对阵时，他又采用"调虎离山"之计，打得魏国名将张郃落荒而逃。这些描写极大地增加了张飞人物形象厚度。

作为英雄，如果张飞的"勇"体现的是他的体力优势，那么"义"则体现的是他的精神优势。英雄对国家要"忠"，对于个人要"义"，"桃园三结义"则使"忠"与"义"成为牢不可破的一个有机体。"义"非空言，而是要体现于行动之中。"义"的最高境界是"舍生取义"。张飞的一生，是舍生取义的一生，始于结义，终于殉义。当古城怀疑关羽投降曹操，须在国家大义与兄弟之义择其一时，张飞断然选择前者。《三国演义》第28回写道：张飞斥责关羽，"你既无义，有何面目与我相见"？关公曰："我如何无义？"飞曰："你背了兄长，降了曹操，封侯赐爵。今又来赚我！我今与你拼个死活！"当关羽被东吴施计擒杀之后，兄弟之义与国家之义合二为一时，他悲愤莫名，痛哭不已，马不停蹄为报仇雪恨做准备。由于心情过于急迫，醉后对部下进行酷烈拷打，最后被谋害而死。

作为英雄人物，张飞的死令人惋惜。若是他不鲁莽行事，鞭挞士卒，当不至被害。然而张飞殉于义，既殉于朋友之义，又殉于国家之义，殉于匡扶大汉正统大业之义。故张飞之死，显得高贵而伟大。这种义，大义凛然、义薄云天，光照日月。这种义得到承续和弘扬，便能聚沙成丘，汇溪为江，将众多零散的个体团结起来，形成一个坚不可摧的整体。

02、宅心仁厚，爱民如子——刘备

英雄不是孤立的个体，而是团结的群体，群体才能群芳荟萃，群星灿烂。英雄群体需要杰出领袖人物引领前行。《三国演义》中的刘备就是一位杰出的领袖人物。刘备有皇族血统，由于时间久远，皇室支脉众多，到东汉末年，"皇叔"刘备已沦落为卖草鞋竹席为生的平常百姓。虽然如此，他始终未减报国之志。桃园结义后，决心"同心协力，救困扶危""上报国家、下安黎庶"。与当时的各路豪强相比，刘备的起点很低，有时只能寄人篱下，环境造就了他谨小慎微、深谋远虑的个性。周遭对手如林、危机四伏，刘在夹缝中求生存，经多年艰苦创业，渐渐崛起。

刘备是一位仁者，他宅心仁厚，爱民如子。为了夺取权力，军阀们穷兵黩武、草菅人命。曹操宣扬"宁教我负天下人，休教天下人负我"的利己主义哲学；刘备与之相反，"宁死不忍做负义之事"。他亲民爱民，广施仁政。他每临一地，不仅与民"秋毫无犯"，而且能拯民于水火。在追兵紧逼的时候，宁肯放慢撤退的步伐，也要带领几十万百姓一起前行。无疑，刘备具有良好的群众基础，是一位不可多得的有道明君。

刘备还是一位杰出的组织者和管理者。他独具慧眼，礼贤下士。只要打听到人才的信息，都能及时行动，收归名下。特别是听说诸葛亮的贤名之后，不辞辛劳，三顾茅庐，留下千古美谈。刘备不仅对诸葛亮待以师礼，委以重任，对庞统、徐庶、赵云、黄忠、马超等文武人才，也都能推己及人、坦诚相处。

得人心者得天下，刘备从最低起点出发，到拥有精兵强将，与曹操、孙权分庭抗礼，建立蜀汉政权，这在中国历史上，绝对是小概率事件。偶然性中隐藏着必然性，刘备在其政治军事生涯中，其宽厚仁义的性情、英明神武的品格定是其取得成功的决定性因素。如果以软实力论，刘备的软实力绝对胜过曹操和孙权两家，而在特定条件下，软实力强的一方真还可以有大作为。所以说，刘备不仅是大英雄，而且是在硬实力对抗中善于运用软实力的历史先驱。

03、足智多谋，鞠躬尽瘁——诸葛亮

英雄人物，会体现出不同的内涵。有的以武艺取胜，有的以人格著称，还有的以智谋为人们所津津乐道。诸葛亮就是这样一位智慧超群、料事如神的英雄人物。

诸葛亮字孔明，躬耕于卧龙岗，自号"卧龙先生"。因为他"上通天文，下晓地理，"有经天纬地之才"，所以刘备听从徐庶之荐，三顾茅庐，请他出山。诸葛亮发现刘备可以脱颖而出，建功立业，于是提出"先取荆州为家，后即取西川建基业，以成鼎足之势，然后可图中原"的三分天下主张。这一主张，让刘备心服口服。出山智慧，诸葛亮即火烧博望，让关、张衷心佩服。然后又与东吴结成联盟，在赤壁大败曹操的83万大军。接着，他辅佐刘备入川、进位汉中王，奠定了蜀汉基业。刘备死后，诸葛亮临危受命，辅佐阿斗，南征蛮夷，七擒孟获，北进中原，六出祁山。令司马懿闻风丧胆。过多的操劳，过多的透支，最终使诸葛亮积劳成疾，出师未捷，以身殉职。

在《三国演义》中，诸葛亮已被神化。当诸葛临终之时，将星失位，一星赤色有角，自东北落于西南（第104回）。全书写将星陨落者共八位，独诸葛将星陨落借曹营和成都正反双方之言予以烘托。诸葛亮可称罗贯中心中的第一将星。此外，在谋篇布局中，作者设计诸葛亮一生事业追求中贯穿一条哲学红线，即均衡与稳定的统一。这一哲学体现在谋略上，即表现为三足鼎立。在春秋战国时期，合纵连横之术曾风行一时。与此同时，在古希腊，雅典和斯巴达正在争夺希腊霸权。战争亲历者修昔底德撰写了《伯罗奔尼撒战争史》。书中提到战争始于对立双方均势受到破坏。

进入21世纪，美国老爱拿修昔底德说事，还提出中美之间出现"修昔底德陷阱"。罗贯中在《三国演义》中已经洞悉：之所以诸葛亮能高出三国其他人物一筹，就在于他持有三国鼎立的均势论。诸葛亮与其说他是政治家、军事家和战略家，倒不如说他是个出类拔萃的哲学家。

04、性如烈火，打虎英雄——武松

如果说《三国演义》体现的是一种正统思想，英雄多是帝王将相，代表的是统治阶级利益，反映的是统治阶级诉求的话，那么《水浒传》则体现了平民意识。武松就是一位独具个性的草根英雄。

武松是山东清河人氏，他身材高大，膂力过人。由于酒后闯祸，外出逃亡，并与宋江义结金兰。在返乡途中，乘着酒力，于景阳冈将一个伤人甚众、行捕未获的吊睛白额猛虎打死。武松因此声名大噪，成为县中都头。其兄长武大郎被潘金莲勾结奸夫毒杀，武松告状不准，于是杀了奸夫淫妇报仇雪恨。此后接二连三的遭遇，都使他无法过一种尊重法律的生活。被逼造反后，他先上二龙山，又入梁山泊。由于武艺高强，作战勇敢，武松成为山寨步军头领中的一员虎将，屡建奇功。

武松是从平民阶层中成长起来的英雄人物。他身上具有许多平民色彩。恩怨分明，有仇必报，是武松性格的一大特点。在他身上散发着一股凛然正气，凝聚了下层人民对豪强势力的仇恨和反抗。正因如此，武松才成为《水浒传》中塑造最成功、影响最广泛的英雄典型形象。武松在古典文学宝库中放射着夺目的光辉，几百年来，他之所以受到底层人民的喜爱崇敬，在于武松形象与读者没有距离感。在读者心里，武松就像是街衢村落里的邻居。武松可为，吾亦可为。因此读者常与武松形象易位，突破生理与法理的羁绊，一任思绪遨游。读者自己仿佛在景阳冈上打猛虎，快活林里报冤仇，官场与我如浮云，退隐山林读诗书。故曰：平民大英雄，非武松莫属。

05、自由自在，疾恶如仇——孙悟空

哪里有压迫，哪里就有反抗，在正统思想盛行的封建社会，为造反者树碑立传歌功颂德的《水浒传》却大行其道，这不能不发人深省。然而，囿于作者思想的局限性，特别是最后结局的设计，《水浒传》里的反抗精神，终以夭折结局。要说体现决绝而彻底的反抗精神，还是要说《西游记》。古典神话小说《西游记》的主人公孙悟空，可称是不屈不挠的反抗者。

孙悟空是由东胜神州傲来国花果山顶的一个仙石化育而成。出世不久，就由于勇敢无畏，被群猴推为猴王，过着不伏麒麟辖，不服凤凰管，又不服人间王位所拘束的自由生活。为求长生不老，他远涉重洋，拜须普提祖师为师，得名孙悟空，学到了七十二般变化、十万八千里筋斗云和长生不老的秘术。返回花果山后，又入海向龙王索得"天河定底神珍铁(如意金箍棒)"及一身精美的披挂，至森罗宝殿强将生死簿中猴属之类的姓名一笔勾销，又与牛魔王、狝猴王等结为七兄弟，整日饮酒取乐，教演群猴。他大闹龙宫、地府的消息，震动了天宫，玉皇大帝接受太白金星的建议，招悟空上天，授之以不入流的"弼马温"，欲将他"拘束"在天宫。悟空不甘为玉帝养马，一怒之下返回花果山，自号"齐天大圣"。玉皇大帝派托塔天王李靖父子前来征讨，被他打败。玉皇大帝只得再次招他上天，假意接受了他自封的称号。谁知，王母开蟠桃宴，没有请他。孙悟空这才意识到，自己又一次受到了歧视。他一怒之下，大闹蟠桃宴、醉闯兜率宫、偷吃老君丹，二度返出天宫。玉帝集神、佛、道三家之力，方才将其抓获，压在五行山下。至此，孙悟空蔑视正统，毫不妥协的叛逆形象跃然纸上。

500年后，孙悟空接受菩萨劫化，"改邪归正，弃道从僧"，被唐僧救出，赐名"行者"，保护唐僧赴西天取经。一路上，他仗着一身法力，一双火眼金睛，降八戒、收沙僧，遇妖降妖，遇魔伏魔，排除神佛有意设置的重重障碍、战胜险恶的自然环境、惩处人间的昏君奸贼、救助受害的黎民百姓，历经八十一难，跨过了十个人间国度，历时十余年，行程十万八千里，终于到达西天，取得真经，修成正果。

孙悟空是一位充满斗争精神和必胜意志的英雄。他天不怕、地不怕，不怕妖魔鬼怪，不怕险恶环境，浑身是胆，满腔正气，勇于斗争，善于斗争，全面体现了中华民族英雄的诸多品德。神魔的外衣，不仅没有拉大他与人类距离，他身上深受人们喜爱的品德反而得到更加夸张的表现。人们喜爱他，还因为在他身上寄托了底层人民追求自由、抗争暴虐和渴望解放的大同理想。

06、前赴后继，家族英雄——杨家将

中国文化有一个明显特征，那就是关注家庭和家族。一个家庭，一个家族，都有其门风。书香门第有文化素养，英雄世家有家国情怀。"家将小说"便在文学史上留下了深刻烙印，为家族式英雄写下了浓墨重彩一笔。其中较著名的有《杨家将》《薛家将》《呼家将》等。其中杨家将流传最广，影响最大，版本最多。比较著名的就有纪振伦（秦淮墨客）校阅的《杨家府演义》、熊大木的《杨家将传》等，杨家将小说对北宋前期杨业、杨延昭、杨文广等人的事迹加以演义，讲述了杨家四代人戍守北疆、保家卫国的感人事迹。

杨家将中，辈分最高的杨业，又名杨继业，太原人，官至云州观察使、判代州，赠太尉、大同军节度使。杨业领八千火山军挂帅扫北，掌中一口九环金锋定宋刀横扫雁门。他每临阵前必举红令字旗为号，军中习称为"金刀令公杨无敌"。杨业领兵直攻到辽国都城幽州，逼得辽主天庆梁王耶律尚纳降称臣。从此宋辽两国便以白沟为界南北分疆。杨继业一门妻子官封五侯。后因辽国进犯，被困两狼山。盼兵不到，率兵突围未果，至苏武庙李陵碑前，碰碑而死。

杨业的后裔，有"七郎八虎"之说，正史、戏曲与小说版本不同，名字不同，命运结局也有差异。一般说法是，杨大郎杨泰，字延平，随太祖征讨南唐时立了头功，因其与宋王赵光义相像，金沙滩双龙会代宋王而死。杨二郎杨永，字延定，随太君扫北。金沙滩双龙会突围时，为保兄弟们闯出重围，力举千斤顶，由于没有还手之力，被辽兵乱剑砍死。杨三郎杨勋，字延光，随太君扫北，在北辽阵前斩将夺旗，金沙滩

一战，被马踏入泥而死。杨四郎杨贵，字延辉，金沙滩一战被俘，将杨姓拆木易，与铁镜公主匹配夫妻。十五年后，过关探母，助宋破辽。杨五郎杨春，字延德，金沙滩一战受伤，万念俱灰，在五台山出家为僧，后为破天门阵出山。杨六郎杨景，字延昭，是杨家将七郎八虎中唯一在金沙滩大战中脱身返回的，后任三关兵马大元帅。杨七郎杨希，字延嗣，曾箭射辽将，救驾有功，幽州一战英勇无敌。因争帅印打擂，打死太师潘仁美之子，被潘仁美报复，用酒灌醉后绑在百尺高杆上用箭射死。

杨家将故事广泛流传，还有一个原因是里面塑造了"杨门女将"的女性英雄群体，其中最有名的有杨继业之妻佘赛花和杨宗保之妻穆桂英。当家族中的男性全部牺牲，国家需要有人杀敌立功时，杨门女将勇于争先，留下了"十二寡妇征西"的悲壮传奇。杨家将的英雄形象，使中华民族的英雄人物，以家族力量得以展示在世人面前，把民族情感与家族情感完美地结合起来，开拓了中国英雄文化新的内涵。杨家将的故事至今在山西雁北广泛流传，"孟良城""穆桂英坡""金沙滩""两狼山""李陵碑"等名号，早已融入人们的现代生活之中，成为当地民众的常用语汇和印在脑中的鲜明文化符号。

07、百战百胜，精忠报国——岳飞

英雄往往具有一定悲剧性，中国古代小说里的英雄也是如此。

岳飞，南宋伟大军事家，字鹏举，河南汤阴人氏。由于出生时家乡黄河洪水暴发，和母亲躲在一口缸里才得以逃命。岳飞幼时家贫，无钱读书，母亲就用柴棍教他在地上练字，给他讲述报国爱国故事。为了使他加深记忆，永远牢记自己的报国使命，母亲在他背上刺"精忠报国"四字。岳飞自幼聪颖好学，后认武学大师周侗为义父，学习武功以及兵法韬略，又在山洞中巧得沥泉枪，并择取非同一般的坐下马。在京师考武状元时，他枪挑小梁王，触怒权贵，险些被奸臣所害。后来由于宋徽宗、宋钦宗昏庸无道，想联金伐辽，反与虎谋皮，反倒帮助了金的崛起。金兵南侵，北宋灭亡，徽钦二帝被掳。这就是"靖康之耻"。兵荒马乱中，宋高宗侥幸即位，但他懦弱无能，昏庸无道，国家风雨飘摇。

在国家生死存亡关头，岳飞毅然从军，排除奸臣的陷害干扰，为国杀敌，屡建奇功。八盘山、青龙山、爱华山一系列战役中，岳飞均能以少胜多，大败金兵。朱仙镇战役，岳飞以钩镰枪大破金兀术的"连环马"。最后又破了金军的"金龙绞尾阵"。这一战役将60万金兵杀得只剩五六千人，逼得金兀术两次要自杀。正在岳飞和全军将士沉浸在"直捣黄龙"的豪情壮志之时，奸相秦桧矫诏，一日发下十二道金牌，逼令岳飞退兵。苏州城平江路有座"朱交高桥"，传说是岳飞返临安途中被拘捕的地方，当时岳飞副将因反抗而洒血命丧桥头。桥旁曾有一小庙，内供奉岳飞副将石像。现石像被苏州博物馆收藏。《说岳全传》中对此有细节描写。后岳飞以"莫须有"的罪名被勒死于风波亭。

岳飞虽死，但是他的十年抗战，已经大大消耗了金国的实力，在他死后，金国也没有能力再大举入侵，使南宋赢得了休养生息的机会。由于勇敢无畏，坚决抗战，千百年来，岳飞的故事一直广为流传。岳飞之所以在民间享有崇高的道德地位，成为爱国主义的光辉典范，不仅在于他的抗金英雄业绩，而且在于他英雄末路的悲剧命运。恩格斯说："悲剧所反映的矛盾是历史的必然要求和这个要求的实际不可能实现之间的悲剧性冲突。"鲁迅说："悲剧将人生有价值的东西毁灭给人看"。岳飞的抗战主张与南宋政权的羁縻政策根本对立，岳飞的悲剧命运早已注定。岳飞明知不可为仍坚持信念一往无前，且最后毫无反抗地走向自己理想的祭坛，从而完成了一个完整的、严肃的、有时间跨度的悲剧美学精神塑造，升华为华夏文化史上普罗米修斯式的悲剧英雄。

无论戏剧，还是小说，艺术作品中的英雄形象，都不是孤立存在的，都有其社会教化的意义。榜样的力量是无穷的，艺术作品中的每一个英雄人物，都是挖掘英雄、培育英雄的强大手段。因为每一个英雄的成长史，都是对既往英雄的学习史，所有的英雄都是听着英雄故事长大的。要想让英雄文化传承下去，我们不仅应该更多、更好地普及过去的艺术作品，更应该创作出这个时代新的艺术作品，让艺术作品成为英雄文化的承载者！

第五章

中国古代诗歌作品中的英雄主义

　　英雄必有志，志必含英雄气。"志"所具备的英雄主义特质，贯穿于中国古代诗歌发展的全过程。

　　"诗言志"是我国古人对诗歌艺术本质特征的共识。何为"志"？答曰修身、齐家、治国、平天下的社会理想和看待人生的积极态度。英雄必有志，志必含英雄气。"志"所具备的英雄主义特质，贯穿于中国古代诗歌发展的全过程。

01、《诗经》中的英雄主义

　　文学艺术是时代的晴雨表。文学艺术的发展，与作者所处时代有着紧密联系。

　　上古时期，生产力落后，天灾人祸频繁，先民朝不保夕，渴望战胜自然，征服异族，扩大自己的部落或邦国。《诗经》中有四十多首记录先祖的英雄事迹的诗歌，散布于《风》《雅》《颂》中。这些英雄，有的开疆拓土，抵御外敌，有的辛勤劳作，教导农耕；有的上阵杀敌，忠心耿耿。《国风·秦风·无衣》："岂曰无衣？与子同袍。王于兴师，修我戈矛，与子同仇。岂曰无衣，与子同责，王于兴师，修我矛戟，与子偕作！岂曰无衣，与子同裳。王于兴师，修我甲兵，与子偕行！"这是一首应周天子令，抵御西戎侵扰的慷慨激昂的战歌，它描写了战士们厉兵秣马、奋勇杀敌的豪情壮志，表达了秦国人民同仇敌忾的英雄气概。有时，英雄情怀会超越性别界限。《国风·秦风·小戎》描述妻子回忆丈夫出征时的情景，盼望他建功立业回家："四牡孔阜，六辔在手。骐骝是中，騧（gua）骊是骖。龙盾之合，鋈（wu）以觼（jue）軜（na）。言念君子，温其在邑。方何为期？胡然我念之。"（四匹公马威武，六条缰绳在手。青马红马居中，黄马黑马两边。龙纹盾牌相合，内侧辔绳白铜。想念边邑夫君，他是上好人品，何时凯旋？叫人怎不揪心！）

　　先秦时期是奴隶制社会。奴隶渴望改变卑下的社会地位，实现平等富裕的"乐土"理想。战场杀敌洋溢着英雄主义，鞭笞黑暗、向往光明同样闪耀着英雄主义光辉。《国风·秦风·硕鼠》："硕鼠硕鼠，无食我黍！三岁贯女，莫我肯顾。逝将去女，适彼乐土。乐土乐土，爰得我所。"（大田鼠大田鼠，不许吃我禾黍！吃了我多少年，对我从不照顾。我要弃你而去，去寻幸福乐土。乐土乐土乐土，那是我的归处！）诗歌表达了人民对贪得无厌奴隶主的极度厌恶和对幸福生活的殷切期盼。可以说，诗歌里的人民所向往的"乐土"理想，与儒家经典提出的"大同"理想相融合而铸成中华文化中积极向上、开拓进取的英雄特质。

02、《楚辞》中的英雄主义

如果说《诗经》主要表现的是国家国力上升期的英雄主义，那么《楚辞》则表达的是国破家亡时的英雄主义。前者昂扬向上，后者悲壮沉郁。没有一个国家和民族一帆风顺，爱国主义的这两种状态，相辅相成，构成了中国诗歌的强音，中国英雄主义的强音。

《楚辞》是战国时代伟大诗人屈原创造的一种诗体。作品运用楚地（今两湖一带）的文学样式、方言声韵，叙写楚地的山川人物、历史风情，具有浓厚的地方特色。《楚辞》是继《诗经》之后，对我国文学具有深远影响的一部诗歌总集，也是我国第一部浪漫主义诗歌总集。《楚辞》中的英雄主义，表现在对浩渺宇宙的探索，对先祖辉煌的缅怀，对底层人民的悲悯，对黑暗政治的控诉，对爱国将士的讴歌，对高洁灵魂的渴慕。这一切组合起来，完成了英雄形象的完整勾勒。

《楚辞》中的爱国主义，以《国殇》最具代表性："操吴戈兮披犀甲，车错毂兮短兵接。旌蔽日兮敌若云，矢交坠兮士争先。凌余阵兮躐（lie）余行，左骖殪（yi）兮右刃伤。霾两轮兮絷（zhi）四马，援玉枹兮击鸣鼓。天时怼兮威灵怒，严杀尽兮弃原野。出不入兮往不反，平原忽兮路超远。带长剑兮挟秦弓，首身离兮心不惩。诚既勇兮又以武，终刚强兮不可凌。身既死兮神以灵，魂魄毅兮为鬼雄。"

译文：手握利器啊披坚甲，战车交错啊短兵接。旌旗蔽日啊敌如云，乱箭纷飞啊士争先。冲我阵地啊踏我兵，左右战马啊皆受伤。飞尘掩轮啊马被绊，抢起玉锤啊战鼓鸣。战斗激烈啊天怨恨，寂寞战场尽尸身。出征抱定啊必死心，原野辽阔啊踏征程。各种武器啊带在身，不惧危难啊敢牺牲。真是勇敢啊又威武，刚强男儿啊不可凌。人既死亡精神在，魂魄坚毅啊鬼亦雄！

诗歌描绘楚军将士面对强敌英勇无畏、奋力杀敌的激烈战斗场面，讴歌了楚军将士杀身成仁、视死如归的英雄气概。虽然敌众我寡，健儿们个个奋力争先，虽然牺牲，但精神不死，灵魂不灭，作鬼亦是雄杰！楚人之慷慨激昂，由此可见一斑。

《楚辞》中的英雄主义，不仅直接影响了秦末陈胜、吴广领导的农民起义，甚至影响了两千年后推翻腐清朝政府的武昌起义。近代革命家杨度曾写道："若道中华国果亡，除非湖南人尽死。"此言不虚。共和国的开国将帅中，来自湖南湖北两省者最多，而两湖正是楚国的故地。伟人毛泽东，更是湖南人中的翘楚。他继承了楚人的慷慨激昂性格，继承了屈原恢宏瑰丽的浪漫主义。只是，屈原发出的是"路漫漫其修远兮，吾将上下而求索"的无奈哀叹，毛泽东唱出的则是更加铿锵有力、更加鼓舞人心的"为有牺牲多壮志，敢教日月换新天"的胜利凯歌。

03、汉魏六朝诗歌中的英雄主义

"汉魏六朝"，是一种约定俗成的历史划分方法。汉朝是一个中华民族历史上大一统的强大时代，有"犯我强汉者，虽远必诛"的豪迈风格。两汉曾处于中华民族的上升时期，但是再强大的王朝，都有其生命发生、发展和消亡的自然周期。西汉诗歌有其伟大的英雄主义，但是汉大赋铺张扬厉的手法、气魄雄伟的场面、博富绚丽的辞藻所表现的形式主义追求，也反映了汉朝骄傲自满、追求排场的时代弊病。这些精神特质，为汉朝后来的没落埋下了伏笔。

魏晋时期，社会动荡，群雄逐鹿，文学进入所谓"自觉时代"。诗歌一反以往靡丽铺张之风，转而走上抒发个人理想与情感的质朴路线。

以曹操为代表的建安诗歌，以慷慨悲凉的艺术风格，表现出新的时代精神和卓绝英雄气概。曹操《薤露行》："惟汉廿二世，所任诚不良。沐猴而冠带，知小而谋强。犹豫不敢断，因狩执君王。白虹为贯日，己亦先受殃。贼臣持国柄，杀主灭宇京。荡覆帝基业，宗庙以燔丧。播越西迁移，号泣而且行。瞻彼洛城郭，微子为哀伤。"诗中表现出作者作为政治家和文学家对国家命运的忧虑和痛惜之情。明人称此诗"汉末实录，真诗史也"。《龟虽寿》则道出作者匡扶天下的雄心壮志："神龟虽寿，犹有竟时。腾蛇乘雾，终为土灰。老骥伏枥，志在千里。烈士暮年，壮心不已。"曹诗质朴无华，气韵沈雄，反映出英雄面对民族黑暗内心所发出的深沉呼喊与拨云见天的伟岸抱负。诗里似有一股强烈的气流推动和感染着读者的情绪，这就是英雄精神所产生的美学感受。

司马家族建立的西晋，实现了短暂统一，但不久的八王之乱又导致了国家分裂。汉家江山日益缩小，少数民族步步蚕食，终酿成五胡乱华悲剧。曾经强大的汉族，几乎遇到了亡种的危险。中国历史黑暗四百年，诗歌艺术也随之走向沉沦。此时，隔江而治的南朝诗歌虽清丽婉约，但不时散发着"商女不知亡国恨，隔江犹唱后庭花"的糜烂气息。与此相对，在北方游牧民族的生活方式和文学艺术形式冲击之下，受少数民族文化影响的北朝诗歌却简洁有力、掷地有声，不乏阳刚之气。人们耳熟能详的《木兰诗》塑造了花木兰这一中华文学史上的不朽形象。

04、唐诗中的英雄主义

随着隋朝的短促统一，四百年分裂的黑暗历史宣告终结。隋朝为中华民族带来了大一统的曙光。过去耀武扬威的异族，开始变得恭敬，江山又重新回到了中原人手里。隋朝虽然短促，只有三十多年，但为后来的唐朝打下了物质和精神基础。

大唐是一个伟大的朝代，中华民族步入前所未有的雄壮高峰。唐朝从容自信，全无两汉的自满。在精神上，它能居安思危，主动进取，不以现有成绩为满足，注重边疆防守和开拓疆土。这种精神气质在唐朝文学中得到了真实的反映。相对于魏晋六朝而言，唐代的文学艺术也登上新高峰。宋代文学家苏轼评价韩愈时，曾有"文起八代之衰，道济天下之溺"的论断。这一说法用在唐代诗歌上面，也是十分贴切。在强盛的唐代，中国迎来了一个政治、经济、军事、文化的全面繁荣时期。唐朝涌现出来的英雄多，创作的英雄主义的文学作品也多。唐诗一扫南朝诗歌的浮华与矫情，创造了从内容到形式都极其完美的艺术。

唐诗风格多姿多彩，优秀篇章灿若星辰。其中雄浑豪放的"边塞诗歌"独树一帜。唐朝的边塞诗是唐诗中思想性最深刻，艺术性最感人的部分。取得历代边塞诗永不可企及的成就。它约有2000余首，几乎超过历代边塞诗的总和。"单车欲问边，属国过居延……大漠孤烟直，长河落日圆。"（王维：《使至塞上》）"黄河远上白云间，一片孤城万仞山。羌笛何须怨杨柳，春风不度玉门关。"（王之涣：《凉州词》）"君不见，走马川，雪海边，平沙莽莽黄如天。轮台九月月夜吼，一川碎石大如斗。""马毛带雪汗气蒸，五花连线旋作冰，幕中草檄砚水凝。"（岑参：《走马川奉送出师西征》）"秦时明月汉时关，万里长征人未还。但使龙城飞将在，不教胡马渡阴山。"（王昌龄：《出塞》）这些边塞诗歌的成就不仅是以古今钦羡的形式描写戍边的艰辛，战争的残酷，壮阔的风光，将士的必胜信心和豪迈情怀；而且由于不少诗人亲自踏上边塞的热土，实现了主体与客体的相互观照以及诗人与环境情感的相互激荡，从而激发出雄浑的而不是单薄的、慷慨的而不是黩武的、内心迸发的而不是外部强加的、达观的而不是消沉的磅礴、苍凉、瑰丽、人性的英雄精神之美。"边塞诗歌"是英雄主义的交响曲，它的旋律永远在中国民族的历史舞台上回响。

05、宋诗、宋词中的英雄主义

唐朝与西汉有相似之处，虽遇内乱，但大体上能维持国泰民安。和平是发展生产力的助推器，却又是政治体制的腐蚀剂。于是"生于忧患，死于安乐"的规律又发生了作用，国家患上了肢体乏力的肥胖症。在国防方面，依赖异族多于汉族，开放过度、内敛不足。异族地位高，且掌控了军政大权，一些汉族将领也渐生反骨。最终民变蜂起，天下大乱，唐朝大一统江山，不得不承受五代十国军阀割据的撕裂。汉奸石敬瑭为一己私利，罔顾国格，将燕云十六州割让与契丹。自古以来就属于汉家管理的长城，此后几百年竟被纳入异邦疆土。北宋虽然结束了割据，建立了统一政权，却并能收复燕云十六州。国家版图较之汉唐时期缩水，只能与周边的少数民族政权呈鼎立之势。为了避免唐朝武将权力过大的弊端，宋太祖"杯酒释兵权"。此后"崇文抑武"成为宋朝统治者的基本国策。

"崇文抑武"虽然比较有效地限制了武将专权，却也使武将丧失了战斗意志与军事指挥的机动性。将军要看监军的脸色，处处遭遇掣肘。这种局面必然导致恶性循环，异族有恃无恐，不断举兵进犯，攻城略地，屠杀民众。到后来，宋朝不仅未能收复燕云十六州，反而丢掉了自己的老本，连皇帝也成为侵略者的阶下囚。北宋幸存者建立的南宋小朝廷，无力北伐，只能偏安一隅。宋人《涧泉日记》引宋高宗赵构言："朕读《晋书》，爱《王羲之传》，凡诵五十余过，盖其《与殷浩书》及《会稽王笺》所谓'自长江之外，羁縻而已'，其论用兵，诚有理也。"笼络而不用兵，这就是南宋的外交政策。

人民陷入水深火热、国家处于危急存亡之日，也是英雄辈出之时。宋朝的统治者虽然无能，但是宋朝的诗人词人们却并未失去英雄气魄。"驾长车、踏破贺兰山缺"（岳飞：《满江红·写怀》），多么豪情万丈；"醉里挑灯看剑，梦回吹角连营……马作的卢快飞，弓如霹雳弦惊"（辛弃疾：《破阵子·为陈同甫赋壮词以寄》），多么荡气回肠；"王师北定中原日，家祭无忘告乃翁"（陆游：《示儿》），多么意切情深！宋朝诗歌中的英雄主义，既有卫国之志，也有亡国之痛，更有复国之梦，三者相辅相成，构成英雄主义的悲壮交响曲。哪怕在蒙古南犯、生灵涂炭、宋朝江山最后一颗星火熄灭，蒙元完全占领中原之时，被俘的英雄文天祥仍然能够写下大气磅礴的诗歌，用"人生自古谁无死，留取丹心照汗青"的壮丽诗句，激励人们前赴后继，勇往直前。正是因为这样的正气，使宋朝灭亡不到百年，在中原人民的抗争中，"虎贲三千，直抵幽燕之地同；龙飞九五，重开大宋之天"。蒙元政权终被赶回漠北，自五代时期便陷入异族手中达四个半世纪之久的长城，又重新回到了中原人民手里。

06、元、明、清诗歌中的英雄主义

元、明、清三个朝代，横跨中华历史五百多年。其间有盛世的辉煌，有末世的苍凉，有复国的欢欣，有亡国的悲痛。但是无论如何，中华民族的英雄主义圣火，没有一刻熄灭，最多只是被暗夜所暂时遮蔽。值得一提的是明清两代诗歌中的英雄主义。

作为亲自参与、亲自见证明代统一伟业的诗人高启，在《登金陵雨花台望大江》中，以饱满的激情写下了"从今四海永为家，不用长江限南北"的诗句；作为率领北京军民抵抗瓦剌并大获全胜的诗人于谦，也在《咏石灰诗》中留下了"粉身碎骨浑不怕，要留清白在人间"的强音。诗人们仍然延续孔子"修身、齐家、治国、平天下"的理想抱负，延续屈原"路漫漫其修远兮，吾将上下而求索"的优良传统，在历史的时空中奏响了雄浑英雄赞歌。明朝之后的清朝，虽然是少数民族王朝，但是由于清朝前期的统治很大程度上兼容汉族文化，重用汉族人才，采用汉族制度，一定程度上也赢得了汉族人的认同。后来随着西方列强的侵略，"兄弟阋墙，外御其侮"，满汉矛盾逐步转化为华夷矛盾，即中华民族与西方侵略者的矛盾。"国家不幸诗家幸"，内忧外患，使诗人的英雄主义找到了栖息之所。虎门销烟，打响反殖民第一枪的英雄林则徐写下大气磅礴的诗句"苟利国家生死以，岂因祸福避趋之"。而爱国主义诗人黄遵宪更是以如椽巨笔，留下一部"诗史"。黄遵宪笔下，既有反帝卫国的记录，又有变法图强的咏叹，他颂扬抗战，抨击投降。他的诗，规模宏伟，形象生动，表现出大诗人的大手笔。在哀鸿遍野、国民普遍丧失民族自信的时代，黄遵宪却对中国的未来充满信心："黄人捧日撑空起，要放光明照大千！"

与黄遵宪同时，还涌现出一位大诗人，他就是龚自珍。龚自珍的诗歌，也是充满英雄主义的，他脍炙人口的诗句"落红不是无情物，化作春泥更护花"，寄托了对于新一代的无限爱护与希望。而"我劝天公重抖擞，不拘一格降人才"更是发出大声疾呼，呼唤一代青年成长起来，引领中华民族翻身解放！龚自珍的呼唤没有落空，越来越多的仁人志士出现在华夏大地上。辛亥革命成功了，历时2000多年的封建帝制从此成为历史，中华民族的英雄史诗又翻开新的一页。

综上所述，中华民族是一个诗歌的民族，也是一个英雄的民族，是一个把英雄主义贯穿于诗歌、贯穿于人生的民族。进入20世纪后，英雄主义的主旋律，催生出更多的英雄主义变奏曲：催生了叶挺的《囚歌》，催生了陈然的《我的自白书》，催生了国歌《义勇军进行曲》，催生了文学史上震古烁今的诗歌奇迹——毛泽东诗词。如今是和平发展的时代，也是各国激烈竞争的时代。我们要实现中国梦，别国也想他们的梦。在新的长征征途上，英雄主义诗歌如同咚咚战鼓，将永远在耳边敲响，激励华夏儿女奋勇前行。

第六章

中国历史文化上的女英雄

自古以来女英雄便被载入史册。如果没有女英雄，华夏的历史就会像天空没有月亮一样寂寞。女英雄和中国历史、中国文化一起成长。

妇女能顶半边天！伟人毛泽东说出的振聋发聩的名言，在男权文化占主流地位的中国历史上，可谓是一声历史强音！

尽管中国历史一直由男权文化笼罩，但自古以来女英雄便被载入史册。如果没有女英雄，华夏的历史就会像天空没有月亮一样寂寞。女英雄和中国历史、中国文化一起成长。

01、抟土造人，炼石补天——女娲

中国历史神话是从女娲开始的。女娲应该是中国文化的第一位女英雄。根据古老的神话传说，天地开辟之初，没有人类，是女娲用黄泥捏成小人。她干得又忙又累，竭尽全力还赶不上进度。于是就拿了一根绳子，投入泥浆，举起绳子一甩，泥浆就洒落在地上，变成了一个个人。这些小人有了生命，能够行走劳作，繁衍生息，成为大地上最初的居民。据说女娲不仅造了人，还化生万物，每天至少能创造出七十样东西。女娲造人的时候，忙碌操劳，十分艰辛。然而命运似乎注定，中华民族的母亲必须为了儿女承受更多的苦难折磨。远古时代，酷烈的大自然专门和人类作对：洪水滔滔，天崩地裂，毒蛇猛兽，横行无阻。凶残的鸷鸟经常将老弱病残叼走。初生的人类面临无法抗拒的灾难，眼看就要灭绝。这时候，女娲挺身而出，想出了拯救人类的办法。为了堵住不断倾泻淫雨的天空崩裂处，她熔炼了五色神石。她以巨大的龟足撑起天空，代替天柱，杀死水怪黑龙，以保全中原一带百姓，又以芦灰堙塞洪水……经过她的不懈努力，苍天补好了，洪水消退了，恶禽猛兽被铲除净尽，人类重新获得了生机。而女娲也累了，倒在了大地上。女娲传说，为我们展现了气势雄浑的华夏创世纪故事。女娲斩杀黑龙、修补苍天的伟岸形象，透露出华夏先民自强不息的精神。女娲是中国文化史上第一位女英雄，值得后人永远纪念与讴歌。

西方圣经故事说在天地鸿蒙、一片混沌时，是上帝在创世的第六日创造了人，"让他们管理海里的鱼、空中的鸟、地上的牲畜和爬行的一切昆虫"。希腊神话里是普罗米修斯创造了人类，他手捧泥土，用河水调湿，"并按照主宰世界的神的模样，创造了人的模型"。这些神话都反映了上古时代人们对人类起源的困惑和朴素理解。与西方神话不同的是，女娲神话实际反映了华夏先民在严酷环境下不屈不挠的奋斗历程，而不是所谓超人类意志的简单安排。就此而言，女娲的创世纪的英雄传说更具有人民性。

02、母仪天下，造福万民——嫘祖

女娲并不是远古传说的女英雄孤案。在女娲之后还有一位大名鼎鼎的女英雄，她就是黄帝的妃子嫘祖。《史记·五帝本纪》载："黄帝居轩辕之丘，而娶于西陵之女，是为嫘祖。嫘祖为黄帝正妃，生两子，其后皆有天下。"嫘祖是我们先祖女性中的杰出代表，她首倡婚嫁，母仪天下，造福万民，和炎黄二帝开辟鸿茫，告别蛮荒，功高日月，德被华夏，被后人奉为"先蚕"圣母。

相传在黄帝战胜蚩尤后，黄帝被推选为部落联盟首领。他带领大家发展生产，种植五谷，驯养动物，冶炼铜铁，制造各种生产工具；正所谓"男主外，女主内"，制作衣服鞋帽的工作，便交与正妃嫘祖。嫘祖常带领妇女上山剥树皮，织麻网，还把男人们猎获的各种野兽皮毛剥下来，进行加工。各个部落的生活质量渐渐有了变化，男女老少都穿上了衣服和鞋子，戴上了帽子，再也不用担心风雨的侵袭。但是嫘祖却积劳成疾，什么都吃不下去。大家想方设法，做了好多嫘祖平时爱吃的东西。嫘祖看看，摇摇头，就放在了一边。有一天，几个女子上山想摘些野果回来给嫘祖吃。她们在一片桑树林里发现满树结着白色的小果，就带了回来。嫘祖详细询问了白色小果的来历，若有所思。不久嫘祖病愈，她不顾黄帝劝阻，亲自带领妇女上山，在桑树林里观察了好几天，才弄清楚，那种白色小果，是一种虫子口吐细丝绕织而成的，并非桑树本身结的果子。那种"果子"里的丝，又光滑又柔韧，假如能把它做成纺织品，再做成衣服，该有多好！嫘祖给这种"果子"取名"蚕茧"。她请求黄帝下令保护山上所有的桑树林。于是，先民在嫘祖的组织下，开始了栽桑养蚕的历史。后人为了纪念嫘祖这一功绩，就尊称嫘祖为"先蚕娘娘"。嫘祖是有正史记载的世界上蚕桑丝绸的发明者，这一伟大发明泽被中华、惠及全球，在中华和世界文明史上，写下了极其辉煌的灿烂篇章。嫘祖不愧是华夏文明的开拓者，中华民族的伟大母亲。

03、立志填海，复仇之鸟——精卫

女娲之后，还有精卫填海的神话故事。据说炎帝有一个小女儿，名叫女娃。有一天，女娃驾着小船，到东海去游玩，不幸海上起了风浪，小船被浪打翻，女娃不幸淹死。女娃不甘心自己溺亡，她的灵魂变成一只叫"精卫"小鸟。精卫长着花脑袋、白嘴壳、红脚爪，乌鹊般大小，住在北方的发鸠山。她恨无情的大海夺去她年轻的生命，因此常常飞到西山去衔一粒小石子，或是一段小树枝，展翅高飞，投入东海，要把大海填平。虽然大海不断对她发出无情的嘲笑，精卫仍然矢志不渝，哪怕是干上一千万年，一万万年，干到宇宙的终了，世界的末日，它也要把大海填平！精卫填海体现了先民的悲剧命运和不畏强暴、誓死抗争的英雄情怀。她满怀自己的崇高理想，故其悲剧命运不仅不使人感伤，反而在悲壮中产生对于光明未来的无限憧憬。悲剧里的精卫，更加显示出其英雄的特质。

04、统领千军，所向披靡——妇好

如果说精卫是神话里的悲剧女英雄，妇好则是现实生活中取得成功的女英雄。妇好，商朝君主武丁之妻。甲骨文中有关妇好的记载有200多条。1976年河南安阳妇好墓出土，一时成为中国考古史和殷商史研究的重大事件。公元前13世纪，商朝商高宗武丁时代，通过一系列战争，不仅平定了内部的叛乱，还驱逐了外来侵略者。武丁在位59年中，频繁出征作战，先后征服了西北、东南的周边部族，极大地扩充了王朝的版图，史称他统治的时期为"武丁中兴"。而为武丁带兵东征西讨的最得力助手，就是他的妻子妇好。

武丁时代，地球正经历了一次小冰期，全球气温下降，高纬度地区的生活条件急剧恶化。只靠狩猎和采集为生的古印欧人开始向南迁徙。这些民族虽然没有文字，却拥有很进步的战争武器。他们不是设法与被打败的民族融合，而是要灭绝战败的民族。其中，讲希腊语的部落穿过巴尔干半岛，重创迈锡尼文明。希腊因此进入了一个黑暗时期，直到大约400年后的公元前八九世纪文化才开始恢复。向两河流域迁徙的亚述人将美索布达尼亚数千年的灿烂文化一扫而空。向东迁徙的印欧人分成两支，一支向东到达中国，另一支向南进入印度。进入印度的一支将创造出灿烂文明的印度原住民征服后，建立了等级森严的种姓制度：入侵者在剽窃了原住民的文化后，把自己列为最高种姓，而把文化的真正创造者，印度的原住民降为最低种姓，他们被禁止识字和学习自己创造出的文化，最终，在这种野蛮的种族隔离制度下，印度文明逐步衰亡。印度文化形成断层，印度长期处于落后野蛮状态，由于无国家和民族认同感，丧失了形成统一王国的条件，至今印度都未能摆脱这种影响。

而同样被这些侵略者袭扰的中国则要幸运得多，因为命运赐给了中国一位伟大的女英雄——妇好。其时华夏文明还处于脆弱的萌芽阶段，宛若一棵幼苗，一场暴风雨就能将其摧毁。远敌入侵，国难当头，形势十分危机，妇好临危受命，带领一万三千余人出发，这大约是商王朝一半以上的兵力。妇好英勇无畏，身先士卒，取得今内蒙古、河套一带争夺战的胜利，打败了侵略者。妇好指挥的这场战役是武丁时期出兵规模最大的一次，其重要性不亚于黄帝指挥的阪泉、涿鹿之战。此战奠定了殷商时代稳定的文化生活秩序，为东亚及太平洋区域夯实了一个伟大文明的基础。新生的华夏文明在这场急风暴雨中屹立不倒，成为人类此后3000年文明的灯塔。

妇好是中国历史有据可查的第一位女性统帅，同时也是一位杰出的女政治家。她不仅带兵打仗，还是国家的主要祭司，经常受命主持祭天、祭先祖、祭神泉等各类祭典。妇好最后积劳成疾，因病逝世。国王武丁予以厚葬，并修筑享堂时时纪念。3000年后，人们愈加清楚地认识到，如果没有妇好，如果妇好领导的战争没有胜利，印欧人一定会像在印度一样在中国建立种姓制度，光辉灿烂的中华文化就可能夭折。女英雄妇好——华夏种族和文明的伟大拯救者！

05、临危不惧，智勇双全——李寄

东晋文学家和史学家干宝（283—351年）的《搜神记》写了一位春秋战国时期幼女斩蛇的故事。幼女名李寄，越国人。传说东越国闽中郡有座庸岭，高几十里。庸岭西北的山洞中有一条大蛇，长七八丈，大十多围，经常张牙舞爪，吞吃行人。甚至地方官兵都有被咬死的。当地老百姓不堪其苦，只好采纳巫婆的建议，用牛羊祭祀，但是这些妥协，仍旧不能制止大蛇的危害。巫婆又说大蛇托梦，要吃十二三岁的童女。郡、县的长官一同寻求人家奴婢所生的女孩子，连同罪犯人家的女孩子养着。到了八月初一祭祀，就把童女送到蛇洞口，蛇就出来吞吃童女。多年来一直如此，九个童女为此丧命。大蛇越喂越大，越喂越凶。

这一年，地方官又开始寻找童女，献给大蛇。有一户人家，家里有六个女儿，没有儿子。小女儿名寄，听到招募童女的消息，主动要求应征。父母不答应。李寄说："父母没有福气，只生了六个女儿，没有生一个儿子，虽然有孩子跟没有孩子一个样。女儿我没有淳于缇萦帮助父母那样的功绩，既不能供养父母，白耗费了穿的吃的，活着没啥益处，不如早点死了，也能减少父母的负担。卖了我李寄的身体，可以得到一点钱，用来供养父母，难道不好吗？"父母慈爱，终究不让她去。看父母不可能答应，李寄自己就偷偷跑了。

实际上李寄早就打好主意，她决心与大蛇一搏。她访求到好剑和会咬蛇的狗。到了八月初一这一天，她把用蜜拌的米麦糊与炒米粉调灌成糍团，然后放在蛇洞口。蛇闻到香味就出来了，头大得像谷仓，眼睛像两尺长的镜子，它直扑糍团。看它吃得贪婪，毫无防备，李寄猛地把狗放出，狗上前就是一阵狂咬，将蛇从前面拖住；李寄便在蛇身后部猛砍几下。蛇身上到处流血，疼痛难忍，不得已从蛇洞蹿了出来，待爬到庙里的院子便一命呜呼。李寄进去探看洞穴，见里面有九个童女的头骨。她痛惜道："这些女孩胆小软弱，被蛇吃了，很可悲，很可怜。"李寄像没事人一样，缓缓迈步回到家里。

作者干宝在晋元帝时，奉命领修国史，此前曾做过地方官。干宝在自序中称："虽考先志于载籍，收遗逸于当时，盖非一耳一目之所亲闻睹也，又安敢谓无失实者哉。"所以鲁迅说，六朝人写志怪小说，就如同现代人记新闻，在当时并非有意做小说，干宝"记录了一大批古代的神话传说和奇奇闻逸事"。李寄斩蛇事迹虽未入正史，但也可能并非虚构，并不能排除其真实性。干宝本人认为其事不假，他在文末特意加了一句话，以证其实："其歌谣至今存焉。"（歌颂李寄斩蛇的事迹的歌谣至今仍在传唱）当时先民生存环境恶劣，人与自然的对立，人与野兽蛇虺的对立成为常态。在长期对立和斗争中，出现幼女斩蛇的事迹绝非偶然。所以，可以把李寄看作在先民奋斗过程中勇于承担使命的少女英雄的代表人物，其特立独行和强烈自信的品格体现了英雄的本质即人的本质这一英雄的根本属性。与精卫相比，幼女李寄有勇有谋、坚毅沉着的英雄品质更具有现实性与人民性。

06、替父从军，东征西讨——木兰

在历史上，中华民族不仅面临局部性的灾难，还会面临全局性的灾难，既包括天灾，也包括人祸。当遭受强悍的游牧民族压迫时，民族心理的不安全感会成为一种经常性的体验。当险境出现时，民族需要勇敢作战的战士，更需要雄才大略的将军。替父从军的木兰就是这样一位将军，一位女英雄。

关于木兰最早的记载见于南北朝时期的民歌《木兰诗》，后又有多个版本。相传木兰是南北朝时期北魏宋州(今河南商丘)人。木兰的父亲以前是军人，木兰从小就被当男孩来培养。木兰十来岁时，父亲便教她习武，骑马、射箭、舞刀、使棒，样样了得。此外，木兰对兵法也多有研习。

当时，北魏经过孝文帝的改革，社会经济得到了一定发展，人民生活较为安定。但是，边境并不安宁，柔然族经常南下骚扰。为了保卫国家安全，对抗外来侵略，官家规定每家须出一名男子上前线征战。木兰的父亲年事已高，家里的弟弟年纪又小，只有木兰年龄合适，却非男儿。木兰决意女扮男装，替父从军。从此，她开始了多年的军旅生活。去边关打仗，对于很多男人来说都是艰苦的事情，更不要说木兰这样的年轻女子。既要隐瞒身份，又要与伙伴们一起杀敌，挑战之大可想而知。但木兰凭着惊人的意志力，完成了自己的使命。边患平定后，将士胜利归来。由于木兰功高，皇帝认为她有能力在朝廷效力，要对她加官晋爵，但木兰对此不感兴趣，她请求皇帝能让自己回家，孝敬父母。

木兰智勇双全，既能报效国家又能照顾小家，既能忠又能孝，千百年来，一直受到国人的尊敬。《木兰辞》被列入中学课本，被千千万万的青少年学子世代诵颂。木兰的事迹和形象被搬上舞台，长演不衰。1998年，美国迪士尼公司将花木兰的故事改编成了动画片，受到了全世界的欢迎。木兰替父从军、杀敌报国的英雄事迹，体现了中华民族绵延不绝的英雄气概和传承千古的高尚情操。花木兰形象不愧为世界文化百花园中的傲霜秋菊。

07、出奇制胜，英勇杀敌——梁红玉

作为巾帼英雄的木兰，到底是真实的历史人物，还是文学作品中的艺术形象，学术界还没有定论。女将梁红玉则是载入正史的女英雄。梁红玉，早年因家贫战乱流落京口，成为营妓，后结识抗金名将韩世忠。梁红玉感其恩义，以身相许。南宋建炎三年，驻守临安的统制官苗傅与刘正彦密谋叛乱，逼宋高宗赵构让位。梁红玉得到消息后，单枪匹马，一夜奔驰数百里，召韩世忠入京，叛乱很快得到平息。梁红玉也因此被封为安国夫人、杨国夫人。

当时金兵步步紧逼，宋高宗被奸臣所惑，软弱无能，只图自保，金兵更加肆无忌惮。建炎四年，金将兀术带领兵马再度南侵，大肆掳掠，满载北归。韩世忠闻讯，集结部队，欲截兀术归路。金军回兵途中又

掉头向南，看到宋朝军队布置的战船，彩旗飞扬、鼓角齐鸣、军伍严肃、士气勇壮，便下战书于翌日决一胜负。此时，宋军单薄，军士仅有八千，而金军势壮，有近十万人。敌众我寡，韩世忠苦思行兵布阵之法，梁红玉提议兵分两路，利用埋伏四面截杀。并自告奋勇，亲自带领其中一队，用"火箭"攻打，扰乱敌军，诱其改变策略。第二天，梁红玉红妆披挂，英姿飒爽，坐在中军的楼船上指挥战斗。她手握鼓槌满脸镇定，两边站着几十名手持强弩、精神抖擞的士兵。兀术领兵杀来，见中军楼船上站着一位女将，甚是轻蔑，暗笑大宋已无能用之人。

正在此时，忽听一声炮响，箭如雨下。兀术慌忙下令转舵，向东驶去。梁红玉急令号旗东指，亲自擂鼓，战鼓震天，宋营士气大增。金军突围不成，又从东面转向西面。梁红玉又让令旗指向西，与此同时，韩世忠带队在西面截杀金军。后金军被困在黄天荡内，整整四十天，无路可逃。若不是叛徒引路，金军主将兀术定会被生擒，金军也将全军覆没。这就是著名的"梁红玉金山击鼓退金兵"的故事。

韩世忠和梁红玉以少胜多，仅以八千宋军就大破十万金军，堪称奇迹。梁红玉一战成名，金军被吓破了胆，再也不敢轻易过江南侵。后来韩世忠和岳飞、张俊一起三路大军北伐，梁红玉专门训练出一支屡立奇功的女兵队伍。

梁红玉以女子之身，奋勇杀敌，用兵如神，屡败金人，建立奇功。她以卓越的胆识，出众的军事才能名扬天下，为后人所传颂，实在是绝无仅有的奇女子。梁红玉死后与韩世忠葬于苏州木渎灵岩山西南麓。树影婆娑，神道幽静，梁红玉的英名，定将传之久远。

08、同仇敌忾，冲锋陷阵——冯婉贞

进入近代社会，中华民族面临西方侵略者的威胁时，热血男儿当仁不让，巾帼英雄挺身而出。清代的冯婉贞就是其中之一。鸦片战争后签订不平等的《南京条约》，但仍不能满足西方殖民者的贪婪。与工业革命后的西方一直走上坡路相比，腐朽的清政府一直在走下坡路，气息奄奄，日薄西山。19世纪中叶，西方侵略者借中国内乱之机，纷纷要求扩

大在华权益，决定对中国发动一场新的侵略战争。1860年，第二次鸦片战争爆发。英法联军从天津登陆，一路杀向北京。知道圆明园里很多金银财宝，侵略者直奔圆明园而来。

在离圆明园十里的地方，有一个村子叫谢庄，全村都是猎户。其中有一个叫冯三保的，精通武术。他十九岁的女儿冯婉贞，自小喜爱武术，武艺精湛。为了抗击侵略者，谢庄村民自发组成民兵组织，冯三保被推选为团练。村民们在险要的地方筑起石墙、土堡垒等防御工事。一天中午，一个白人军官领着一百多名印度兵，直奔谢庄而来。冯三保提醒团丁装好火药子弹，严阵以待。当敌逼近石寨，冯三保见形势有利，急挥旗帜，下令开火。这边所有的枪支一齐开火，那边敌人纷纷落马。等敌人再次射击时，村民像鸭子一样趴在地上，借寨墙作掩护。当敌人要退却时，冯婉贞却若有所思："小股敌人走了，大股敌人要来的。如果他们拿大炮来攻打，我们全村不就化为齑粉了吗？"冯三保觉得女儿说得有道理。冯婉贞又分析道："西洋人的长处是使用枪炮等火器，短处是不会武术。枪炮对远距离攻击有利，而武术对近身作战有利。我们村方圆十里都是平原，跟敌人较量枪炮，根本不可能取胜！不如用我们的长处，攻击敌人的短处。大家持着刀，拿着盾，与他们近距离搏斗！"冯三保更加担忧："把我们全村人都算上，精通武术的不过一百来人，寡不敌众，羊入狼群！"冯婉贞叹息："我们村庄眼看就要完了！我一定要尽全力来拯救村庄！"冯婉贞立刻把精通武术的青少年召集起来，激励他们说："与其坐着等死，不如奋起抗敌！"她的话令大家备受鼓舞，大家摩拳擦掌，要与侵略者决一死战。

冯婉贞率领着一伙年轻人整装出发，他们穿着黑衣拿着刀，迅速来到离村四里的一片树林中埋伏。没多久，五六百个敌人抬着大炮来了。冯婉贞拔刀跃起，以迅雷不及掩耳之势冲向敌人，年轻人紧跟其后。敌人做梦也想不到，手忙脚乱要用枪上的刺刀迎战，怎奈这帮精通武艺的年轻人身手敏捷，出招凌厉。不一会儿，便砍瓜切菜般剁倒一大片，敌人见无法取胜，丢盔弃甲，纷纷败退。冯婉贞并没有被暂时的胜利冲昏头脑，她大声喊道："敌人想远远地甩开我们，要用枪炮消灭我们，赶快乘胜追击，不要坐失良机！"青年们全力拦截逃敌，敌人被死死缠住，只有招架之功，没有还手之力，枪炮火器的优势始终发挥不出来。太阳落山时，残敌扔下大炮，抱头鼠窜。

作为一名民间少女，冯婉贞深明大义，敢于承担，智勇双全，奋力杀敌，体现了近代中国在危急存亡之秋，英雄的火种已燃起熊熊烈火。民间多出女英雄，女英雄多出自民间。冯婉贞的事迹表明，英雄和由民众组成的英雄群体是打击侵略者、实现社会进步正义的重要推动力量。值得注意的是，就在谢庄之战前3年，马克思就预言，中国民众将采取不同于腐败军队的战法，"如果中国人发起全民战争来抵抗他们"，"毫无顾忌地运用他们善于运用的唯一武器，英国人又怎么办呢"？[①]冯婉贞的英雄行为表明中国人民正在觉醒，近代人民战争的萌芽早在19世纪中叶已经萌发。因此，冯婉贞可视为中国在鸦片战争后抵抗外国侵略者的第一位女英雄代表人物。

09、碧血丹心，鉴湖女侠——秋瑾

古代女英雄虽豪情万丈，毕竟凤毛麟角，时代列车进入20世纪后，女英雄逐渐从个体，演变成为集体，以一种前所未有的集体姿态，改写历史，推动历史！

近代女英雄秋瑾进入我们的视野。秋瑾，浙江绍兴人，1875年生于一个小官僚地主家庭。秋瑾自幼即入家塾，那些道德说教让她觉得无趣，倒是那些诗词、小说和笔记传奇更对她的口味，缇萦救父，木兰从军，穆桂英挂帅，常使她心驰神往。她小时候就写下这样的诗句："今古争传女状头，红颜谁说不封侯""莫重男儿薄女儿，始信英雄亦有雌"。当时的清政府日薄西山，列强正加紧瓜分。当时秋瑾被日本现象深深刺痛：日本本是中国的学生，其文明程度一直居中国之后，近代也未曾摆脱被殖民、被侵略的命运。然而经过明治维新之后，日本竟从被殖民者跃居为殖民者，在甲午战争中竟让中国的北洋水师全军覆没。日本是通过什么，在这么短的时间内崛起，并成为世界的强国的呢？"不入虎穴，焉得虎子"，像当时的许多爱国人士一样，秋瑾也想去日本一

---

① 《马克思而格斯选集》第一卷，人民出版社1995年版，第709页

探究竟。

1904年，秋瑾东渡日本。当时许多留学日学生，都把日本当成革命基地。1905年8月，孙中山、黄兴领导和组织的同盟会成立，这是一个资产阶级革命政党。同盟会制定了施政纲领，决定在国内外建立支部和分会，联络华侨、会党和新军，成为全国性的革命组织，实现"驱除鞑虏，恢复中华，创立民国，平均地权"的目标。同盟会中男性占绝对多数，秋瑾由于才华横溢，办事干练，被推为同盟会评议部评议员、浙江省主盟人。为了革命大业，秋瑾离日回国。她在上海创办了中国公学，利用一切可能的方式，传播先进的思想。秋瑾不断结交进步人士，1906年，由徐锡麟介绍，秋瑾加入了光复会。她和一些同志在上海设立革命机关，并主持《中国女报》，提出创建"妇人协会"的主张，号召女性以集体而不是个体的形式出现在社会上，为近代妇女解放吹响了第一声号角。

1906年，秋瑾返回故乡绍兴，主持大通学堂。大通学堂原为徐锡麟、陶成章等创办，是光复会训练干部、组织群众的革命据点。为了进一步训练革命力量，秋瑾成立了"体育会"，招纳会党群众和革命青年，进行军事操练，并积极联络浙江各地会党，组成"光复军"，推举徐锡麟为首领，秋瑾任协领，积极地进行起义的筹备工作。

1907年5月，徐锡麟准备在安庆起义，秋瑾在浙江等地响应。由于起义计划泄露，徐锡麟仓促刺杀安徽巡抚恩铭，在安庆发动起义，因准备不足，起义失败，徐锡麟也被捕牺牲。

安庆起义的失败，使秋瑾主持的浙江地区起义计划泄露，形势十分危急，同志们劝秋瑾暂避一时。她却不顾大家劝阻，留在大通学堂与前来包围的清军作殊死战斗。她决心做中国妇女界为革命牺牲的第一人，因寡不敌众，秋瑾不幸被捕，于1907年7月15日英勇就义。秋瑾牺牲后，挚友为其英勇事迹所感召，冒着生命危险，在杭州西湖西泠桥畔修建了秋瑾烈士墓。这里也是宋代抗金名将岳飞墓所在地。秋瑾的英魂，和民族英雄岳飞一起，激励着后人。秋瑾除了在历史中留下华美壮烈的篇章，还留下许多豪迈大气、铿锵有力的诗文："万里乘云去复来，只身东海挟春雷。忍看图画移颜色，肯使江山付劫灰。浊酒不销忧国泪，救时应仗出群才。拼将十万头颅血，须把乾坤力挽回。"（《黄海舟中日人索句并见日俄战争地图》）"不惜千金买宝刀，貂裘换酒也堪豪。一腔热血勤珍重，洒去犹能化碧涛。"（《对酒》）秋瑾的诗词，至今读来，余音不绝，掷地有声。

秋瑾是第一个为中国民族民主革命流血的女革命家。孙中山赞道："鉴湖女侠千古巾帼英雄。"历史学家范文澜评价道："秋瑾是中国历史上妇女的伟大代表人物"，为"我中国女界中放一光明灿烂之异彩"。秋瑾之伟大，不仅表现在她敢于和黑暗势力进行殊死搏斗并献出自己的生命，而且表现在她是推动时代前进的自觉者，是民族历史在十字路口正确前行的指路者。她是站在时代的精神高峰向着未来的光明微笑着倒下的，这种在悲壮中所表现出来的长存于天地的生命之光将永不熄灭。就此而言，秋瑾精神极大地丰富了英雄和女英雄概念的内涵。

10、妇女先驱，流芳百世——杨开慧

在秋瑾壮烈牺牲15年之后，湖南人民的女儿杨开慧加入中国共产党，义无反顾地投身于革命运动洪流之中。又过了8年，她像秋瑾一样，为中国人民的解放事业献出了自己的宝贵生命。

杨开慧，湖南长沙板仓人，父亲杨昌济是闻名三湘的学者。杨昌济见多识广，思想先进。开慧虽为女儿身，他却为她取了名、字、号。1904年，杨昌济怀着救国救民的抱负，远涉重洋，出国留学，杨开慧在母亲的抚养下度过了童年。1908年，杨昌济从国外来信，嘱咐妻子一定要送开慧上学。在当时，女孩子还没有上学读书的先例，杨开慧入学读书，开了风气之先。她是该校第一批女学生，也是班上年龄最小的学生。读书为杨开慧的人生打开了一扇明亮的窗户，她开始思索国家的命运，民族的命运，女性的命运。辛亥革命后不久，杨开慧回到家里，她动员不识字的母亲也进学校读书。于是板仓出了一件石破天惊的事情：母女同读！母女同校的新闻，一时传为佳话。

1913年，杨昌济从国外归来，在湖南省立第一师范任教。杨开慧和母亲一道随父来到长沙。在长沙，杨昌济的渊博学识和高尚品德，对那些年轻有为、积极向上的学生产生了极大的吸引力。其中有一位就是毛泽东。青年时代的毛泽东经常和老师、同学一起，探讨救国救民的道理。毛泽东的出现使杨开慧受到震动与启发。她经常参与讨论，从历史到文化，从政治到经济，从人生到婚姻，从儿童到妇女，几乎无所不谈。

5年后，杨昌济赴北京大学任教，举家北迁。1918年秋，为了组织新民学会会员赴法勤工俭学，毛泽东也来到北京。杨昌济把他介绍至北京大学图书馆任助理员。进一步接触，杨开慧被毛泽东所吸引，二人渐生情愫。不久，杨昌济染病，杨开慧日夜侍于病榻之侧，她经常为父亲读《新青年》。《新青年》使杨开慧耳目一新。1920年1月，杨昌济不幸病逝，杨开慧随母亲、兄长返湖南。回到长沙后，杨开慧积极组织学生运动，走上街头演讲，宣传进步主张。她还干了一件大事：串联了两所女校的五名女生，进入男子中学，成为全省男子中学中第一批女学生。1920年冬天，她又加入中国社会主义青年团，成为湖南第一批团员。年底，她与毛泽东结为革命伴侣。 1921年，中国共产党成立。半年后，杨开慧也光荣地加入共产党，成为中国共产党第二个女党员。中共"一大"后，毛泽东建立了中共湘区委员会，任区委书记，杨开慧成为毛泽东的得力助手。她经常协助丈夫收集资料，抄写文稿。还经常冒着危险，到各个秘密联络点，传送机密文件。

此后，杨开慧作为毛泽东的夫人和助手，跟随毛泽东去上海、广州、韶山、武汉……过着颠沛流离的动荡生活。为了共同的信仰，她无半句怨言。1927年，国共合作破裂，长沙、武汉乃至全国都笼罩在白色恐怖之中。毛泽东日夜工作，准备组织武装暴动。8月底，毛泽东去指挥秋收起义，行前话别，竟成为他们夫妇的永诀。

1927年9月9日，毛泽东领导的湘赣边界秋收起义爆发。10月27日，起义部队到达罗霄山脉中段的井冈山，开创了中国共产党领导下的第一个农村革命根据地。此时，杨开慧仍然留在长沙，独自带着孩子回到故乡板仓开展地下斗争。在与上级组织失去联系的情况下，杨开慧面对白色恐怖，参与组织和领导了长沙、平江、湘阴等地武装斗争，发展党的组织，坚持斗争整整三年。1930年，红军两次攻打长沙，给反动派以沉重打击。湖南军阀何健把对朱、毛红军的仇恨都发泄到杨开慧身上,杨开慧被捕。何健表示,只要杨开慧宣布与毛泽东脱离关系即可自由。杨开慧坚贞不屈,为了理想与信仰,她已经做好了最坏的准备。1930年11月14日,杨开慧告别年迈的母亲和三个孩子,从容走向刑场,英勇就义于浏阳门外识字岭,年仅29岁。她牺牲前留下绝笔:"死不足惜,但愿润之革命早日成功!"

中国几千年历史上,有过无数义女、贞妇、烈女,充斥正史野史,她们都是作为男性世界的附属品,没有自己的独立人格,更不能为天下劳苦大众谋求利益,甚至献出生命,而杨开慧做到了。几十年过去了,人们仍为杨开慧烈士的一生感到震撼!杨开慧烈士的精神将永远鼓舞后人。

11、异军突起,巾帼传奇——红色娘子军

在中国历史上,妇女一直处于最底层。其政治地位、社会地位、经济地位、文化地位,都居于男性之下。中国历史上的女性英雄相对呈现个体化的特征。中国社会进入新民主主义革命阶段后,由于新思想新文化的影响,这一状况被改变了。现代女性开始作为一个群体,进入人们的视野。红色娘子军就是一个开天辟地的英雄女性群体。

20世纪30年代,革命浪潮风起云涌,海南岛也组织起一支红军队伍。红军不仅要解放千千万万的劳苦大众,也要解放千千万万的劳动妇女!红军把许多深受封建制度压迫的妇女吸引了过来。1931年5月1日,中国工农红军第二独立师第三团女子军特务连正式成立。这就是大名鼎鼎的"红色娘子军"。全连共有一百零三人,除了庶务、挑夫和小号兵是男同志外,其余都是女同志。她们大多数是农村青年妇女,有的来自农民赤卫队,有的是共产党员、共青团员。娘子军一成立,就立了大功。1931年6月,国民党乐会县"剿共"总指挥陈贵苑带领反动民团武装,对苏区进行骚扰。红三团决定消灭这股敌人,女子军特务连也奉命参加。这次战斗,娘子军布阵于县苏区机关所在地的要道上,以配合主力歼击进犯之敌。1931年6月21日,红三团主力部队为诱敌深入,设伏歼

敌，向万宁县方向开去；当天夜里，又悄悄撤回来，埋伏在山林里。敌人果然中计，误以为苏区只剩下娘子军。敌人纠集了二百多人，兵分两路向县苏区机关扑来。娘子军假装退却。敌军不知是计，步步紧追，终于进入红三团主力的埋伏圈。红军立即开火，猛烈打击。经过一个小时的战斗，敌军大败，敌"剿共"总指挥以下七十多人被俘。另一路敌军听到枪声紧密，早已吓得抱头鼠窜。

从此，"红色娘子军"的英名威震琼岛。要求参军的妇女越来越多。娘子军的主要任务是保卫红军师部和苏维埃政府领导机关，看守犯人，宣传动员，必要时配合红军主力作战。她们经常深入群众，进行宣传教育，启发群众觉悟，动员群众参军参战，并向民团家属宣传共产党的政策，通过家属动员团丁向革命队伍靠拢。

红军的威名，动摇了国民党反动派的统治，他们疯狂反扑。他们向苏区发动了疯狂的"围剿"。领导机关被迫转移，途中与敌人遭遇。为掩护领导机关，娘子军奋勇杀敌，子弹打完了，就用石头当武器砸敌人。娘子军一部分英勇牺牲，一部分失散，连长、指导员等被捕入狱，娘子军被迫解散。

红色娘子军在一年多时间里，曾参加了8次大的战斗。后来虽作为一个战斗集体不复存在，但红色娘子军的精神一直在中国和世界流传。因为她们不仅表现出英勇顽强、不怕牺牲的革命精神，而且反映了生活在社会最底层妇女反压迫、反歧视、求平等、求解放的共同要求。这一要求通过红色娘子军这一英雄集体以火山爆发般的形式体现出来。"向前进，向前进，战士的责任重，妇女的冤仇深。"这是中国妇女的呐喊，也是世界妇女的呐喊。因此，红色娘子军英雄群体既具有中国意义，也具有世界意义。

12、弹尽粮绝，慷慨悲歌——八女投江

祖国大地处处有英豪。红色娘子军在热带雨林奋战，东北抗联在林海雪原驰骋。1938年夏天，日本关东军纠集7万名伪蒙、伪满军在松花江下游展开了"三江大讨伐"。抗联第四军和第五军处境艰难。第二路军

总指挥周保中紧急决定：长途突围。女同志们被合编成一个妇女团，随主力西下。经过几日的艰难突围，一百多人困马乏的抗联战士撤退到乌斯浑河边。百十来米宽的河面，河水浑浊湍急，泛着浪花，滚滚北去。战士们又饿又累，决定在岸边休息一夜，翌日再行渡河。部队在河畔露营后，燃起几堆篝火取暖。不料篝火暴露了目标，他们被十公里以外的日伪特务发现。日军集合了一千多日伪军疯狂扑来，而这一紧急情况，抗联战士们直到拂晓时才发现。十万火急，他们急忙向外突围。

　　发现大部队有危险！妇女团指导员冷云闪过一个念头：绝对不能让日寇发现他们，一定要想个办法！她命令七名女战士卧倒，用仅有的三支步枪从背后袭击敌人，吸引日军火力。日寇发现她们，疯狂扑了过来。八名女兵一边高喊着"快往外冲啊！保住手中枪，抗战到底！"一边开火。日军被她们拖住了。抗联大部队主力赢得了机会，安全渡河，八名女战士却被敌军围困在河边。她们投出了最后一颗手榴弹，知道生命最后的时刻已经来到，便毁掉枪支，手拉着手，高呼着"打倒日本帝国主义"的口号，高唱着《国际歌》，义无反顾地走进乌斯浑河，向河心淌去。日军目瞪口呆，冰冷湍急的乌斯浑河渐渐将她们吞没。

　　为了中华民族的解放，八名女英雄献出了她们年轻的生命，她们中年龄最大的不过23岁，最小的才13岁。"八女投江"，定格在中华民族可歌可泣的历史中，成为壮丽的篇章，成为璀璨的丰碑。

　　中华民族五千年，女性英雄生命所绽放的灿烂绚丽之花永载史册。无论是神话传说、小说诗歌的英雄形象，还是真实历史人物，她们的英雄业绩构成中华文化的集体记忆的一部分，是中华英雄文化的精髓。

第七章

自古英雄出少年

在英雄主义精神教育和熏陶下，有许多少年儿童还未成年就已经成为英雄。英雄主义教育，是中华民族英雄辈出的一个重要原因。

心理学家发现，人的早年时代教育可以影响人的一生。人在早年时期心里种下英雄主义的种子，长大后就容易成为对国家和社会有用之才；少年时期心里种下享乐主义和拜金主义的种子，长大后就容易变得碌碌无为和自私自利。人生在追求幸福，但只有将个人幸福和国家命运、人民幸福事业相联系，这种幸福才会更有意义。这种幸福观并非天生带来，而是社会和家庭从小教育和个人努力的结果。

我们的祖先深知这一道理，所以非常重视对于少年儿童的英雄主义教育。他们不愿让孩子成为温室中的花朵，而是让他们在艰苦的环境中磨砺成长。在英雄主义精神教育和熏陶下，有许多少年儿童还未成年就已经成为英雄。英雄主义教育，是中华民族英雄辈出的一个重要原因。

01、孙叔敖勇斩双头蛇

孙叔敖（蒍敖）是战国时的小英雄。孙叔敖原名蒍敖，其父蒍贾，是楚国贵族，遭到陷害。后蒍随母避难，易名孙叔敖。母子相依为命，苦度荒年。生活虽艰苦窘迫，其母始终未放弃对他的英雄文化教育。

13岁那年，孙叔敖有一次上山砍柴。他在草丛中，遇见一条比鹅蛋还粗、几尺长、长着两个脑袋大蛇。孙叔敖赶紧往回跑，跑着跑着，忽然想起乡里人的一个传说，说是看见双头蛇的人，都会被毒死。孙叔敖想，反正自己已经见到蛇了，看来是必死无疑，即便逃跑下山也没救；而这害人的毒蛇还活着，仍是一个隐患，乡里人再上山来，遇见它岂不是也要死掉吗？与其逃跑，还不如拼死一搏，为民除害！于是，孙叔敖砍下一根双杈树枝，返身上山寻杀双头蛇。那双头蛇听得脚步声，双头竖立，张开大嘴，吐着信子，猛窜过来。孙叔敖一个箭步上前，左手用树枝引逗蛇嘴，右手挥舞板斧，猛剁双头蛇。双头蛇气急败坏，用尾巴把他紧紧缠住，他忍住疼痛，继续在蛇身上猛砍。经过一场殊死搏斗，蛇渐渐松开了尾巴，它被这个无畏的少年砍死了。

少年英雄孙叔敖，赢得了人们的喜爱。他长大成人后，淮河洪灾频发，孙叔敖毛遂自荐，主持治水，倾尽家资。历时三载，他终于主持修筑了一座水利工程——芍陂，借淮河古道泄洪，筑陂塘灌溉农桑，造福淮河黎民。后来他又修建了安丰塘等大量水利工程。两千多年过去，这些水利工程至今仍在发挥着作用。

由于多才多艺，任劳任怨，为国尽力，孙叔敖很受楚庄王赏识。之后，孙叔敖辅佐楚庄王施教导民，宽刑缓政，发展经济，政绩赫然。他主张以民为本，止戈休武，休养生息，农商并举，繁荣文化。因出色的治水、治国和军事才能，孙叔敖后官拜令尹（宰相），辅佐庄王独霸南方。楚国能成为春秋五霸之一的国家，孙叔敖功不可没。

02、甘罗十二岁出使赵国

中国历史上有不少神童，但智力不能代表勇气，聪明的少年，未必会是少年英雄。而甘罗却兼而有之，既是小神童，又是小英雄。

甘罗是战国时期的秦国人。当时各诸侯国混战，秦国实力最强。甘罗的祖父甘茂，是秦国的大政治家，曾经做过秦国的左丞相。受到门风熏陶，甘罗幼时就显露出过人才智，可惜其祖父因受同僚排挤，客死他乡。甘罗无奈，便投奔秦国权臣吕不韦门下做食客。

当时的食客不少是游手好闲者，仗着识文断字混饭吃，能脱颖而出者凤毛麟角。然而是金子就会发光，改变少年甘罗的命运的机会出现了。当时秦国计划联燕攻赵，要派大臣张唐出使燕国，顺道访问赵国。秦王的计划是派张唐游说赵王，让赵将河间一带的城池割让给秦国。张唐因往年攻击过赵国，曾被赵国重金悬赏捉拿，于是因惧怕而托病推辞。其他大臣也无信心，遂竞相推诿。这时甘罗自告奋勇，表示愿意去劝说张唐赴任。吕不韦见他年少，很不以为然。甘罗引经据典，朗声言道："从前项橐七岁就做了孔子的老师，我现在已经12岁了。"吕不韦暗自惊异，愿意给他一个尝试的机会。

甘罗见到张唐，劝他回忆白起被范雎赐死的悲惨结局。张唐一想，自己功不如白起，范雎权不如吕不韦。白起拒绝征赵，被范雎逐出咸阳，赐死于杜邮。自己若对抗吕不韦，可能会落个和白起同样的下场。张唐越想越怕，就答应下来。

秦始皇听说了甘罗的事迹后，十分惊诧。他亲自召见甘罗，见甘罗有胆有识，谈吐不凡，便任命他做使臣，给他10辆马车、100人随从去出使赵国，先去替张唐打通关节。甘罗一行便来到赵国都城邯郸。赵王听说秦国使臣来到，急忙出城迎接。出乎众人的意料，从车上走下的是一位少年。事先，甘罗已琢磨出赵王的心理：赵王最担心的事，无非是怕秦燕联盟，对赵形成夹攻之势。于是，甘罗马上展开攻心战术："秦燕联盟，赵国必然亡国。秦的目的无非是想占赵国的河间之地，您如果把河间五城割让给秦国，我可以回去劝秦王取消张唐的使命，断绝和燕国的联盟。到那时你们攻打燕国，秦国决不干涉，赵国所得又岂止五座城池！"赵王觉得言之有理，忙把河间五城的地图、户籍交给甘罗。又用隆重的礼节款待甘罗等人。临别时，赵王又把甘罗送出都城，亲自扶他上车，还赠给他黄金百斤，玉璧一双。甘罗圆满完成使命，满载而归。

秦国不费一兵一卒而得河间之地，秦王封甘罗为上卿，并把当年封给甘茂的土地赏给他。当时丞相和上卿的官阶相差无几，民间因此演绎出"甘罗十二拜相"的传说。

03、宗悫乘风破浪

南北朝时，有个年轻人名叫宗悫。宗悫的叔父志行高洁不愿做官。宗悫年少的时候，叔父问他的志向是什么，宗悫说："愿乘长风，破万里浪。"

14岁那年，宗悫的哥哥举行婚礼。家里宾客盈门，热闹非凡。有十几个盗贼也乘机冒充客人，混了进来。正当前面客厅里人来人往，喝酒道贺之际，盗贼悄悄潜入库房，进行盗窃。这时有个家仆去库房取物，发现有盗贼，便大呼"有贼"。客厅里的宾客一时目瞪口呆，惊慌失措。宗悫闻声，镇定自若，拔出佩剑，直奔库房。盗贼一见人来，忙挥舞刀枪威吓。宗悫面无惧色，举剑直刺盗贼，家人受到宗悫鼓舞，也过来呐喊助威。盗贼见势不妙，丢下抢得的财物，赶紧脱身逃跑了。宾客见盗贼被赶走了，纷纷称赞宗悫机敏勇敢。

几年以后，林邑王范阳迈侵扰边境，皇帝派交州刺史檀和之前往讨伐。宗悫自告奋勇，请求参战，皇帝任命他为振武将军。有一次，檀和之进兵包围了敌将，命宗悫去阻击敌人增援的兵力。宗悫设计，把部队埋伏在敌必经之路，等敌援兵一进入埋伏圈，宗悫的伏军立即出击，将敌人的援兵打得落花流水。宗悫在一生中替国家打了不少胜仗，立下许多战功，被封为洮阳侯，最终实现了他少年时代的远大志向。

04、岳云勇冠三军

俗话说"将门虎子"，这是因为通过言传身教，英雄主基因义可以遗留给下一代。少年英雄岳云就是一个将门虎子。岳云是相州汤阴（今河南汤阴县）人，岳飞长子。由于当时战乱，岳云自小与父母分离。在颠沛流离中，他目睹了金兵的暴行、百姓的灾难。在祖母的教育下，岳云从小就立下保家卫国的大志，他勤学苦练，拥有一身好武艺。12岁那年，岳云参军，被父亲编入张宪的队伍中，当了一名普通小卒。有一次，小岳云与将士一起骑马进行爬山练习，不小心马失前蹄，摔倒在地。岳飞见了大怒："这全是平日练习不认真所致，如果是在战场上，岂不误了国家大事？"当即下令将他推出斩首。众将士急忙求情，岳飞最后还是打了岳云一百军棍。从此岳云更加刻苦练习，练就了一副钢筋铁骨。绍兴四年（1134年），岳云16岁，随宋军收复被金国占领的随州、邓州等地。在这次战斗中，岳云手持铁锥枪，冲锋在前，勇不可当，第一个登上随州城。后来他又随军北征，收复邓州。从此军中皆称他为"赢官人"，意思是"常胜将军"。岳云从此成为岳家军精锐部队背嵬军最重要的将领之一。在历次对金、对伪齐作战，以及平定后方的战斗中屡立大功，由于父亲担心他居功自傲，多次功劳都进行隐瞒，未向朝廷汇报，岳云也毫无怨言。

绍兴十年（1140年），金兀术率军南侵，金国精锐在郾城与岳家军大战。岳云身先士卒，率背嵬军骑兵冲撞敌阵，挫敌锐气。又反复冲杀，为这场重要的主力决战获胜立下大功。郾城大败后不久，金军获得增援，以10万众改攻颍昌（今河南许昌），岳家军守军约3万。岳飞预先令岳云率部分背嵬军赴援。岳云率军在金军阵中来回冲杀数十次，杀得人为血人，马为血马。因金军数量占优，主将王贵一度怯战欲退，都被岳云阻止。鏖战半日后，金军士气低迷，岳家军留守部队5千人趁势开城杀出，一举击溃金军。此战杀敌无数，金兀术女婿也成刀下之鬼。郾城战后，曾经不可一世的金兀术仰天长叹道："撼山易，撼岳家军难！"

可惜的是，南宋政权推行投降主义路线，岳飞、岳云父子双双被秦桧以莫须有的罪名的杀害。文武双全的少年英雄岳云，未能完全施展自己的抱负，22岁时便走完了自己的一生。

05、少年英雄夏完淳

明朝末年，天下大乱，后金崛起，乘虚侵占汉地。在农民起义打击下灭亡的明朝，已不堪一击，摇摇欲坠。为对抗异族入侵，汉族爱国者先后扶植几个皇族后裔，建立了几个小朝廷，进行抵抗。其间也涌现出一批英雄人物，其中少年英雄夏完淳最令人难以忘怀。

夏完淳的父亲夏允彝本是江南名士，与好友陈子龙创立社团组织——几社。夏完淳天资聪颖，在父亲的教导下，5岁读经史，7岁能写诗文。那些为国家民族不惜抛头颅、洒热血的民族英雄，以及他们写下的诗歌名篇，深深地铭刻在小完淳的心中。父亲出游时，喜欢把他带在身边，以便让他阅历山川，广交天下豪杰。夏完淳12岁时，拜陈子龙为师，深受老师影响。看到山河破碎，国家衰败，他痛在心里，曾尝试与友人联络乡绅，组织义兵，为国家效力。清兵攻陷北京后，横扫江南，15岁的夏完淳，随父亲夏允彝和老师陈子龙在松江起义。不幸的是，这次起义失败，夏允彝投水自殉。夏完淳又追随陈子龙与太湖义军联系，继续从事抗清复明活动。可惜太湖义军也全军覆没。夏完淳泗水脱险后，痛定思痛，他作了一首《大哀赋》："兴六月之师，振九天之锐，横海伏波，戈船下濑。" "夸夫有投杖之心，鲁阳无挽戈之计，兵弱虏强，地柔人脆，伤心于王子白衣，绝望于将军蒲类；田横之五百军人，项藉之八千子弟。" "国殇悲而阴雨深，战鬼哭而愁飙厉。烟草依然，江湖如是，毅魄归来，灵风涕泗。"其亡国之痛，失路之悲，痛彻入骨，引起读者巨大共鸣。

辗转中被拥立的鲁王封夏完淳为中书舍人，希望他能为国效力。夏完淳上表答谢，连同抗清复明志士数十人名册，托友人送给鲁王，以图复明大计。可惜友人途中遭遇清兵被捕，解送提督吴胜兆处关押。吴胜兆本有反清之意，就没有加害。后来吴胜兆反清事败，夏完淳所写谢表和名册都被抄。

夏完淳被捕解送到南京后，在监狱里被关押了80天。已经降清的洪承畴亲自审讯他。夏完淳的名声，洪承畴早有所耳闻，他想用感化的手段，让夏完淳为清廷出力。夏完淳昂首挺立，佯装不知审讯者就是洪承畴，朗声答道："我听说洪承畴先生是当世英雄，与清兵血战，杀身成仁。我非常仰慕他，愿意效法他，为国捐躯！"左右差役告诉他堂上"大人"就是洪承畴，夏完淳声色俱厉地说："洪承畴大人为国牺牲，天下无人不知，无人不晓，你是哪里来的贼寇，竟敢冒充英雄，亵渎忠魂！"洪承畴面红耳赤，如坐针毡，无言以对。当时夏完淳的岳父一同被捕，意志沮丧。夏完淳在旁勉励他："我们能够为国家而死，到地下与英雄相见，这是何等大的光荣！"岳父听后受到鼓舞。在被关押期间，夏完淳写下许多诗词，笔下有复国之志，有亡国之痛，慷慨悲凉，读之令人泪下。而他所写一些政论，分析南明之亡，切中要害，颇多真知灼见。清军软硬兼施，也未能奏效，决定加害于她。临刑前，他留下绝命诗："三年羁旅客，今日又南冠，无限河山泪，谁言天地宽！已知泉路近，欲别故乡难。毅魄归来日，灵旗空际看。"临刑时，他立而不跪，神色不变，刽子手战战兢兢，不敢正视，过了很久，才哆哆嗦嗦，举起屠刀。

夏完淳慷慨就义，年仅17岁。他力挽狂澜的壮志，报国驱虏的行动，他慷慨赴死的大义，都将彪炳千古！

06、"生的伟大，死的光荣"的刘胡兰

在中国革命史上，有一位少年英雄家喻户晓，她就是刘胡兰。

刘胡兰出生于山西省文水县云周西村，母亲早亡，她跟父亲和继母一起生活。她8岁上村小学，10岁参加儿童团，被选为村儿童团长。她经常带领小伙伴站岗放哨，侦察敌情，运送武器弹药。随着年龄的增长，觉悟的提高，刘胡兰又担任村妇救会秘书，组织妇女办冬学，帮助军烈属，支援前线，慰问部队，受到区里的表彰。1946年，刘胡兰成为中共预备党员，在村里领导土改运动。

解放战争开始后，国民党军大举进攻解放区，干部陆续转移上山，只留少数武工队坚持斗争。按说刘胡兰应该转移，然而她说自己熟悉环境，年纪又小，隐蔽性强，主动要求留下来。她的要求得到了上级批准，于是她在家乡往来奔走，秘密发动群众，配合武工队工作。由于反动村长为阎锡山军派粮派款，为害一方，刘胡兰配合武工队员将其处决。敌人频繁实施报复行动，家人劝刘胡兰撤退上山，她却坚持等待上级通知。

1947年1月12日拂晓，敌人将云周西村包围，封锁了所有路口，不许任何人出村。未来得及撤退的刘胡兰因叛徒告密被捕。敌人在观音庙西边护村堰前，架起了机枪，设了一个会场。敌人把被捕的另外6位党员干部五花大绑至铡刀前，妄图用此残忍手段逼迫他们在全村群众面前"自白"，供出党的机密。然而敌人用尽了一切办法，刘胡兰他们都不为所动。她坚定地回答道："给我个金人也不要！"敌人见软的不行，又以死威胁。她昂首挺胸、义正词严地说："怕死不当共产党员！"敌人恼羞成怒，当场把6位同志用铡刀杀害，烈士的鲜血染红了大地，锋利的铡刀卷了刀刃。敌人指着6位烈士的遗体继续威胁："你看见了吧，自白不自白，投降不投降？"刘胡兰轻蔑地说："要杀就杀，要砍就砍，我死也不自白，共产党员你们是杀不绝的，革命烈火是扑不灭的，你们的末日不远了！"敌人见刘胡兰不为所动，下达了屠杀的命令。刘胡兰向着烈士染红的铡刀从容不迫走去。刘胡兰牺牲时尚未满15周岁，是已知的中国共产党女烈士中年龄最小的一个。

当得知刘胡兰牺牲的消息，毛泽东怀着悲愤的心情，亲笔题词："生的伟大，死的光荣！"中共中央晋绥分局做出决定，追认刘胡兰为正式党员。刘胡兰牺牲了，然而她却成为中国少年的楷模，鼓舞、激励了无数少年儿童。刘胡兰以她的高贵品格、革命气节、英雄壮举，铸就了光照千秋、激励后人的"胡兰精神"。她的精神和英名，和天地共存，与日月同辉。

07、草原英雄小姐妹

全国解放后，人民珍惜这来之不易的幸福生活。为此，他们宁可付出一切。这种观念在少数民族地区更加深入人心。因为在过去，他们的生活还处于奴隶制、半奴隶制时代，是共产党把他们从被压迫被奴役的奴隶命运中拯救出来。对于蒙古族来说，也是如此。

在内蒙古自治区乌兰察布草原达茂联合旗新宝力格公社那仁格日勒生产大队，有一对蒙古族小姐妹，少女龙梅与玉荣是一对小姐妹，龙梅11岁，玉荣9岁，她们的父亲是生产队的放牧员。1964年2月9日，正好是休息日，父亲因为有急事，不能出去放牧，小姐妹不忍心看到三百多只羊挨饿，就自告奋勇去放羊。草原上的天，变幻莫测，出去的时候，还是万里无云，可到了中午时分，突然起了风，低垂的云层洒下一串串的鹅毛大雪，雪越来越大，风越来越猛。刹那间，风雪吞没了茫茫的草原。姐妹俩意识到暴风雪来了！她们急忙拢住羊群，转身往回赶羊。然而已经晚了！狂风暴雪就像一道无形的墙，阻挡着羊群的归路，羊群顺风乱窜。龙梅对妹妹说："快去叫阿爸帮咱们拦羊！"小玉荣听了姐姐的话，掉转头顶着风雪拼命地跑，没跑多远就栽倒了。她起来回头一看，姐姐在暴风雪中，左手拿着羊鞭，右手甩着脱下来的皮袄左右拦挡，有些手忙脚乱，羊群越发乱了。玉荣顾不得再去叫阿爸，立即返回羊群，和姐姐一起驱赶羊群。

姐妹俩拦挡一阵，跟上跑一阵。再继续拦挡、再跟着跑，不知拦了多久，也不知道跑了多久，最后总算把散乱的羊群聚拢在一起。天黑了下来，风雪却没有停下来的意思，姐妹俩又冷又饿。羊群时而安静，时而躁动，她们只好借着地上积雪的映光识别自己的羊群，在羊群后面追赶。就这样一直坚持到第二天黎明，20多个小时过去了。终于玉荣昏倒在雪地上奄奄一息，姐姐龙梅也快坚持不住了。

幸好牧民发现了她们。虽然小姐妹得到了精心救治，然而由于冻伤严重，龙梅失去了左脚拇指，玉荣右腿膝关节以下和左腿踝关节以下做了截肢手术。草原英雄小姐妹舍身保护羊群的事迹，引起了全国人民的极大赞赏。四十多年来，一代又一代孩子，受到她们的鼓舞。

2008年，姐妹俩光荣地成为北京奥运会火炬手。2009年9月14日，龙梅和玉荣被评为100位中华人民共和国成立以来感动中国人物。草原英雄小姐妹，是新中国少年的典范，她们用自己稚嫩的肩膀和顽强的毅力证明，人是需要信仰的，少年儿童，是需要信仰的。信仰，使人区别于一切物种，成为万物之灵长！

08、勇救山火的赖宁

英雄主义的教育传统，可以使英雄的出现成为一种常态。英雄的出现都是自动自发，不是为了名，不是为了利，不是为了寻找一种高于他人的所谓自我存在感。长久以来，这种传统在中国都是一种主流文化，没有受到拜金主义和享乐主义的腐蚀。这种文化不仅哺育出草原英雄小姐妹，也哺育出刘文学、张高谦，哺育出赖宁。

赖宁，是四川省石棉县一个初中学生。他品学兼优，全面发展，赖宁最大的理想就是能够像李四光那样，成为一名伟大的地质学家。从上小学开始，他年年被评为三好学生和优秀少先队员，深受老师和同学们的喜爱。小学毕业后，赖宁在石棉县五千多名小学毕业生里，以第一名的成绩考入石棉县中学。

赖宁的家乡石棉山区是火险区，由于当地民众防火意识差，时不时会发生山火。赖宁读小学时就曾3次上山灭火。他做这些事，从未告诉别人，直到林业部门把表扬信寄到学校，老师们才知道。

1988年3月13日下午，石棉县海子山因电线短路发生山林火灾。火借风势，山上一片火海。大片森林、卫星电视转播台和石油公司油库，都面临着巨大的威胁。这天，赖宁写完作业，和生病卧床休息的妈妈说了声："我下楼走一走。"妈妈特意嘱咐他别走远了！出门后赖宁看见远处火焰冲天。他来不及和妈妈打一声招呼，就叫了几个小伙伴，三步并作两步向山上奔去。跑到山上，立即捡起松枝，奋力挥动，想把火焰扑灭。高达二三十米的火焰，狂烧猛蹿，赖宁他们奋不顾身，一次次地冲向火海。现场指挥救火的县领导担心孩子们出现不测，命令用汽车强行送他们下山。

然而天已全黑，山陡路滑，风助火势，野火更加猖獗。赖宁放心不下，要返回去救火，大人们把他拦住。但他还是乘大人没有防备，偷偷溜回山上，继续扑火。大火终于扑灭了。三千多亩森林保住了，卫星电视转播台和石油公司库也都平安无事了。然而赖宁却不见踪迹。

大人们到处寻找，终于在海子山南坡的过火林带中，发现了赖宁的遗体。他的右臂还紧紧挽着一棵小松树，额头靠着山坡，眼镜已经不见了，左手撑着地，他的右腿还保持着向上攀登的姿势。

赖宁成为一个时代少年英雄的丰碑。

回顾中华民族的历史，不难发现，我们历朝历代英雄辈出，都与从未间断的英雄主义教育有关。"从娃娃抓起"，对少年儿童从小进行英雄主义教育，是一条弘扬英雄精神和培养人才的有效途径。如果不紧抓住教育的绝佳时机，孩子们的成长过程便会遭遇曲折。有时，培养一个好习惯比纠正一个坏习惯还难。当下，社会过于讲功利主义，英雄主义教育渐渐淡出，人们关注的重点已不再是孩子的信仰世界和精神力量。即便关注精神世界，也不是精神世界的高级层面，而是低级层面，如营养、分数、名次、成功、出人头地之类。人们注重孩子的一切，唯独忘记了孩子是有精神、有灵魂的，忘记了孩子是可以沿着英雄发展的道路成长的。人们讳言英雄，甚至回避英雄，这都是在精神上自毁长城的行为。鉴于此，全社会有必要自上而下，通过各种体制化、非体制化措施，加强英雄主义教育，使英雄主义的教育传统，得以延续，并不断发扬光大！

第八章

共和国建设时期的英雄

今天所拥有的一切，不是来自神的恩赐，而是得益于先辈们的奋斗。每一个有良知的中国人，都应该牢记那段历史，铭记那些英雄，更不能抹杀这段历史，抹杀英雄们所创造的伟业。

当代中国，已经驶入现代化的高速公路，而且正步入世界舞台的中央。今天所拥有的一切，不是来自神的恩赐，而是得益于先辈们的奋斗。

众所周知，中华大地曾饱受帝国主义的欺凌，中华民族长期处于三座大山的重压之下。连年天灾人祸，使多少物质财富毁于战火，经济处于半崩溃状态。1949年的经济，甚至比10年前都大幅度下降。国民党政府滥发纸币不仅未能弥补巨大的财政赤字，反而造成恶性通货膨胀，人心惶惶，社会陷入更大混乱。毛泽东主席多次用"一穷二白"来形容当时的中国。新中国是在一片百孔千疮的焦土之上建立起来的。当时中国5亿多人口中，农业人口占80%以上；现代工业只占10%左右。在这个基础上每前进一步都困难重重，更别说搞工业化。中华人民共和国成立前夕，美国国务卿艾奇逊就曾预言："人民的吃饭问题是每个中国政府必然碰到的第一个问题，一直到现在没有一个政府使这个问题得到解决。"

然而艾奇逊和其他预言家们只知其一，不知其二。他们忽略了人民的力量，忽略了中华民族是一个坚不可摧的民族，中国共产党是一个战无不胜的政党。他们只知道中国共产党可以在军事上打硬仗，却不曾见识过中国共产党在经济上也可以打硬仗。他们不相信中国共产党是一个具有无限创造力的英雄群体。中国共产党不仅自身是英雄，还可以极大地激发广大人民群众成为英雄，去实现一个宏伟的目标。

新中国刚一成立，中国共产党就采取了一系列重大措施，治理国民党留下的烂摊子，恢复国民经济：废除帝国主义特权；没收官僚资本，发展国营经济；全面开展土地改革，发展农业生产；保护和发展私营工商业；统一财经工作，彻底稳定市场。仅用了3年时间，就使国民经济超过抗日战争前的历史最高水平；不仅改善了人民群众的生活水平，还支持了波澜壮阔的抗美援朝战争，粉碎了美军不可战胜的神话，打出了国威，打出了志气，打出了影响力，树立了良好的国际形象。

此后，中国共产党一直坚持不懈，致力于经济建设特别是工业化建设的伟大使命。和以往的执政者一样，中国共产党也有一种强烈的工业化的愿望，然而中国共产党的路径最为正确，步伐最为坚定。中国需要一场工业革命，工业革命给中国带来的影响将是无与伦比的。在中华人民共和国成立不久，党即提出实现"国家工业化"的方针和目标。以后虽然在提法上有所变化，细节上有所调整，但工业化的方向始终坚定不移。经过30年的艰苦奋斗，我国在发展现代工业和科学技术方面都取到了可观的成就，大庆油田、胜利油田、辽河油田、华北油田建成，众多钢铁基地、煤炭基地建立，众多大型化肥、化纤、石化项目，多条铁路动脉、多个深水码头，都先后完成。这些现代化工业项目，不仅改变了不同区域的产业格局和经济面貌，更重要的是，它们的建成和运转标志着中国工业革命的使命正在得以完成。其中，发展"两弹一星"工程，标志着中国的国防事业迈上了崭新的台阶。中国制胜的法宝，不仅有铁的意志，人海战术，还拥有了核武器，中国国防已经可以与世界上发达国家相抗衡，任何人也不能再对中国实行核讹诈！

这一系列伟大成就，都为中国以后社会主义现代化建设的进一步深入，奠定了物质基础、技术基础和国防基础，培养了一大批经济、科技骨干力量，提供了无数宝贵经验。这些历史上不曾有过的奇迹，都不是偶然发生的，而是那个建设的火红年代中，无数英雄们亲手创造出来的。每一个有良知的中国人，都应该牢记那段历史，铭记那些英雄，更不能抹杀这段历史，抹杀英雄们所创造的伟业。

01、中国"铁人"王进喜

从百孔千疮到翻身解放，从一穷二白到放声歌唱，中国人民终于挺直了脊梁。中华民族开始进入一个大踏步前进的复兴时期。在旧时代，中国之所以屡屡被人奴役，甚至是两次世界大战的战胜国，却仍然难逃被列强宰割的命运，是因为中国工业落后。工业落后很大程度上是由于中国能源的开发能力不足。为了实行对中国的能源控制，西方列强一直把"中国贫油"的帽子扣在中国头上。现代经济是能源主导，特别是石油所主导的经济。如果"中国贫油"论真的成立，那么中国的石油需求将长期依赖进口，中国的发展将被外国人掐住脖子！是接受西方"专家"的判决，还是独立自主寻找石油？答案不问自明。中华大地，地大物博，早在宋朝时期，沈括就已经在《梦溪笔谈》中记载了石油，这是世界上对石油的最早记载，中国怎么会缺少石油？中国人不服气！不相信"中国贫油"的，既有国家领导人，也有科技专家，还有石油工人，其中便有叫王进喜的一个人。

王进喜，1923年生于甘肃省玉门县。他6岁给地主放牛，15岁时到玉门油矿当童工。1950年春，王进喜通过考试成为新中国第一代钻井工人。从1950年春招工到1953年秋，王进喜一直在钻探大队当钻工，他勤快、能吃苦，各种苦活抢着干。艰苦的钻井生产实践，练就了他坚韧不拔的品格。1956年4月29日，王进喜加入中国共产党。入党不久，王进喜担任了贝乌五队队长，带领贝乌五队在石油工业部组织的以"优质快速钻井"为中心的劳动竞赛中，提出了"月上千，年上万，祁连山上立标杆"的口号，创出了月进尺5009.3米的全国钻井最高纪录。王进喜领导的贝乌五队被命名为"钢铁钻井队"，王进喜也被誉为"钻井闯将"。

1959年9月，王进喜被选为中华人民共和国成立10周年"全国工交群英会"代表。休会期间，王进喜参观首都"十大建筑"。路过一个叫沙滩的地方时，他看到行驶的公共汽车上面，都背着个巨大的煤气包。中国缺油，这个事实，让他感到莫大的耻辱，这位坚强的西北汉子，竟蹲在街头哭了起来。从此，这个"煤气包"成为王进喜为国家分忧、为民族争气的思想动力之源。一定要把"贫油落后"的帽子甩到太平洋里！

这个巨大的煤气包，不仅压在王进喜心头，也压在国家领导人心头。中央紧密部署，寻找石油。1960年2月，东北松辽石油大会战打响。上级机关派王进喜带领1205钻井队到达萨尔图车站。一下火车，王进喜一不问吃、二不问住，先问钻机和钻井情况，他恨不能一拳头砸出一口油井来。当天夜里，王进喜带领全队三十多人住在老乡的马厩和牛棚里。

1205队的钻机到了，没有动车车辆，王进喜就带领全队工人用撬杠撬、滚杠滚、大绳拉的办法，"人拉肩扛"把钻机卸下来，运到井场。

仅用4天时间，就把40米高的井架竖立在茫茫荒原上。连续苦干三天三夜，王进喜没离开车站和井场。井架立起来后，没有打井用的水，王进喜就组织职工到附近的水泡子破冰取水，用脸盆端、水桶挑，硬是靠人力端水五十多吨，保证了按时开钻。萨55井于4月19日胜利完钻，进尺1200米，首创5天零4小时打一口中深井的纪录。1960年4月29日，1205钻井队准备往第二口井搬家时，王进喜右腿被砸伤，他轻伤不下火线，仍然在井场坚持工作。由于地层压力太大，第二口井打到700米时发生了井喷。危急关头，王进喜不顾腿伤，扔掉拐杖，带头跳进泥浆池，用身体搅拌泥浆，最终制伏了井喷。

王进喜因此被称为铁人！四万会战职工掀起了一场"学铁人、做铁人，为会战立功，高速度、高水平拿下大油田"的运动。当时有一个说法："苏联有巴库，中国有玉门；凡有石油处，就有玉门人。"一个铁人前面走，千百个铁人跟上来。1960年6月1日，大庆油田首车原油外运。1960年年底，大庆油田生产原油97万吨！"中国贫油"的帽子被甩掉了！在现代化的道路上，中国加快了速度！

1970年11月15日，王进喜患胃癌医治无效逝世，年仅47岁，但他留下了"爱国、创业、求实、奉献"有的铁人精神。铁人精神是中华民族精神的重要组成部分，得到历届中央领导的充分肯定，深受社会各界的广泛承认和高度评价。

中华人民共和国成立40周年之际，王进喜与雷锋、焦裕禄、史来贺、钱学森一起被中共中央组织部命名为"中华人民共和国成立以来在群众中享有崇高威望的共产党员优秀代表"。世纪之交，王进喜同孙中山、鲁迅、雷锋、焦裕禄、李四光、毛泽东、邓稼先、邓小平、袁隆平一起被评为"百年中国十大人物"，载入中华民族的光辉史册。

02、"两弹元勋"邓稼先

国与国的竞争，要靠实力说话，能源是一种实力，武器也是一种实力。能源是长期实力，武器是即时实力。武器，有事往往占有压倒一切的地位。近代以来，西方列强之所以能够在文明古国长驱直入，靠的就是武器实力。西方工业革命,既是能源动力的革命,也是武器的革命。火药的使用,军舰、坦克、飞机的应用,特别是核武器的出现,在加速世界武器现代化的同时,也使发展中国家面临比过去更大的威胁。遭受血与火洗礼的中华民族,必须吸取落后挨打的教训,不仅要实现能源革命,还要实现武器革命;不仅要拥有强大的常规武器,还要拥有强大的核武器,否则一百年来的历史悲剧还可能重演。

西方列强不甘心让一个独立自主的中国强大起来,而是千方百计制造事端。1950年6月,朝鲜战争爆发,美国第七舰队驶入台湾海峡,还把原子弹运到停在朝鲜半岛附近的航空母舰上。美国总统杜鲁门叫嚣,将采取包括原子弹在内的一切措施来应付军事局势。1953年,一颗装有原子弹的导弹被运上了冲绳岛。巨大的核阴影笼罩着新中国!

要想打破美国的核讹诈、核垄断,必须拥有自己的核武器!抗美援朝一结束,党中央就果断决定研制"两弹一星"(原子弹、氢弹和人造地球卫星)。1958年6月21日,毛泽东主席在军委扩大会议上说:"原子弹就是那么大的东西,没有那个东西,人家就说你不算数。那么好吧,我们就搞一点吧,搞一点原子弹、氢弹,洲际导弹。我看有10年工夫完全可能。"此后不久,中国第一个原子反应堆启动成功!邓稼先被选拔作为第一个进入原子弹研究领域的中国科学家。

对于这突如其来的使命,邓稼先一时还没回过味来。但是为了祖国的核事业,他愿意奉献出自己的一切,全部的青春,全部的生命。搞原子弹研究,需要到大西北。此行前路漫漫,也不知道何时才能返回。按照组织纪律,邓稼先的工作属于国家机密,意味着隐姓埋名,不能发表学术论文,不能公开做报告,不能随便跟人交往……他甚至不能给妻子留通信地址。出发前,从不喜欢照相的他,主动带着妻子、女儿、儿子,到照相馆照了一张全家福。

大西北荒凉而孤寂,生活条件简陋。起初还可以和苏联专家探讨相关问题,后来中苏关系破裂,苏联撤走了专家。邓稼先一时陷入困难之中,原子弹本不是自己的专业,自己只不过是个初学者,唯一关于原子弹的技术资料,就是钱三强根据和苏联专家零散谈话记下的笔记。然而邓稼先抱定决心,顶着困难硬上!苏联专家撤走不久,新中国经历了前所未有的三年困难时期。邓稼先一方面要研究世界上最尖端的科技技术，另一方面还要忍受饥饿的折磨。由于长时间饥饿，不少人得了浮肿病。最艰难的时候，粮食只够吃三天，然而他们凭着钢铁般的意志力坚持了下来。

1964年初，好消息一个接着一个地传来。兰州的铀浓缩工厂分离出了浓缩铀，纯度超过90%！铀-235是原子弹的核心材料。原子弹爆炸就是用铀-235产生原子裂变而来的。有了铀-235，离造出原子弹就更近一步了。1964年6月29日，改进型东风-2号导弹从酒泉发射成功。离原子弹发射的日期越来越近了，邓稼先和他的同志们无比兴奋。

1964年10月的一天10时，中国的原子弹试验程序进入清场阶段。接近15时，科学家们陆续走进了观察所的掩体里。一声惊天动地的巨响之后，一团蘑菇云升起来了！现场沸腾了！我国首次核爆炸成功了！两年后，携带核弹头的导弹又发射成功。此后又不满四年，中国第一颗人造卫星唱着《东方红》飞向太空。中国国防站起来了！

而原子弹背后默默贡献的英雄邓稼先，却付出了莫大的牺牲。他长期隐姓埋名，夫妻分离，营养不良。更令人惋惜的是，在一次试验中，他不幸受到核辐射，患上直肠癌。1986年7月29日，这位为中国国防做出伟大贡献的元勋不幸在北京逝世，终年62岁。

让邓稼先欣慰的是，他看到了中国国防事业的成功，中国的快速强大。其实为中国国防工业付出巨大牺牲的，不仅有邓稼先，还有钱学森、钱三强、王淦昌、王承书、郭永怀、黄祖洽、于敏等一长串名字，在他们背后，还有无数默默无闻的战士和工人。他们都是中华民族的英雄，民族的脊梁！永远值得后人铭记，值得后人学习。

03、中国"航天之父"——钱学森

中国人自古就有"嫦娥奔月"的美丽传说，然而美丽的传说不能改变百年来中国落后挨打的事实。时代呼唤着中国在科技经济落后的条件下，不仅要在地面上崛起，也要在天空中崛起，在太空中崛起。在一些人还在思考如何争夺地面上的主动权的时候，需要有人站在太空的角度来观察地球，思考中国，破译未来世界的密码，不仅需要脚踏实地，也需要仰望星空。

于是，钱学森进入了全世界的视野。钱学森是辛亥革命同龄人。1934年以优异成绩留美，成为大科学家冯·卡门的学生。17年间，他在空气动力学、固体力学和火箭、导弹等多个领域，都成绩卓著，并与导师共同建立"卡门—钱学森"公式，成为世界知名的空气动力学家。当中华人民共和国成立的喜讯传到美国，钱学森欣喜若狂，决定立即回国。钱学森具有的价值，美国人十分明白。美国海军次长说：钱学森无论走到哪里，都抵得上5个师的兵力。如果放钱学森回国，无异于如虎添翼。

随后不久，钱学森被无缘无故投入监狱。对于迫害钱学森的罪恶行径，中国科技界义愤填膺，给予多方声援。钱学森也写信向父亲的好友陈叔通求救。陈叔通当时担任全国人大常委会副委员长，他将信转交周恩来总理。经过周恩来总理斡旋，最终中国以释放11名在朝鲜战争中俘获的美军飞行员为条件，换取了钱学森出狱、回国的权利。1955年9月，钱学森一家回到祖国。

归国后不久，钱学森就向中共中央、国务院提出《建立我国国防航空工业的意见书》。在意见书中，他提出对未来国防航空工作的整体构想。这一意见书，得到了国务院、中央军委的高度重视，很快成立了航空工业委员会，钱学森被任命为委员，并受命组建中国第一个火箭、导弹研究所——国防部第五研究院并担任首任院长。钱学森主持了"喷气和火箭技术的建立"规划，参与了近程导弹、中近程导弹和中国第一颗人造地球卫星的研制，直接领导了用中近程导弹运载原子弹的"两弹结合"试验，参与制定了中国第一个星际航空的发展规划。在钱学森的带领下，中国的国防科技和国防工业突飞猛进。1964年10月16日，我国第一颗原子弹爆炸成功；1967年6月17日，我国第一颗氢弹空爆试验成功；1970年4月24日，我国第一颗人造卫星发射成功。拥有"两弹一星"的中国，彻底告别了"小米加步枪"的历史，跻身于世界军事强国之列，与美国、苏联等军事强国分庭抗礼！

钱学森的一生，在中国的国家史、华人的民族史和人类的世界史上，留下了耀眼的光芒。作为中国航天之父，钱学森是科学的标杆、勇气的旗帜。钱学森，不愧是20世纪中国科技界的伟大英雄！

04、一生为人民服务的普通一兵——雷锋

英雄之所以伟大，不仅因为英雄业绩惊天动地，更多时候是因为他们在默默奉献。在共和国历史上的英雄行列中，有一位战士，他没有上过战场，没有轰轰烈烈的业绩，然而他却影响了中国半个多世纪，感动了中国半个多世纪。他就是雷锋。

雷锋于1940年出生于湖南望城县一个贫苦家庭。他打小没过过一天好日子，年仅7岁，就沦为孤儿。在亲戚拉扯下，他艰难地活了下来。1949年8月，家乡得到解放，雷锋从此过上了幸福生活。他对新社会怀着一颗感恩的心，认真学习文化，积极参加劳动，被评为工作模范。1960年，雷锋穿上军装，成为一名光荣的解放军战士。1960年8月，附近山洪暴发，全县军民都在上寺水库抢险救灾，雷锋带病连续抢险救灾，连续奋战七天七夜，荣立二等功。

现实是平淡的，雷锋是平凡的，然而雷锋能够长期坚持，把平凡的人生，变得不平凡。他从最小的好事，发现了最大的价值：为人民服务！坐火车时，雷锋主动帮助列车员打扫卫生，帮助旅客背包，用自己的津贴费帮助丢失钱包的妇女补票，帮助探亲的老人找到儿子。普普通通的火车，在雷锋看来却是一个轰轰烈烈的战场。"雷锋出差一千里，好事做了一火车"，成为一时美谈。

1962年8月15日，在指挥战友倒车时，雷锋被电线杆砸中，经医院抢救无效，不幸牺牲。他为人民献出了22岁的年轻生命。22年的生命虽然短暂，但是雷锋的精神力量却是无限的。雷锋牺牲之后，毛主席题词"向雷锋同志学习"，并把每年的3月5日定为学雷锋纪念日。因雷锋热于助人事，雷锋二字在中国早已成了"好人好事"的代名词。雷锋为我们留下一部《雷锋日记》，朴实无华，却流传甚广，令无数读者为之动容。"雷锋精神"激励着一代又一代人学习、效法、跟进。

自党的十八大以来，习近平总书记多次做出指示，号召学习弘扬雷

锋精神，他指出，雷锋身上所具有的"信念的能量、大爱的胸怀、忘我的精神、进取的锐气"，正是我们民族精神的最好写照。"雷锋是我们民族的脊梁""雷锋精神是永恒的，是社会主义核心价值观的生动体现"。雷锋精神具有多重文化内涵，雷锋精神代表了中华民族的勤勤恳恳、默默无闻、甘愿奉献、不怕牺牲的优秀品质和优良传统。雷锋精神是不会随着环境的变化而失去价值的。就像阳光、空气和水永不过时一样，雷锋精神是永不过时的，它是我们必需的精神营养。雷锋精神可以为实现中国梦提供强大精神动力。面对光怪陆离的时代潮流，我们必须重提雷锋精神，重举雷锋大旗。

如今的中国，已经实现了从农业社会向工业化中期阶段的历史性跨越，工业化与信息化融合推进，高新技术产业飞速提升，"神舟七号"漫步太空，"天宫二号"太空实验室发射成功，信息网络四通八达。中国已经是世界第二大经济体，中国人民的生活总体上达到了小康水平，进入中等收入国家行列。我们在政治建设、国防建设、文化建设、社会建设方面取得的伟大成就举世瞩目。这已经不是过去那个一穷二白的中国。抚今思昔，正是由于各行各业、各个领域英雄们的奉献与牺牲，中国才得以站在巨人的肩膀上，实现了更大的飞跃。拥有如此幸福、灿烂的今天，怎能不深深感恩，怎能不接过英雄们的使命，继续前进？明天的中国，仍然需要王进喜，需要邓稼先，需要钱学森，需要雷锋！

第九章 中国农业战线上的英雄

在共产党领导下实行的土地革命，这是前所未有过的英雄壮举，在这一漫长的奋斗过程中，又有无数英雄涌现出来！

自古以来，中国就是一个人口大国和农业大国。农业问题解决的好，社会便趋于稳定；解决的不好，就会出现社会危机。中华民族之所以伟大，是因为它在历史上较好地解决了农业问题。然而由于巨大的人口基数，农业所承受的压力一直未能得到根本解决，这也使社会动荡始终成为潜在的威胁，严重时甚至导致朝代更迭。说到底，这是因为没有解决好生产关系和生产力关系的问题。生产关系对生产力的束缚，具体体现在土地所有制上。无论历史上的汉族王朝，还是少数民族王朝，都因土地问题走向没落。辛亥革命虽然推翻了清朝的统治，然而在土地所有制上，仍然换汤不换药，国家的土地政策改革仍然没有让农民得益。广大农民仍然处于三座大山的沉重压迫之下。中国农民不得不期待一个能够真正代表自己利益的政党——中国共产党。在共产党领导下实行的土地革命，建立了一种更能解放生产力、也更能调动农民积极性的先进的生产关系。这是前所未有过的英雄壮举，在这一漫长的奋斗过程中，又有无数英雄涌现出来！

01、延安大生产运动英雄辈出

在成为中国的执政党之前，中国共产党有28年的浴血奋战史。其间不仅打仗，还要在自己所创立的根据地，发动当地人民群众，进行农业生产。

为了更好保存革命力量，根据地的建立往往选择在人烟稀少、自然条件恶劣的偏僻之地。有了共产党的领导和优惠的土地政策，那些无地农民的生产积极性被充分调动起来。这些政策提高了农业生产效率，增加了粮食产量，为革命取得胜利提供了有力保障。1940年，抗日战争进入白热化阶段，国民党反动派消极抗日，积极反共，调集军队包围陕甘宁边区，实行严密的军事包围和经济封锁。八路军处境十分困难。

当时，边区地广人稀，土地贫瘠，灾害不断，仅有140万群众，却要担负起几万干部、战士和学生的吃穿用，实在是一件难事。正如毛泽东说的："我们曾经几乎没有衣穿，没有油吃、没有纸、没有菜、战士没有鞋袜，工作人员在冬天没有被盖……"面对日益困难的经济形势，党中央号召发动大生产运动：毛主席在杨家岭的办公室外亲手开辟了一片荒地，种上辣椒、西红柿等蔬菜；而朱德总司令背起了箩筐到处拾粪积肥；周恩来更是成为纺线能手。大生产运动先是在陕甘宁边区，然后迅速在全国各地解放区热火朝天开展起来。其中成绩最为卓著者是八路军359旅驻扎的南泥湾。

南泥湾原本是一片水草丰美之地，由于清末发生内乱，此地变为人迹罕至的荒场。1941年春，八路军120师359旅，在王震的率领下，奉命开进南泥湾，"一把镢头一支枪，生产自给保卫党中央"。全旅官兵披荆斩棘，开荒种地，风餐露宿，战胜重重困难，共开荒20万亩，很快将野狼成群、荒无人烟的南泥湾变成了五谷丰登、牛羊成群的陕北好江南，正像歌中所唱："平川稻谷香，肥鸭遍池塘。到处是庄稼，遍地是牛羊。"359旅除了全旅将士吃、穿、用完全自给外，每年向政府交纳1万石公粮，创造了古今中外建军史上的奇迹。359旅也获得了"发展经济先锋"的光荣称号。

南泥湾成为延安精神的发源地，中国农垦事业的发祥地。南泥湾精神激励了全国根据地的军民，1943年，大生产运动取得了巨大成绩，边区许多部队粮食、经费全部达到自给，实现了"自己动手、丰衣足食"的目标。大生产运动中流行的互助合作组织，更是中国农村生产关系上的伟大创新，为新中国的农村改革提供了可贵的经验。

在可歌可泣的抗日战争中，那些赴汤蹈火、杀敌立功的官兵是永载史册的英雄，但后方那些自力更生、奋发图强的军民，也永载史册。前方的仗总会打完，后方的奋斗却不会有停息的时候。"自己动手、丰衣足食"是大生产运动的精神内核，其中包含的强大英雄主义力量，激励着一代又一代中华儿女战胜艰难险阻，去争取更大的胜利。

02、土改和合作化运动中英雄辈出

　　大生产运动为中国农村的土地改革，为解决半殖民地半封建旧中国土地问题提供了宝贵经验。随着解放战争的胜利，新解放区越来越多的农民要求进行土地改革。1947年9月，中国共产党在河北省平山县西柏坡村举行全国土地会议，通过了《中国土地法大纲》。一场比大生产运动更加轰轰烈烈的土地改革运动得以在中华大地上展开。新的土地制度大大改变了农民千百年来被侮辱、被损害、被压迫、被剥削的命运，真正当家做主了。这种土改运动，就像当时的文学作品《太阳照在桑干河上》《暴风骤雨》等中所描写的那样，无数英雄们为了土地流血、流汗，日夜奋斗，做出了不可磨灭的杰出贡献。

　　土地改革基本完成后，为了避免两极分化，把生产力从原始的个体经济中解放出来，中国共产党开始领导农民进行合作化。1951年9月，中共中央通过了《关于农业生产互助合作决议（草案）》，强调应根据生产发展的需要和可能，采取积极领导，稳步前进的方针和自愿互利的原则，通过典型示范、逐步推广的办法，引导个体农民组织起来，达到增加生产、增加收入的目的。很快全国互助组织和农业生产合作社蓬勃发展，全国40%的农户被组织起来。农业互助合作运动进入了以发展半社会主义性质的初级农业生产合作社为中心的阶段。到1956年年底，参加高级农业生产合作的农户达到农户总数的87.8%，农民个体私有制经济向集体所有制经济的转变基本完成。

　　解放后在农村建立起来的集体所有制，在特定历史条件下，能充分发挥人的积极性，使众多零散的个体，成为众志成城的群体。在土地改革和合作化运动中涌现出了许多英雄人物，在他们身上体现出的英雄主义，是战场英雄主义延续。他们以自己的实践活动，为后人留下了一座座精神丰碑。

03、人民公社时期的英雄

　　人民公社化运动虽然与"左"倾错误脱不了干系，但人民群众仍怀

着建设社会主义的热情投入到火热的实践中去。建设兵团的英雄们，在农村开垦荒地，兴修水利，培养良种，建立农业现代化体系。这一时期是中国人口增长最快的时期；这一时期也是英雄辈出的时期。这些英雄人物，既有土生土长的农民，又有上山下乡的知识青年。金训华是上海市吴淞第二中学1968届高中毕业生。1969年5月，金训华和一批上海知识青年前往黑龙江省农村插队落户，被分配到逊克县逊河公社双河大队。他与当地农民同吃同住，虚心向农民学习。8月15日下午，一场特大山洪暴发，集体财物被洪水冲走。为抢救国家财产，金训华奋不顾身，跳入湍急的洪水，由于水大浪高，不幸被激流卷走，献出了年轻的生命。为中国农村付出巨大牺牲的知识青年英雄，不仅仅是金训华一个，还有许多热血青年将自己所有的青春和最宝贵的年华奉献给了农村，把先进的文化与科学知识带到了农村，使中国农村进入一个发展迅速的时代。知识青年"上山下乡"是中国青年向荒蛮、向愚昧的一次伟大远征。由于形势的变化，比起其他时代英雄受到的冷落，这些英雄显得更加寂寞。如今中国新农村建设，仍然需要知识青年上山下乡，把高科技互联网带到农村去。这将是知识青年的又一次伟大远征。如果不能通过政策支持，给予过去知识青年英雄以应有的待遇，无疑这次远征将受到很大影响。愿社会不要辜负那些在农村献出青春乃至生命的知识青年英雄！

04、献身农村、改天换地的好干部焦裕禄

在一穷二白的基础上建立一个新的时代，包括基层在内的各个领域都需要英雄人物。焦裕禄就是这样的一位鞠躬尽瘁、死而后已的基层干部。焦裕禄，山东淄博博山县人。1922年出生在一个贫苦家庭。1932年，家乡遭遇灾荒，11岁的焦裕禄被迫辍学，整日推着独轮小车，以运煤卖煤度日。日据时期，焦裕禄曾多次被日寇抓去毒打、坐牢，后又被押送到抚顺煤矿当苦工，饱受人间之苦。

抗日战争胜利后，焦裕禄回到家乡，当了民兵。他很快担任了村里的民兵班长，带领民兵打土豪，除汉奸，配合部队消灭敌人。在斗争

中，他总是能出色地完成上级交给的任务。1946年元月，焦裕禄加入中国共产党。1953年，新中国大规模的经济建设开始了。焦裕禄投入了工业建设。虽然过去读书少，文化低，缺乏科学知识，但他认真学习，刻苦钻研。不久，他的业务水平突飞猛进，由外行变内行，成为工业战线上的红旗手。

1962年焦裕禄被调主持农村工作，先在尉氏，后来又到兰考县，当时兰考遭受了严重的内涝、风沙、盐碱三害。展现在焦裕禄面前的，是一幅严重的灾荒景象。面对眼前的困难，焦裕禄没有灰心，没有退缩。兰考有36万勤劳的人民，有90多万亩土地。就是有天大的艰难，也一定能杀出一条路来。他深入农村，深入每家每户，与农民同吃同住。他拜群众为师，向群众学习，了解灾情，寻找救灾办法。通过走访，他获得了大量第一手资料和应对灾害的办法。更重要的是，他把兰考老百姓的信心调动起来了。他们表示，一定要自力更生、奋发图强，与"三害"斗争到底！

1963年2月，兰考县委决定在全县范围内开展治沙、治水、治碱的斗争，成立除"三害"办公室。县委先后抽调了100多名干部、老农和技术员组成一支三结合的"三害"调查队，在全县展开了大规模研究工作，他们追洪水、查风口、探流沙，起早贪黑。当时，焦裕禄同志的肝病已相当严重，许多同志劝他少出去跑，在家里听汇报就可以了。焦裕禄说："吃别人嚼过的馍没味道。"他仍然坚持背着干粮、拿着雨伞，不顾重病缠身，忍受着严重疾病的折磨，在风里、雨里、沙窝里、激流里，坚持度过了120多个白天和黑夜，跑了120多个大队，跋涉5000余里。终于摸清了兰考"三害"的底细。他对此一一丈量、编号、绘图，基本上掌握了水、沙、碱发生、发展的规律，获得了一整套翔实的资料。之后，焦裕禄又和干部、群众一起，进行各种治沙试验。然后以点带面，全面铺开。经过一年苦干，除"三害"工作取得了明显的成效。

超过常人的付出，透支了焦裕禄的健康，他的肝癌越来越严重。1964年5月14日，焦裕禄被病魔夺去了生命，年仅42岁。焦裕禄留下了这样的遗言："把我运回兰考，埋在沙堆上。活着我没有治好沙丘，死了也要看着你们把沙丘治好。"焦裕禄被誉为"党的好干部""人民的好公仆。"他用自己的实际行动，铸就了共产党干部亲民爱民、艰苦奋斗、科学求实、迎难而上、无私奉献的焦裕禄精神。

14亿人民的吃饭问题，决定了中国社会对于农业的长期依赖性。中国需要更多热爱农村、献身农村的焦裕禄式好干部。广阔天地，大有作为，农村是一片是哺育英雄的沃土，农村也是需要英雄的热土！

05、杂交水稻之父袁隆平

"民以食为天。"中国是一个农业大国，也是一个人口大国，解决吃饭问题始终是中国历朝历代的难题。中华人民共和国成立后，全民疾病得到有效控制，死亡率下降，出生率上涨，新的吃饭问题再次凸显。20世纪50年代末60年代初，中国出现了三年自然灾害，不少老弱死于饥饿。这一悲剧成为中国人无法从记忆深处抹去的痛，这种痛，催促着一位科技英雄迈出坚实的探索步伐。他就是我国杂交水稻之父袁隆平。

袁隆平于1930年9月7日出生，经历过旧中国的苦难，对新中国抱有深厚的感情。袁隆平渴望为国家奉献自己的聪明才智。1953年，袁隆平从西南农学院农学系毕业，被分配到湖南安江农校任教。1960年，袁隆平从报纸上了解到，国外的杂交高粱、杂交玉米、无籽西瓜等技术已经相当进步，并已广泛应用于生产中，用于解决粮食问题。他兴奋不已，解决中国人的吃饭问题，不能靠放卫星，喊口号，而是要靠扎扎实实的科学。

袁隆平开始进行水稻的有性杂交试验。有一天，他在农场早稻田中，发现一株"鹤立鸡群"的特异稻株。他想，这会不会是一株天然杂交稻？"天然杂交稻"能不能成为解决饥饿问题的法宝？第二年春天，袁隆平把这株变异株的种子播到创业试验田里。结果证明，他的判断完全正确！这正是一株"天然杂交稻"。他决定进一步进行水稻雄性不育试验。

不久，袁隆平又从当地稻田的多个品种中，逐穗检查14000多个稻穗，找到5株天然杂交稻。经过连续两年春播与翻秋，袁隆平细心呵护，好像呵护一个世代单传的婴儿，终于收获了丰硕的成果：他的天然杂交稻具有繁殖能力！

袁隆平认真观察研究，他把观察所得，全部都记录下来，形成一整套科学数据。1966年，他发表了一篇论文《水稻的雄性不孕性》。这篇论文，引起国家科委的高度重视，国家科委对此研究非常支持，它如果成功，将使水稻大幅度增产，造福于人民。1967年6月，由袁隆平等骨干力量组成的黔阳地区农校（安江农校改名）水稻雄性不育科研小组正式成立。

研究的道路并非一帆风顺，既有天灾，也有人祸。有一次，袁隆平播下的七百多株不育材料秧苗，竟被无知者全部拔掉了！袁隆平悲痛欲绝，他抱着侥幸心理，发疯似的到处寻找，终于在事发后第四天，在学校的一口废井里找到残存的五根秧苗，于是他又开始坚持试验。

然而，在湖南的实验仍未取得突破性进展，袁隆平认为应该把杂交育种材料亲缘关系尽量拉大，用远缘的野生稻与栽培稻进行杂交。寻找远缘野生稻，应该拉开空间距离。于是他们把实验基地从湖南搬到了海南岛，在海南岛他们发现了"野败"，为籼型杂交稻三系配套打开了突破口。

1972年3月，国家科委把杂交稻列为国家重点科研项目，组织协作攻关。袁隆平将"野败"材料分发到中国十多个省、市的三十多个科研单位，用了上千个品种与"野败"进行了上万个测交和回交转育的试验。经历了无数失败，1974年，袁隆平终于育成了中国第一个强优势杂交组合"南优2号"。"南优2号"在安江农校试种，亩产达到628公斤！1975年，袁隆平又获大面积制种成功。此后，优质杂交水稻开始走出湖南，走向全国，在各水稻产区大面积推广。由于杂交水稻和其他杂交作物取得突破性进展，困扰国人的饥饿半饥饿问题得到了根本性解决，中国的粮食安全提升到了一个崭新的层次。

半个世纪来，袁隆平始终在农业科研第一线辛勤耕耘、不懈探索，他淡泊名利，甘于奉献，百折不挠，披肝沥胆，为解决中国人的吃饭问题做出了重大贡献，为人类战胜饥饿带来了绿色的希望和金色的收获。袁隆平不断得到国内荣誉和国际荣誉。他被誉为"当代神农"。袁隆平不仅是中国的骄傲，也是世界的财富。人类农业史，将为袁隆平留下浓重的一笔。

06、改革开放后的农业英雄

毫无疑问，轰轰烈烈的社会主义农村建设，是一场翻天覆地的伟大创举。就像任何伟大创举都无法十全十美一样，共和国前30年的探索也有其不完美的地方。到了新的历史时期，需要对其进行改革，才能更好地调动人民群众的积极性，解放生产力。

1976年，中国政治形势发生了巨大变化，一个新的历史时期开始了。中国开始实施一套稳健务实、强调发展经济的政治路线。农村自发出现的"包产到户"开始在全国推行，农村经济制度又一次发生了重大变革。改革开放给中国经济带来极大的变化，表现在农业领域，一个显著特征是农民积极性提高，农民自由度增加，农民收入提高，农村粮食总产量和单位面积产量与以往相比显著提高，农村经济结构也明显改善。

在这一时期，中国城市发生了翻天覆地的变化，农村由于大量精壮劳动力出来建设城市，留守老人、留守儿童的现象，具有一定的普遍性。农村、农业、农民的"三农"问题比较突出。城乡差别，在一定程度上有所加剧。在改革开放以后的几十年里，几亿农民进城，又一次为国家做出贡献和牺牲。毫无疑问，他们是值得歌颂的无名英雄，我们应该纪念中国农民的付出，感恩中国农民所做出的牺牲。

城市化是人类进步的必然趋势，是中国迈向未来时代的必经之路。未来的中国，城市化势将加速。然而也应看到，每一次产业革命的深入，都会带来传统产业的变革；变革成功则会带来升级，变革不成功则会引起没落。未来的中国农业，虽然前途光明，但是具体困难不少，中国农村将面临土地危机、种子危机、劳动力危机几大挑战，面对这样的挑战，谁能告别繁华，投身于农业领域，成为未来的农业英雄？时代在大声疾呼，人民在拭目以待！

第十章

英雄主义的精神世界

英雄主义，不是孤立存在的，它有一整套价值观。在当今和未来，英雄价值观将继续成为引领我们奋发图强、奋勇向前的精神力量。

英雄主义，不是孤立存在的，它有一整套价值观。人的思想来源于生活实践，人的价值观体现了人在实践中所发生的社会关系的总和。人的价值观一旦形成，便又反转而指导人的实践。所以，在生活中，人的活动往往表现为是价值观的产物。有什么样的价值观，就有什么样的行为；有什么样的行为，就有什么样的结果。作为甚嚣尘上的庸俗价值观的反义词，英雄主义以一整套完备、进步、积极、长远的价值体系，长期哺育着中华民族的精神世界，成为民众的人生指南。在当今和未来，英雄价值观将继续成为引领我们奋发图强、奋勇向前的精神力量。

01、英雄主义的国家观

每一个人都是一个国家的成员，都要与国家发生各种各样的关系。国家，是拥有共同血统、文化、历史、政府、领土等社会群体的总和，是这个群体共同的精神家园。国家并非横空出世，国家与历史是密切相关的，一个国家的历史越悠久，积淀的共同内涵越丰富，国民的共同情感也越深刻，凝聚力也越强。他们会情不自禁怀着崇敬的心理，把自己的国家敬称为"祖国"，以显示其优越感，强化其凝聚力。对于祖国的这种优越感，与生俱来，比后天的教育更加系统、更加理性，也更加持久，对自己祖国无条件的肯定、支持与维护，这就是伟大的爱国主义。爱国主义是每一个人的精神归宿和行为动力，没有理由受到任何质疑和挑战。

国家是国家内每一个个体存在的先决条件，没有国家就没有个人，没有国家的存在就没有个人的存在，没有国家的强大就没有个人的发展。国家是用来奉献的，而不是用来索取的。为了国家，每一个国民都应该多讲奉献，少讲索取；多讲义务，少讲权利。如果每个人都将个人利益作为出发点，而不是以国家整体利益为出发点，那表明这个国家已经不再健康，这个民族已经疾病缠身，这个国家将看不到未来。在国家面前，个人的成败得失和荣辱，都是渺小的，是微不足道的。国家富有，个人也就自然而然富有；国家强大，个人也就自然而然强大；国家成功，个人也就自然而然成功。任何人都没理由将自己的富有、强大和成功置于国家之上，即使能够先于国家而侥幸成功，这种成功也都离不开国家提供的一切便利条件，况且这种成功也只是暂时的、无法持续的。因为国家才是每一个人的后盾，是每一个人的支点，也是每一个人不竭的源泉。

在我国，在英雄价值观的影响下，国家的每一份子，都应该责无旁贷地爱自己的国家，建设自己的国家，保卫自己的国家。应该多为国家着想，多为国家奉献。在和平时期，甘当绿叶，努力工作。当国家遇到危难的时候，则当仁不让，挺身而出，即使牺牲自己的生命也在所不惜。千百年来，中华民族涌现出无数爱国主义楷模，这些仁人志士激励着后代，在生死存亡的关键时刻，杀身成仁，奉献自己的生命。爱国主义，使每一个个体更加悲壮，也更加光荣。

只是在实行商品经济以后，由于战略不够长远，战术不够细致，多年来形成的爱国主义受到了不小冲击。西方敌对势力，意图对外干涉渗透，宣扬双重标准的国家观，一方面想方设法增强他们本国的凝聚力；另一方面又输出个人主义的价值观，把国民变成索取者，企图瓦解我们的民族向心力，妄图以片面的"人权"，摧毁我们的主权，以自己的个人主义，颠覆我们的爱国主义。这需要我们引起足够的重视。

02、英雄主义的荣辱观

人有荣誉感和耻辱感。一个人，一个集体，一个民族，莫有不注重自身的荣誉。荣誉关系到内在的尊严，而不仅仅是外在的面子。正因为此，人有人格，国有国格。当取得胜利，得到尊重的时候，人都会扬眉吐气；当遭遇失败，被人侮辱的时候，人又会垂头丧气。在国际社会上，这一点体现得更加强烈。半封建半殖民地的旧中国，国际地位长期低下。一些地方竟挂起"华人与狗不得入内"的牌子，公开侮辱国人。"东亚病夫"更是成为中国人的耻辱标记。想到此，至今仍让人感到羞辱。第一次世界大战后，中国本来是战胜国，然而因多年来的积贫积弱，加上北洋政府的软弱无力，西方列强并不把中国当成战胜国来对待，给予作为战胜国应享有的尊重。随后爆发的"五四运动"体现了中华民族最基本的荣辱观，国家、集体和个人的荣誉是一个整体。"皮之不存，毛将焉附"，离开国家和集体的荣誉，也就没有个人的荣誉。

时间过去了将近一个世纪，然而有些对中国和中国共产党抱有敌意的文化界人士，得到了一些国际上的奖项，然而将个人荣誉置于国家和集体的荣誉之上，使自己游离于中国之外，甚至以中国的敌人面目在国际上招摇。即便他得到一些荣誉，但这种追求与国家和集体荣誉相隔绝相对立的个人荣誉的行为，难道距离"可耻"二字还远吗？

在英雄主义的价值体系里，荣与辱，并不是一成不变的，在一些特殊情况下，它又是相对的。为了国家民族的利益荣誉，个人可以牺牲自己的荣誉。可以默默无闻，甚至可以含垢忍辱。每一个正常人都知道，贫穷是耻辱的，然而当一个人为了一个崇高的目的忍受贫穷，则又是光荣的，孔子说"君子固穷"；被人五花大绑、游街示众是耻辱的，然而千千万万的先烈，为了正义的目的，被反动派示众，甚至死后头颅还悬挂在城门口，承受羞辱，这却是光荣的。这是英雄的耻辱，耻辱有多大，光荣就有多大。

还有一种耻辱，《赵氏孤儿》里面讲了一个故事，春秋时期，晋国被奸臣屠岸贾所把持。屠岸贾的倒行逆施受到了忠臣赵盾的反对。屠岸贾要对赵家人斩草除根，只有一个孤儿还未找到下落。孤儿被委托给一位民间医生程婴偷偷带出宫外。屠岸贾得知赵氏孤儿逃出，下令把全国一个月以上、半岁以下的婴儿全部杀光。为了拯救赵氏孤儿，程婴献出自己的独子，赵氏孤儿得救了，程婴的儿子却被屠岸贾杀死。不仅如此，程婴还承受了全国人民的误会和唾骂，直到20年后，才真相大白。

无独有偶，在文学名著《三国演义》中，董卓专权，祸国殃民。美女貂蝉却自告奋勇，在董卓和吕布之间实施美人计和反间计，借吕布之手除掉董卓。中国是一个注重女性贞操的国家，如果在现实中女性这么做，必然成为丑闻，甚至带来杀身之祸。然而为了国家，貂蝉却成为人们心目中的巾帼英雄，博得了人们的喜爱与尊敬。

可悲的是，如今我们的主流价值观受到了市场经济的巨大冲击，一些人的荣辱观念发生了扭曲，一些人对荣辱变得不敏感，玩世不恭，成为可以将道德随意把玩的道德相对论者；更多人把个人的荣辱只建立在拥有财富的多寡上；更有甚者，不少人以丑为美，以耻为荣。袒胸露背者有之，满口脏话者有之，甚至有人崇洋媚外，不讲国格，口口声声要充当帝国主义武装干涉中国的"带路党"，真是无耻之尤。

无耻有无耻的市场。这种倾向很容易瓦解我们的主流价值观，把国民变成虚无主义者，而虚无主义者心目中，没有祖国，没有集体，没有历史，也没有未来！这种局面必须要得到根本性扭转，英雄主义的荣辱观必须继续得到弘扬；否则，中国会有失去未来的危险。

03、英雄主义的死亡观

人都有生老病死。实事求是地讲，畏死之心，人皆有之，连英雄人物也不能例外。然而对于死，不同的人却有不同的态度。有人视死如归，有人畏之如虎。孔子就回避谈论死，他说"未知生，焉知死"?可见对于死的恐惧心理，是具有普遍性的，连圣人都不能例外。好在并不是每一个人都同意孔子的死亡观，还有很多人，像刮骨疗毒的关羽那样，谈笑自如，把死亡当成一个与其他问题并无二致的话题。在他们看来，死亡固然可怕，然而死之可怕并不是一成不变的，懦夫和庸人的死，不值一提；而英雄的死，却是一种精神的升华。汉代伟大的文学家、史学家司马迁就曾在《报任少卿书》说过："人固有一死，或重于泰山，或轻于鸿毛。"宋代民族英雄文天祥也写下了"人生自古谁无死，留取丹心照汗青"这样气壮山河的诗句。

在五千年的中国历史上，许多人更加认同司马迁的死亡观。古人发明了许多与死有关的成语"舍生取义""虽死犹生""马革裹尸""视死如归""杀身成仁""慷慨赴死""百死不辞""死而后已""前仆后继"……有一种美化死亡甚至圣化死亡的倾向。

美化死亡、圣化死亡最典型的一个词是把死亡称为"牺牲"。"牺牲"本来指的是祭品、祭物。上古时期，人们信奉神，需要给神献祭，用牛或羊，献给神，希望神保佑风调雨顺、人寿年丰、四境平安。把为正义事业献出生命称为牺牲，这是对死亡的一种极高评价。英雄为了国家牺牲自己，等于把自己当成了献祭的牛羊，实际上是把国家和民族当成了神，给予了神一样的尊荣。

借着这些成语和典故，英雄主义的死亡观代代相传，永不止息。在国家利益和民族命运面前，本来可怕的死亡，变得庄严无比，获得了诗意的美丽，获得了神性的光辉。英雄主义的死亡观，成为一种最有生命力的死亡观，绵绵不绝，传扬下去，激励着后人，也提醒着后人，生命是多么珍贵，我们拥有现在的生命，恰恰是因为历代英雄为我们牺牲。

04、英雄主义的失败观

有人说，中国文化是一种功利主义的文化，功利主义是注重成功的，把成功看得高于一切，"成王败寇""成功即道德"。如果面对的是一次关系到国家和集体的挑战，成功就更加需要志在必得，只许成功，不许失败。万一发生了失败，必须认真总结，不要为自己的失败寻找任何借口，也不要被失败所吓倒。失败是成功之母，多从失败中寻找差距，总结教训，失败也会成为一种营养，成为成功的条件，下一次就容易胜利了。这样就可以大大提高成功概率。这是一种功利主义的失败观。这种失败观拥有巨大的市场。

然而这种失败观却无法解释历史上一些黑暗时期，在那个时期，中华民族被外族侵略者屠杀、奴役，几乎面临灭种的危险。在那样的时期，我们的先辈究竟是如何咬紧牙关，坚持下来的？一定是有异于常人的失败观在引领着他们，指导着他们，激励着他们。一个人，一件事的成功，需要天时、地利、人和多方面的因素。孔子一生奔波，然而当时并没有成功，从世俗意义上看，他甚至到死都是一个失败者。他的徒弟，甚至是最不起眼的徒弟，仕途都比他顺利。那么他是如何坚持下来的呢？他是靠着一种强大的失败观。知其不可而为之。这是一种决绝，一种担当，一种完全反功利主义的失败观。在这种失败观下面，失败就是胜利，死亡就是永生。在茫茫的历史长河里，孔子并不是唯一，而是古圣先贤们的一个杰出代表。人生不如意事十之八九，泪水多于欢笑，失败多于成功，失败是一种常态，特别是英雄的常态。遇到这种情况，不能知难而退，不能消极悲观，而是积极进取。从功利主义的角度看，"知其不可为而为之"，这甚至是一种自杀式的行动，是会被"智叟"们嗤笑的，夸父逐日，愚公移山，精卫填海……表面上看，这确实都是毫无意义的努力，然而历史却不以"智叟"们的功利主义为转移。英雄主义的失败不仅有一种仪式感，还具有一种宗教性的意味。最终，恰恰是这种失败，成为通向胜利的唯一捷径。

05、英雄主义的家庭观

"修身、齐家、治国、平天下"，这是古人理想序列。"穷则独善其身，达则兼济天下"，一个人，一个英雄，在不同的境遇下，是会有不同抉择的。"男大当婚，女大当嫁"，纯粹的"独善其身"只能是一个阶段的状态，过了这个阶段，就需要进入"齐家"状态，需要面对家庭，肩负起家庭的责任了。

家庭是什么？家庭表面上看是传宗接代的一个社会形式。但更深地说，家庭是最小的社会单元，家庭是一个微缩的社会，家庭也是一个微缩的国家。"老婆孩子热炕头"，是家庭的最低理想，而不是最高理想。因为"独乐乐不如众乐乐"，一个人、一个家庭的富足与享受，不能也不应该独立于一个社会、一个民族、一个国家。乐不思蜀，那是阿斗，而不是英雄。作为国家和民族的缩影，家庭的价值观不可能孤立于国家和民族，而是应该浓缩于国家和民族的价值观。当国家和民族平均价值观表现不佳的时候，英雄的价值观还要高于国家和民族，只有这样才能成为环境的引领者和改变者。没有一个家庭的觉醒，也很难有一批家庭的觉醒，出淤泥而不染，深明大义，以国家为重，以民族为重，正确的价值观普及家庭的每一个成员，又普及更多的家庭。

英雄主义以一种集体的形式，矩阵的形式，代代相传，家家相传。

越来越多的家庭认同这样的观念：没有大海就没有水滴，没有大家就没有小家。在特定条件下，个人的小家需要为了伟大的事业而做出牺牲，大禹治水，三过家门而不入；霍去病为了保家卫国，掷地有声发出"匈奴未灭，何以家为"的声音。这都摆正了家庭和国家的关系。如果每个人都只能看到自己的小家，完全不考虑国家和民族，那么和无头苍蝇有什么区别？正是由于国家大于小家的英雄主义，每当遇到国难，总是有慷慨悲歌之士毁家纾难，赴汤蹈火。他们这样的牺牲不是没有意义的，恰恰是他们的以家庭为单位的牺牲，保卫和守护了无数的家庭。

06、英雄主义的教育观

儒家学说有一句流传甚广也被诟病的名言："不孝有三，无后为大。"也就是说，每一个人对自己家族血统的延续是有义务的，应该有所行动，有所贡献，如果无所作为，那就在客观上减少了家族生育力，减少了家族竞争力，在整个家族面临灭顶之灾时，甚至是一种家族自杀，是一种不孝，也是一种犯罪。这种观点用现在的眼光看来，多少有些极端，然而如果能够设身处地，把目光放到战火蔓延、天灾不断、生产力低下、医疗条件落后、平均寿命三四十岁的古代，就不难对祖先的心情有一种体会和赞许。再往深推，如果把这里的家族放大为国家、民族，则会更加理解孔子观点的深刻和精髓。这是一种对全民族的忧患意识！

每一个中国人，都应该为中华民族的传承和发扬光大而努力。而文化的传承，更重于血缘的传承。传承文化，则要优先传承英雄主义的正能量文化。这就是教育。孩子是祖国的未来，不能不负责任，听之任之，而应该选择最佳时机，在他心中种下最美好的种子，这样才能在最佳时间生根发芽，开花结果。心理学家早就发现，人的早年经历可以影响人的一生。英雄主义的教育，是孩子一生中最不可或缺的经历。因为英雄主义是一种人格教育，而不是技能教育。技能教育只是一种外在的教育，人格教育才是内在的教育，是一种刻骨铭心的教育，也是一种触及灵魂的教育。

除了需要教育青少年，还应该教育成年人，教育是应该持续一生的。教育只有进行时，而没有完成时。任何人都应该是教育的对象。古人有"有教无类"的教育思想，就是说教育不是任何人的特权，任何人都不应该被教育所边缘化，成年人也不能因为是成年人而放弃教育。当事人自己有义务，国家也有义务对他实施教育，尤其是英雄主义教育，所谓活到老学到老。中华民族之所以能够拥有今天，得益于这样的英雄主义教育观。我们应该继承这一宝贵的教育传统，使英雄主义在我们的子孙后代身上延续下去，传扬下去，并有所发扬光大。

英雄来自常人，英雄又超越常人。英雄主义也是如此。用功利主义、机会主义的眼光看，英雄主义是与常人背道而驰的，是常人的反义词。然而如果没有英雄，常人的正常生活是根本没有任何保障的。英雄主义是常人的升华。英雄主义是超越时代、超越民族的普世价值观，是全人类的宝贵财富。面对竞争激烈的信息时代，中华民族要想实现伟大复兴，必须旗帜鲜明地高举英雄主义大旗，用英雄主义重新构建国民的精神世界，让中国人不仅成为新时代的参与者，更成为新时代的引领者。

第十一章
尚武精神与英雄文化

战争与和平，是人类永恒的历史主题。尚武精神，作为英雄文化的一个核心构成部分，它是一种古老而富有生命力的价值观。正是他们的尚武精神，给我们留下了煌煌中华之版图。

战争与和平，是人类永恒的历史主题。人们渴望和平，渴望风调雨顺、人寿年丰、四境平安、天下大同。然而现实从来不以人们的善良愿望为转移。历史一次又一次证明，实现和维持和平并不能仅依靠和平本身，而是需要军事实力和战斗意志。抛开军事实力和战斗意志来侈谈和平，无异于一厢情愿、纸上谈兵，贻害无穷。只有基于军事实力和战斗意志的和平，和平才能得以延续和维持。而要强化军事实力和战斗意志，必须要发扬尚武精神。

尚武精神，作为英雄文化的一个核心构成部分，它是一种古老而富有生命力的价值观，它使民族由弱小而变强盛、由小邦而成大国的动力。这一点已经为古往今来许多民族的崛起所证明。

值得骄傲的是，自古以来中华民族就是一个不乏尚武精神的民族。正是尚武精神，使中华民族从一盘散沙到聚成一座山丘，从各自为政到众志成城。无论统一中原的黄帝，还是平定六国的秦始皇，征服西域的汉武帝，万国来朝的唐太宗，文武双全的康熙帝，都是尚武精神的杰出代表。正是他们的尚武精神，给我们留下了煌煌中华之版图，巍巍统一之传统。

进入近代，由于西方国家的崛起和侵略，中华大地几乎蒙受灭顶之灾。然而中华儿女的尚武精神并未熄灭，如同休眠火山一样，蓄积着爆发的能量。中国共产党诞生了，中国人民在中国共产党的领导下，浴血奋战，战胜了外部和内部的强敌，异军突起，终于建立了中华人民共和国。在毛泽东时代，中国军队在劣势装备条件下，在与外部敌人的军事较量中，创造了世界战争史的奇迹。使中华民族尚武精神达到一个新的高峰。

尚武精神除了具有英雄文化的一般性特征以外，还具有以下特点：

01、对强身健体要高度重视

生命的本质首先是生命存在本身。这个道理适合于任何生命，从动物到人类，都首先应拥有一个发达的肢体，才能在弱肉强食的世界上，躲过形形色色对手的攻击，打败林林总总的强敌，取得自己的生存空间。作为人的个体，有不少强身健体的途径，武术是中华民族源远流长的强壮体魄的重要手段和哲学思维。中国古代的六艺，包括礼、乐、射、御、书、数。其中射箭、骑马两项，占据了三分之一。

在历史发展过程中，中国发展了系统性的武术文化。武术不同于西方的竞技体育，而是将锻炼人的身体与锤炼人的心智相结合，融天人合一、知行合一于一身，强调内外兼修，阴阳变化、动静相辅、刚柔相济，主张国家民族至上，讲求社会责任、家国情怀。因此，在武术文化中，军人和平民没有明显差异。御侮则兵，平时则民，似有全民皆兵的雏形。故武术文化有利于国家强基固本。

战国时期的赵武灵王痛感国民软弱，国力衰微，他励精图治，倡导"胡服骑射"。所谓"胡服"，就是放弃宽袍大袖，改学游牧民族穿短窄袖方便活动的服装；骑射则是放弃中原地区徒步射箭的传统，学游牧部族改为骑马射箭。他不仅主张军队将士易服，还提倡全国上下臣民改变穿衣习惯。这一改革，使军队具有更大的灵活性和机动性，顺应了战争方式的发展趋势，提高了国民素质，增强了军队战斗力，为国家的稳固和发展奠定了基础。

随着生产力和生产方式的发展，人类社会又产生了另一种倾向，看重脑力劳动而忽略体力劳动，偏重感官享受而忽略锻炼体魄。玩物丧志，娱乐至死，能偷懒则偷懒，能享受则享受。过度偷懒与沉溺享受，必然导致人原始生命力的弱化，成为苍白羸弱的小白脸是必然结局。东晋南朝读书人常发哀怨伤感之词，手无缚鸡之力，当国家蒙难之时，百无一用，只能着锦衣抱金玉匍匐在床前等死。鉴于此，有的学者说，南朝所有诗歌加起来也比不上北朝的一首《木兰辞》。婉约胜过了豪放，风花雪月胜过了大漠孤烟，由于尚武精神缺失，许多因尚武而崛起的王朝，又因尚武精神的沦丧而不可避免地走向末路。罗马帝国当初何其强盛，一旦尚武精神磨灭，便立马分崩离析。成吉思汗走出草原时豪情万丈，蒙古帝国横跨欧亚，仅过了一百多年，孱弱的蒙古贵族不得不退回大漠深处。

大一统的超稳定结构，容易导致人们过于追求文明，过于崇尚文化。春秋战国时期，由于外交事业的发展，文官在诸侯国间纵横捭阖，成为次于军事手段谋取国家利益的第二种力量，纵横家周游列国，凭借三寸不烂之舌就可以封侯拜相。当国家实现统一，取得政权后，发展生产和维持社会秩序必然取代军事成为国家治理的要务，文官自然成为官场的主角。尚文与尚武的较量中，尚文占据了上风。到了隋朝，由于实行了科举制度，文官力量进一步扩大。到了唐朝，甚至写一首诗就可以考中进士。而到了宋朝，一名知识分子不仅可以自己和家庭改变命运，还可以利用裙带关系，把亲朋好友带进官场。进入现代，学而优则仕的思想达到了登峰造极的地步。与此同步，国民的身体素质却在下降。信息时代有两个特点：迷信商业和科学，认为许多事情不需要人自己掌握，花钱就可以办到，用机器就可以办到。这种趋向无疑加剧了人的体能退化。如果你走进中学，你会发现，不少学校没有操场，体育课名存实亡，一切都在为升学率服务。就男生的体质论，中国不仅无法与欧美国家比，甚至也无法与近邻日本和韩国相比。现在的家长会花力气送孩子学钢琴、学小提琴，学音乐、学舞蹈，但很少有送孩子去学武术、参加球类活动。这种现象真令人无奈。

或许会有人不同意以上看法，中国不是体育大国吗？奥运会上不是金牌强国吗？的确，这些年来我们在奥运会和其他一些世界性比赛中，取得了骄人的成绩，似乎已经成为一个体育大国、体育强国了。然而这并不完全是事实，衡量一个国家是不是体育大国、体育强国，并不仅仅在于取得多少奖杯，还要看国民整体的身体素质、拼搏意志和尚武精神。如果没有这些实质性内容，你的体育就只是一个花架子，一个形象工程、政绩工程，丝毫不能掩盖人均拥有体育场馆数量减少及国民体质普遍下降的事实。

02、对军人要高度重视

在历史上，中国有着崇尚军人的传统。秦代商鞅变法，有一项重要内容就是奖励军功。此后历朝历代，都把奖励军功作为国策。也应注意到，中国还有另外一个传统，即崇拜文化，有时将文化拔高到一个不适当的地步。

在崇尚"万般皆下品，唯有读书高"的封建士大夫眼里，对军人有一种从骨子里产生的歧视。廉颇与蔺相如的争议，不仅是性格冲突，而且是观念冲突，社会分工的冲突，具有一定代表性。依历史记载，将相冲突从表面上看，一般是武将瞧不起文官。事实果真如此吗？似乎值得怀疑。历史是文人书写的，文人有更大的话语权。回顾比廉颇、蔺相如相争的更早些的历史，孔夫子就很有些看不上子路。子路虽然聪明好学，忠心耿耿，在孔子周游列国时，一直勤勤恳恳担任保镖的使命，使孔子一行减少了许多麻烦，增加了很多便利，可谓鞠躬尽瘁，劳苦功高，甚至最后杀身成仁。然而热爱长剑的子路在孔子眼里，总是有些差强人意。孔子不仅当面训斥，还发贬斥之词。孔子对子路的总体评价是：能够升堂，但不能入室。孔子对子路的态度，绝非个案。这种重文轻武的观念事实上已成为中国历史的主流意识，也成为中国文化中具有负面性的一部分。

好在政治家里有一些雄才大略者，并不完全实施孔子那一套，他们充分认识到，一个民族，只有给军队以最充分的重视，最大程度的尊敬，它才能有希望、有发展、有后劲，才能国泰民安。秦始皇、汉高祖、汉武帝、唐太宗就是他们中杰出的代表。汉高祖刘邦的《大风歌》最能代表他们的心声："大风起兮云飞扬，威加海内兮归故乡，安得猛士兮守四方！"刘邦对军队的认识是有高瞻远瞩的。这是一个国家统治者对军人应该有的态度。国家重视军队、百姓尊敬军人，实施这样的军人政策，所有人都认识到军人是整个国家最光荣的职业，每个人都会向往这个职业，希望为这个职业的使命和荣誉而付出一切，甚至牺牲自己的生命。正是由于有了这样的政策，才有马援"马革裹尸"的雄心壮志，才有班超"投笔从戎"的千古美谈。

唐朝的开国皇帝唐太宗在建国后，念念不忘军人为他建立的伟大功勋，甚至专门建立了凌烟阁，把为自己打江山立下汗马功劳的24位功臣的像画在里面，以示永远的纪念。可惜的是，古代统治者拥有这种远见卓识的还不够多。一些平庸的皇帝对军人的看法，更接近孔子对子路的认识。而一个轻视军人，甚至敌视军人的时代，其隐患是可想而知的。

宋朝就是一个最突出的典型。宋朝的开国皇帝赵匡胤本来就是一名武将，通过陈桥兵变，黄袍加身，建立北宋，成为宋太祖，他深深懂得一名将领一旦有异心将会对国家产生什么样的威胁。结合唐朝灭亡的教训，他对军人产生了巨大的恐惧，便采取了"杯酒释兵权"的下策。从此宋朝的武将处于处处被牵制的地位。这一政策在整个宋朝都未曾改变过。在皇帝们看来，攘外必先安内，防民甚于防夷。这一政策虽然可以消除来自武将的威胁，却也让军队失去了主观能动性。宋朝后来的亡国悲剧，实际上在建国之初就已经埋下了种子。北宋、南宋两朝，中国版图小于唐朝，还不得不与辽、西夏、金等强有力的少数民族政权分庭抗礼。宋朝不仅不能很好地使用和培养军人，甚至幸运地遇上岳飞这样千古难逢的军事家，也不知道珍惜，反而加以杀害。由于缺乏像样的将军，宋朝常常是文官统兵打仗，甚至于让太监带兵。虽然也出现过虞允文这样雄才大略的书生将领，然而毕竟凤毛麟角。同虞允文相比，同是文人出身的文天祥就没有那样的幸运，他虽然大义凛然，留下了《正气歌》这样的千古绝唱，然而最终仍然屡战屡败，被俘就义。如果南宋的抗元斗争，不是由文人领导，而是由岳飞这样的军事家领导，后来的崖山悲剧恐怕会重新改写。

类似的悲剧，在明朝再次重演。明朝在许多方面继承、发展了两宋皇帝贬损尚武之风痼疾。将军们毫无主动性和积极性可言，常常受到监军的制约。在这样的国防政策之下，军人们根本无法安心报国。所以无论面对农民军，还是后金兵，明朝的军人都处于被动挨打的局面。

彻底将明朝血脉斩草除根的后金，本来是剽悍的游牧民族，具有尚武精神，然而入主中原之后，它的剽悍也逐步消失。清初，统治阶层仍非常重视军人，其强悍的八旗制度得到了加强。康熙、乾隆等皇帝也都能以身作则，希望子孙后代时刻不忘祖宗根本。后来由于天下太平，便陷入了对汉族文化的简单迷恋和片面膜拜，渐渐松懈了军队建设。八旗这个曾让他们引以为豪的称呼威风不再，后来甚至成为游手好闲、花花公子的代名词。军队没落，大权必定旁落文官集团之手。清朝重蹈宋、明两朝覆辙。尚武精神渐渐消失，在西方殖民者侵略之后，形势急转直下。这固然与工业化、殖民化的世界潮流有关，与其内部统治的腐败有关，然而国家任由军队成为花瓶，却是一个不争的事实。所以在后来对西方侵略者的军事行动中一旦遭遇失败，便掉入失败主义宿命论的泥潭。马克思在《波斯和中国》一文中，描述了与中国类似的波斯和土耳其战场情况：心惊胆战的1万名波斯正规军竟被600名英、印联军打败；在俄土战场，土耳其正规军只要一上战场，便必败无疑，而一个由阿尔纳乌特人组成的非正规军却成功抵抗俄军围困达数星期之久。这说明以尚武精神武装起来的民众能焕发出巨大能量，而失去尚武精神的正规军却毫无战斗力，不得不接受敌人的嘲笑。

当时面对气势汹汹的英国侵略军，林则徐虽有雄才大略，但他终是一个文人。更要命的是，国内当时根本没有什么称为名将的指挥官。即便中国沿海再有几十个林则徐，也未必可以击退训练有素的英军。林则徐之后，中国又发动了由文人主导自救的洋务运动。曾国藩、左宗棠、张之洞都是文人，虽然军事上可圈可点，政治上高瞻远瞩，但在军事上也无大作为。后来康有为、梁启超参与了戊戌变法，但只维持了短短103天便一败涂地，更别指望能与西方列强抗衡。

毛泽东说："没有一个人民的军队，便没有人民的一切。"诚哉斯言！信哉斯言！军阀混战、日寇入侵的民国时期，军队都是旧的军队，很难为国家效力，只有中华人民共和国建立之后，我们才把军人的地位真正提了上来。在那个年代，年轻人的最大梦想是成为一名军人，曾经有"七亿人民七亿兵，万里江山万里营"的说法。然而随着商品经济大潮冲击，由于出现若干政策性偏差，对军人重视程度有所降低。一时间，军人甚至有成为贬义词的倾向。军人不仅在现实中地位不高，在文艺作品中的形象也每况愈下。电视上不是军人缺席，就是以滑稽可笑的面目出现。似乎打造"傻大兵"的社会形象成为有些媒体的宗旨。如果一个国家的钢铁长城都被视为包袱、笑柄和落伍者，那这个民族还能有什么希望？

03、对国防工业要高度重视

在残酷的大自然中，有一条铁的规律，那就是弱肉强食。尖锐的爪子，锋利的牙齿，善跑的腿脚，高飞的翅膀，都能为一个物种赢得巨大的生存空间和生存机会，因为这都是它们的武器。适用于动物界的规律，有些在民族与民族、国家与国家的竞争中也得到了印证。由于人类世界比动物世界要高级得多，所以人类的武器也远远超出了爪子、牙齿这些层面，人类发明了各种各样的武器。

起初是利用木棍石块这样现成的自然物，但它存在各种缺陷，无法满足人类复杂而尖锐的斗争需求，只有进一步开发大自然，改造大自然才能奏效。给人类武器带来第一次巨大飞跃的是冶炼金属。金属出现了，青铜时代战胜了石器时代，黑铁时代战胜了青铜时代。后来西方殖民者在全球横行霸道，原因是他们占据了武器优势。宋朝之前中国人已经发明了火药，按说火药应该在宋朝时就被广泛应用于国防方面。可悲的是，火药并没有引起宋朝统治者的重视。火药的最初使用并非在军事上，而是用在杂技、马戏等表演中，成为一种娱乐，成为一种玩具。火药可以用于表演爆炸、喷火、幻术，制造神秘气氛，达到光怪陆离的娱乐效果。不难看出，宋朝是一个娱乐至死的朝代。宋朝大厦最终被蒙古骑兵毁灭。来自草原游牧民族的蒙古骑兵，并不是完全靠金戈铁马，使用火药也是他们的军事手段，特别是从阿拉伯人那里引进的攻城利器"回回炮"。"回回炮"在西方古代的投石机基础上改进，使用火药，声若雷霆，威力无比，再厚的城墙，都能被它摧枯拉朽。南宋固若金汤的襄阳城，就是被"回回炮"攻下的。

翻阅军事史，中国曾长期在武器方面拥有优势。自从宋朝废武崇文之后，当年雄风不再，中国的武器优势不再，不仅渐渐逊色于阿拉伯，也逊色于欧洲。谈起人类近代史，许多人津津乐道于"德赛（民主与科学）二先生"，岂不知道，没有尚武精神的"德赛二先生"，只是无头苍蝇。谈及宋朝，制度不可谓不文明，科学不可谓不发达，然而它们只有四肢，却没有灵魂。"德赛二先生"，只有与尚武精神相结合，才能爆发出巨大的精神能量。而西方世界，将中国的四大发明、金融工具、科学技术和科学制度改革创新后，便突飞猛进，成为人类的主导力量。英国的发家史如此，法国的发家史如此，日本的发家史也是如此，在新中国建立之前，西方国家还试图凭借其武器优势，阻挠中国的统一大业，英国还在江面上用紫石英号威胁中国人民解放军江防。美国通过两次世界大战，特别是第二次世界大战，一举成为世界领导性的大国，与它军火工业发达更是息息相关。军火工业不仅为美国壮胆，还成为美国销往全球的支柱产业。正是由于发达的军火工业，才使美国抢在德国和苏联之前，造出了原子弹，并迅速在日本投入使用，成为世界头号核大国。

中华人民共和国成立后，美国长期对中国进行核讹诈。中国人民没有被原子弹所吓住，在朝鲜战场上狠狠地教训了美帝国主义，并紧锣密鼓，研制出了自己的"两弹一星"。"两弹一星"不仅成为中国国家安全的有力保障，也成为中国改革开放的本钱。中国之所以能够取得改革开放的巨大成就，离不开"两弹一星"的保驾护航。世界上几乎所有的国家都在改革，都在开放，可是哪个国家能够像中国一样成为世界工厂，把自己的产品卖到地球的每一个角落？只有中国！而这些都离不开"两弹一星"的护卫。今后，中国要想实现中华民族的伟大复兴，让中国梦变成现实，不仅需要在各方面同舟共济，还需要在国防工业方面动大脑筋，下大力气。

04、对文化传播尤其是军事文化传播要高度重视

文武之道，一张一弛。如果说文显示出的是一种阴柔美的话，武则显示的是阳刚美。文治与武功，二者协调方为美。既不能过于崇尚武，演变为穷兵黩武，也不因过于追求文，而搞得国体孱弱。纵观古今中外的历史，既有因国体孱弱毁灭的，也有因穷兵黩武消亡的。而要达成真正的文武平衡，需要将尚武与文化相结合，需要文化的传播。尚武文化传播，是尚武精神的一种延伸，是另一种意义上的尚武。中华民族是热

爱和平的，中华文化本质上是和平文化。和平文化不仅有力量，而且有着特别的魅力。东亚、东南亚形成的强有力的中国文化圈，便是有力的证明。它辐射多个国家，多个民族，使他们对中国文化产生了巨大的认同。在生活方式方面，这些区域对中国文化也多有传承。这就是源源不断文化传播的结果。在鸦片战争之后，由于中国国力衰微，自顾不暇，这种文化传承出现了断裂。在一些国家的扶植下，一些本来属于中国版图的地区独立出去，成为新的国家；一些本来是中国藩属国的国家对中国产生了敌意，甚至进行武装侵略。

新中国建立后，共和国在文化传播方面下了很大力气，在国际上赢得了不少尊重。但是由于积重难返，也由于政策缺乏连续性，对外文化传播政策方面也缺少系统性和持续性。与一些文化传播的大国相比，尚有不小距离，与文化传播翘楚美国相比，距离更大。在这方面，美国取得了成功，一个世纪以来，它通过了好莱坞制作的大量电影、电视、动漫作品，独步全球，取得了与坚船利炮、百万大兵相比更大的成绩。通过影视作品，美国的各种商品覆盖全球，美国的价值观成为一些人心目中普世价值观的代名词。美国已经积累了大量值得借鉴的经验，"他山之石，可以攻玉"。这些经验都可以直接、间接地为我所用，用于中国文化，特别是中国英雄文化的对外传播。

当下国家大力支持文化产业，也着手实施"中国文化走出去"战略。需要关注的是，走出去的应是完整的中国文化，而不是片面的中国文化；热爱"崇文"的中国文化要走出去，提倡"尚武"的中国文化也要走出去。孔子要走出去，孙子也要走出去。如果仅仅让外国人知道孔子，而不知道孙子，那是对中国文化的肢解和误读。那将不仅仅是中国的损失，也将是世界的损失。

传播中国文化的尚武精神，就要传播中国的军事文化、英雄文化、国防文化。文化的威力比大炮的射程更远，威力更大。只有文化传播到位了，"我们的朋友遍天下"才会成为事实。能够维持国际地位，在国际上交到朋友的不是钱财，不是武器，而是文化，文化可以不战而屈人之兵。在国际舞台上，中国不能继续自欺欺人扮演"千金散尽还复来"的角色，而要扮演文化传播的角色。传播文化，就需要通过视觉文化的形式，全方位、立体化地对外传播，把一个完整的产业链、价值链传播出去，成为亚洲的标准，成为外国的标准，成为世界的标准。

综上所述，弘扬尚武精神是中国现代化进程中必不可少的环节，是实现中国梦的必要保障。尚武精神并不是一成不变，它作为一种上层建筑，是必然会随着经济基础的变化而变化的，如今世界已经全面进入信息时代，作为中国文化重要构成部分的尚武精神，也应该与时俱进地发展，只有这样才能跟上时代，适应时代，引领时代。

第十二章 英雄文化与军人影响力

作为人类核心文化的英雄文化无法离开军人而孤立存在。提升军人影响力,是建设英雄文化、弘扬爱国主义的一个重要环节。

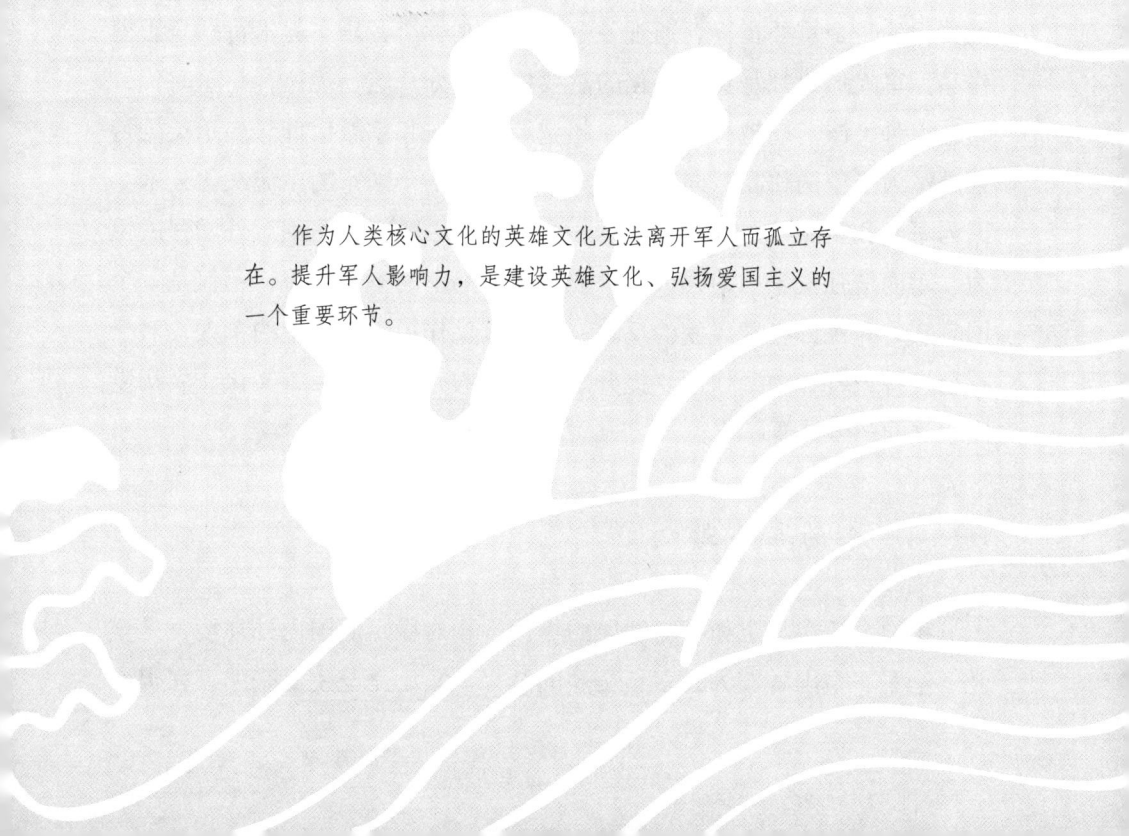

自人类有史以来，文化始终是影响人类社会进步的力量。文化就其精神属性而言，大致分为两种，一种是正面、积极、向上的文化；另一种是负面、消极、没落的文化。前者可以称为英雄文化，后者可以称为庸俗文化。英雄文化是"黄沙百战穿金甲，不破楼兰终不还"，可以把国家民族带入上升之路；庸俗文化却是"商女不知亡国恨，隔江犹唱后庭花"，可能会把国家民族带入衰落之路。古今中外，任何民族和国家的崛起，都离不开英雄文化的培植。可以说，英雄文化是任何一个民族的核心文化。

作为人类核心文化的英雄文化无法离开军人而孤立存在。古今中外，概莫能外。上古各种神话传说，大都是英雄神话传说，而英雄绝大多数都是身经百战、建功立业的武士和军人。很难想象，一种没有军人的英雄文化，还能称之为英雄文化。军人在国民心目中的影响力，是英雄文化的一个重要指标。通观各个国家的文学、音乐、美术特别是影视作品，军人形象都是英雄文化的重要构成部分。这一规律，超越时代，超越人种民族，超越社会制度，超越经济状况和宗教信仰。展示英雄特别是军人形象的作品，向来都是一个民族、一个国家的主流文化艺术。因为军人和军队可以全方位展示一个国家的影响力，达到对外增强威慑力、对内增强凝聚力的强大效果。艺术作品中的军人形象，不仅是一个国家实力和民族精神风貌的反映，还可以反作用于现实中的军人，对全社会发挥鼓舞和激励作用。提升军人影响力，是建设英雄文化、弘扬爱国主义的一个重要环节。

01、军人的军事影响力

我们生活在一个和平与发展的年代，相对稳定的国内外环境，是全党、全军、全国各族人民多年奋斗的结果。它不是与生俱来的，在很大程度上，是军事影响力发挥作用的结果。和平固然可爱，然而和平本身却离不开通过军事手段去实现。长治久安的和平，总是要通过可靠的军事力量和发达的军事文化来实现和保障。没有军事力量做后盾的和平，脆弱而不长久。这就要求军人要有过硬的素质。什么是过硬的素质？应该是"招之即来，来之能战，战之必胜"。这是一名军人和一支军队所具有的最起码的素质。中国人民解放军就是一支拥有过硬素质的精锐之师、威武之师、雄壮正义之师、和平文明之师。建军90年来，它驱逐了外侮，推翻了强暴，打下了江山，保卫了共和国多半个世纪的和平，为亚太区域地区和整个世界的和平做出了伟大贡献。中国人民解放军居功至伟，功勋不可磨灭。假如我们没有伟大的中国人民解放军，没有中国军人的军事影响力，绝不会挫败那些虎视眈眈的敌对势力，决不会有人民和平劳动的安全环境。其实，不光中国如此，每一个主权国家都是通过军人和军人影响力来保障自己国家的生存与发展。与他国武装力量不同的是，中国人民解放军没有自己的私利，它是人民的武装，它与人民的命运休戚与共，它在党的直接领导下，始终焕发出不可战胜的英雄气概和战斗精神。

02、军人的政治影响力

中国人民解放军之所以具有无与伦比的高素质，是因为它具有高度的政治觉悟。这种高度觉悟，是世界上其他国家军队所不具备的。我军在建军之初就确立了"党指挥枪"的政治原则和标准。这样的政治原则和标准，使军队区别于当时形形色色的旧式军队，从与旧军队"当兵吃粮，升官发财"的境界彻底决裂，成为有政治水平、政治理想和政治信仰的新式军队。这样的军队是空前绝后的，正因为如此，才能通过以"小米加步枪"对抗"飞机加大炮"，在艰苦卓绝的奋斗中，战无不胜、攻无不克，以劣胜强，获得抗日战争、解放战争、抗美援朝等现代战争的胜利，成为人类战争史上的奇观。

在和平时期，我军虽在一定时间内远离战争硝烟，但在祖国建设中一直吃苦在前、享受在后、自力更生、艰苦奋斗，继续做出自己的奉献与牺牲。中国人民解放军始终是一支充满爱国主义和英雄主义情怀的生力军和先锋队，无论是抢险还是救灾，到处都有他们矫健的身影，他们永远是最可爱的人。榜样的力量是无穷的，军人的政治影响力，使全国人民争相效仿，起到了巨大的示范效应。

应该认识到，我们党和国家政权也面临着一定的政治危机和风险。这表面体现在执政党的威信在一定程度上有所下降，国家制度建设需要在实践中还需不断完善。"没有共产党就没有新中国""社会主义好"，这些多年雷打不动的基本价值观的认知度正在减弱，社会好评率有所下降。盲目崇尚西式自由、民主、人权、宪政的人在增多，这些人呈高知化、高收入化、高层化特点，颇具一定迷惑性。在各行各业，这些错误思潮也正受到普遍拒绝与抵制。从社会各群体来看，军队、军人的政治觉悟性最高，对这种错误认识最清楚，拒绝最彻底，抵制最有力，是一支强有力的积极的政治力量。今后即便遇到复杂的政治形势，他们的政治影响力必定会在关键时刻发挥无可比拟的重要作用。

03、军人的经济影响力

由于需要面对各种各样艰难复杂的生活环境，完成形形色色艰巨的任务，军人必须成为多功能型人才。无论瑞金时期、长征时期、延安时期、西柏坡时期，共产党领导的军队既是作战的好手，又是生产的能手，搞活经济的高手。革命军队的经济影响力非常巨大，在一定时期不仅保障了所在部队的经济供给，也给当地经济带来了发展活力，给当地人民带来了福祉。共和国成立之后，一些军队又改编成为建设兵团，在一穷二白的戈壁滩上，开垦出了一片片良田，建成了一座座新城，建立了农业、工业基地。至今军垦精神，仍然在放射耀眼的光芒。虽然军人的天职是保家卫国，而不是经济建设，但军人艰苦奋斗、独立创业的精神，却也不断为祖国的经济建设添砖加瓦。中国军队的经济创造力和影响力，已经成为中华民族宝贵的精神资源。

04、军人的文化影响力

当代军人是具有高度文化素养的现代化军人。即使军人的文化起点相对比较低，也可以通过刻苦学习，迅速提高文化水平。军人是最能挑战自我极限。正因为此，经过军队大熔炉的锻炼，各种各样的顶尖人才不断涌现。多年来，这些人才源源不断地捧出了无数骄人的科研成果和文艺成果。这些成果不仅填补了领域内的许多空白，刷新了许多国内和国际纪录，有力地维护了国防安全和国家形象，也使军人形象家喻户晓、风靡一时。军事文化成为一个不可缺少的强势文化品牌，橄榄绿成为男孩的炙热理想，女孩的梦中情郎。在从共和国建立之初到20世纪80年代，社会对军人的热爱与尊崇更是达到了高峰，许多人取名都喜欢带个"军"或"兵"字。"全民皆兵"的观念深入人心，那些因故未能成为军人的年轻人们，也因此崇尚军人、军队、军装、军歌以及各种军用物资。在思维模式、语言模式、行为模式方面，也有意无意模仿军人。这都是军人文化影响力的发挥作用的结果。

05、军人的道德和精神影响力

影响力是一个全方位的概念，有外在影响力，也有内在影响力；有短期影响力，也有长期影响力。军人的影响力也是如此。对军人影响力的衡量，不能急功近利地看，应该看到它是一个十年树木、百年树人的长期工程，要充分考虑其实施的复杂性和可持续发展。军人影响力，在军事、政治、经济方面的功效，诚然重要，但是其在精神方面发挥影响力，才是重中之重。培养军人尚武、勇敢、牺牲、奉献、爱国的精神，并通过相关传播媒体和传播方式，向整个社会辐射，把这些优秀品质建构在国民的灵魂深处，使他们即使不能成为一名军人，也可以像军人一样，在不同的领域、不同的岗位上，为国家民族像军人那样忘我工作和奉献。在中国，不可能每一个人都成为军人，也不可能每一个人都成为英雄。然而让每一个人都具有英雄情怀，让每一个人都具有军人那种勇敢奉献的精神，只要努力是能够做到的。把每一个领域都视为战场，把每一个工作都当作战斗，在每一个时间都勇往直前，是值得提倡的。全方位的尚武和战斗精神，应该浸透到我们民族的血液中，发挥军人的道德和精神的影响力。

06、军人影响力低迷的根源

可惜的是，随着商品经济发展的深入，西方意识形态不断渗透，出现世俗特别是庸俗文化逐渐取代英雄文化的倾向。英雄主义和军事文化渐渐式微，国民的价值观、人生观都发生了显著变化，拜金主义、个人主义、享乐主义、虚无主义一时甚嚣尘上。在一些地方和一些语境中，英雄主义甚至被歪曲成过时和愚昧的代名词。社会一些人群的人生目标是张扬自我、光宗耀祖、升官发财，而不是爱国奉献、勇敢进取。这种现象带来的后果是，国人的国防观念日益趋于淡化。甚至还有的人天真地以为从此可以刀枪入库、马放南山。近年来，军队的健康肌体受到一定的侵蚀，自身也由于受到拜金主义、享乐主义、个人主义、虚无主义等错误价值观的影响，出现了程度不同的腐败现象。在社会上，军人形象逐渐被贬损和丑化，军事媒体边缘化，军事文艺衰微，军人文化影响力日益衰退，军人社会地位有趋于边缘化的倾向。军队的文化成果减少，正在失去往日的辉煌，对社会的感召力也明显减弱。有一个时期，军队的科研项目大量被废弃，科研人才大量流失，甚至出现"搞导弹不如卖茶叶蛋"的现象。这样带来的直接后果是整个社会风气的倒退，国民凝聚力的下降，令人十分痛心。在文艺作品中，军人形象要么完全缺失，要么完全被扭曲，有时甚至成为不合时宜的笑柄，成为被揶揄的对象。与此相反，演艺明星、体育明星、商界明星、炒作明星们，从现实生活到艺术作品中，即便做人无行，作品低劣，也能备受优待、出尽风头。和军人地位相比，简直有天壤之别。艺术作品中的军人形象必然直接影响到现实生活。更令人痛心的是，军人日渐成为择业的雷区，在一些城市地区，军人入伍荒也逐渐出现。

07、通过文化事业、文化产业重振军人影响力

轻视军人、轻视军人影响力的文化，必然是没有前途的、堕落的文化。

八旗兵曾经是满族人的骄傲，八旗兵曾所向披靡，战无不胜，打败了明朝，建立了大清王朝。然而由于制度原因，八旗兵的传统没有传承下去，最终走向没落。"八旗子弟"也成为无所事事、吃喝玩乐、不肖子孙的代名词。从历史上看，不仅仅是八旗兵如此，任何一个民族、一个国家、一个政权，如果不能让自己的军事文化传承，让军人形象成为社会的骄傲，有效发挥军人影响力的最大化，也必然会走向类似像八旗兵一样的末路。毫无疑问，中华民族要发展，中国文化要复兴，必须拒绝步八旗兵的后尘，必须继续强化雄健、强悍的尚武之风，必须弘扬勇于献身、不怕牺牲的英雄主义精神，不断继续提升军人影响力。

对于提升军人影响力，开国领袖毛泽东深知其中奥秘，所以抗美援朝开始即让自己的儿子毛岸英参加军队，奔赴朝鲜战场。毛岸英牺牲了，然而作为中国军人的优秀代表，他却永远活在人们的心中。岂止毛岸英，那个年代，共和国曾经涌现出多少像毛岸英一样的军人啊！黄继光、罗盛教、杨根思、雷锋，王杰……英雄文化和军人影响力，都达到了前所未有的高潮。

要想恢复英雄主义，提升军人影响力，必须彻底改变中华民族的人生观，以英雄文化取代庸俗文化，以培植英雄文化产业取代庸俗文化产业，加大军人形象在文化产业、文化艺术作品中的分量和比例，让高大伟岸的军人形象，涤荡一切光怪陆离、声色犬马和乌烟瘴气。

第一，建立英雄文化及军人形象事业基地。英雄文化，不是喊口号，还要做实事，特别是要注重其可持续发展。对可持续发展有两个误区需要突破，一是泛产业化思维；二是英雄文化不赚钱的误区。英雄文化应该是产业，但又不能仅仅局限于产业。因为这是关系到整个国家民族生死存亡的大事情，即使赔钱也应该干，应该上升到国家战略的高度。英雄文化产业可以成为赢利的产业。我们可以在借鉴美国好莱坞经验的基础上，经过探索和实践，创造更加丰富鲜活的有中国特色的产

业模式，保障产业的可持续发展势头。这样的事业、产业可以有国家支持，民间运作，军队凭借自己得天独厚的优势参与进来，建立自己的全价值链。随着社会主义市场经济的完善，生产力得到全面解放和发展，已经为文化产业建设打下了坚实的经济基础。可以说，当今中国的文化产业正处于黄金发展时期，英雄文化产业的实力和竞争力同样有着美好的前景。

第二，建立英雄文化及军人形象金融平台。过去有一种不客观的看法，似乎从事英雄文化产业都会赔钱，这就导致了金融系统总爱戴有色眼镜看待文化产业。银行不愿意贷款，投资人不愿意投资。鉴于此，应该由国家出面，制定相关政策，有必要建立类似国防银行等融资机构，把英雄文化产业提高到国家战略的高度上来。让所有从事英雄文化产业的人少些后顾之忧。

第三，改造各种媒体平台。当下中国的媒体、创作队伍、受众数量，可以说是天文数字。但是生产出的与英雄文化有关、与军人有关的优秀作品却很有限，传播效果更是乏善可陈。究其原因，一方面是由于媒体过于关注庸俗文化与世俗文化；另一方面是官方对此关注不够。忽视了英雄文化的独特作用和影响。美国好莱坞经常都有军事题材电影对外传播，而且具有全球性影响力，中国却不是这样，有的甚至是娱乐至死。这种娱乐风气，已经在不断腐蚀着中华民族的灵魂，使军事文化、军人形象仅有的立足之地也在渐渐失去。看中央电视台，军事频道与农业频道合并在一起，而且有的电视唯收视率是举，一时银屏乱象丛生。这种状况需要尽快改变，绝不能继续听之任之。要想改变这种局面，就要从根本上重视军人形象的再造。提高军人在媒体上的曝光率，强化军人的正面影响，使公众心目中的军人形象有一个全新的形象，而不是一片模糊，让军人在整个民族语境中占有重要地位。只有这样，才能凭借媒体优势，带动整个价值链，提高军事文化地位，使之成为核心文化的一个有机构成部分。

第四，建立英雄文化人才平台。英雄文化有别于普通文化，准确地说做英雄文化的人，自己就应该具有英雄气质，勇于奋斗，敢于担当，乐于奉献，甘于牺牲。没有这样的精神气质搞英雄文化，是无法想象的。由于面对境外颠覆势力的破坏和社会消极因素的影响，要培育和建设一支旗帜鲜明、敢于担当、勇于奉献、善于经营的英雄文化产业队伍。现在这样的人才已经越来越少，所以应该同时建立英雄文化人才平台，对从事英雄文化人才予以保护。特别是那些在军队效力、对军队有感情、对军事文化有研究、有创意的人才，更应该视为党和国家的财富国宝，重点予以保护与扶植。

综上所述，弘扬英雄主义，发展英雄文化，提升军人形象，提高军人影响力，关系整个中华民族的现实和未来，应该由政府牵头、民间实施、军队参与，通过各种媒体形式，各种产业形式，在文化、社会各个层面重新树立军人形象，重拾全社会拥军、学军的光荣传统，让军人影响力渗透到每一个领域。

第十三章 解析英雄的文化价值与民族防线的价值

　　每当民族生存受到威胁的危急关头，弘扬以爱国主义为核心的民族精神与英雄文化，就能凝聚起全民族万众一心，同仇敌忾，坚忍不拔地为捍卫民族尊严和国家主权而斗争。

在全球化的今天，除了经济的强势以外，强调文化的多样性，强调多种价值观的共存，强调各种价值观的优势互补显得尤为重要。中华民族几千年形成的文化优势和代表中华民族优秀品格的英雄形象是正在强盛的中国最具影响力的文化财富，也是中国自立于世界民族之林不败的法宝。在东方，英雄意味着比常人更严格地恪守道德规范，英雄文化的特点是善恶分明，嫉恶如仇。

儒学中精忠报国的传统思想成为中国英雄主义的主要理念。"国家兴亡，匹夫有责"，悠久的古训是中华民族爱国精神精粹的概括。历史证明，每当民族生存受到威胁的危急关头，弘扬以爱国主义为核心的民族精神与英雄文化，就能凝聚起全民族万众一心，同仇敌忾，坚忍不拔地为捍卫民族尊严和国家主权而斗争。

01、英雄文化具有无与伦比的精神价值与经济价值

英雄主义和英雄文化对内可以陶冶情操，塑造民魂，增强民族凝聚力，增强民族自信心；对外可以宣示国威，增加国际影响力。没有英雄文化的国家和民族是没有灵魂的民族。然而，由于多种复杂因素的影响，我们身边有些人开始浸淫于拜金主义之中，金钱至上、娱乐至上、消费至上。本来应作为文化主流的英雄文化，却日益被边缘化、另类化。一些管理者、专家和投资人也片面认为英雄文化不接地气，与市场脱节，没有投资价值。投资人不肯为英雄文化投资，银行不肯为英雄文化贷款。英雄文化被扣上"空中楼阁""过时赔钱"的帽子，被压在五行山下。

一叶障目，不识泰山。这些看法不能不说是接受了西方输入价值观的伪专家所制造的一系列伪命题。这些说法虽然占据了一定的市场，但并不能证明他们是正确的。恰恰相反，它只能证明，这些年来，正是由

于我们放弃了自己的阵地和职责，才使得这些似是而非的东西登堂入室，甚嚣尘上。现在，我们应旗帜鲜明、针锋相对、知难而进、对症下药，开展一系列英雄精神普及弘扬行动。让英雄文化重塑国民素质，提振国民精气神。

对于英雄文化，应该通过切实的行动，把世俗强加给它的种种误解全都清除干净。让人们重新认识到，英雄文化并不是高高在上、不食人间烟火，而是与我们的衣食住行息息相关。让人们认识到，人类一切积极向上的文化都属于英雄文化范畴。英雄文化，可以使国家、民族甚至全人类更好地存活和发展下去。

研究各个民族古往今来的英雄人物，我们不难发现，这些英雄虽然所处时代不同，所属民族不同，思想观点不同，个人经历不同，做出的贡献不同，但他们却异曲同工，身上有着诸多共同之处。面对自己所处的时代，英雄人物都是挺身而出的担当者，舍己为人的奉献者，赴汤蹈火的牺牲者；从时间历史角度来看，他们都是优秀传统的传承者，美好未来的创造者；从空间的角度来看，他们具有心忧天下、泽被四海的伟大情怀，是人类文化基因的重要构成部分，不仅是爱国主义者，也是国际主义者。英雄的优秀品质，体现在一个族群里每一个人的身上，成为一种能量，成为一个民族的整体性格，成为人类共同的精神财富。

正因为如此，英雄主义和英雄文化对内可以陶冶情操，塑造民魂，增强民族凝聚力，增强民族自信心；对外可以宣示国威，增加国际影响力。关于英雄文化的文化价值和政治价值，有人进行过研究，然而英雄文化的经济价值，还是一片人迹罕至的新大陆。

英雄文化是一种道，既是人道，也是天道。得道多助，失道寡助，天时不如地利，地利不如人和，英雄文化占据了最多的天时、地利与人和因素，应该受到最热烈的欢迎，最隆重的礼遇。英雄文化也应该是最有市场的，无论面对国内市场，还是海外市场，都具有无限潜力。众所周知，美国文化产业发达，可是好莱坞最卖座的电影，大都是宣扬英雄主义的，只是其中的英雄主义表现形式不同，所含比例不同而已，就连《米老鼠》《狮子王》这样的动画片也都充满了英雄主义精神。因为人人都仰慕英雄，人人都崇拜英雄，人人都希望自己成为英雄，而艺术为人提供了这样的满足感。

我们在放弃英雄主义和英雄文化的时候，却亦步亦趋追随来自国外的各种文化产品，尤其是影视作品，似乎英雄是别人的专利，英雄文化也是别人的专利。沧海横流，方显英雄本色。面对颓势，我们应该挺身而出，以一种大无畏的英雄主义精神，以一种高屋建瓴的高度，致力于英雄文化的全方位建设。把中国英雄文化打造成一个功能全面、领域广泛、永续发展的全价值链系统工程，通过扎实的理论建树和项目运作，让越来越多的人认识到，英雄文化具有跨行业、跨地区、跨民族、跨国界、跨时代的巨大经济价值。一切优秀的东西，都可以转换为生产力、转换为GDP，英雄文化更应该如此。

02、"英雄儿女"视觉文化产品新耳目、撼灵魂

我们应该以英雄文化为出发点，打造一系列具有传世价值的英雄题材视觉文化产品。英雄主义的视觉文化产品，不仅可以形成价值链，而且其价值无与伦比。一种思想、一种文化、一种产品，要想占据市场，占据人们的记忆，首先应该形成一种强大的视觉冲击力，英雄文化也不例外。夸父逐日，女娲补天，精卫填海，愚公移山，荆轲刺秦，班超出使，岳飞抗金……一个民族的历史，就是一部英雄的奋斗史，一部英雄的奉献史，一部英雄的牺牲史。古圣先贤，为我们留下太多的英雄传说！这些传说，不应该只在故纸堆里沉睡，而应该在社会主义市场经济大潮中，焕发出新的生命力，形成新的经济增长点。

当前的迫切工作，就是要将中华民族英雄文化转换为视觉文化产品。因为视觉文化产品，已经成为这个时代不可代替的主流传播方式。我们应以多种艺术形式再现中华民族多年以来的浴血奋斗历史；要以多部经典作品记录中华民族在各领域的辉煌成就；要以多种审美风格描绘中华民族探索外太空的雄伟身姿；要以多种崭新媒体展现中华民族对未来的美好愿景。既要豪情震天地，还要润物无声地影响国人。时代需要英雄、时代呼唤英雄，英雄主义精神凭借视觉艺术的翅膀，一定可以谱写出新时代的最强音。具体而言，我们应该以英雄文化为出发点，打造

一系列具有传世价值的英雄题材视觉文化产品：创作摄制一系列电影、电视、动漫、网络游戏、舞台剧及相关主题展览。这一系列视觉文化产品和相关文化活动，会让人耳目为之一新，精神为之一振，全方位刷新国人的视野，影响国人的生活方式和生活观念，像宣言书、宣传队和播种机那样，影响社会，改造社会，推动英雄文化成为影响时代、引领时代的主流文化。在传播过程中，塑造国民灵魂，重建国民精神，敬仰中国历史上的英雄，并自觉成为英雄文化的传承者，成为英雄。

根据各国发展经验，电影、电视剧、动漫、游戏是视觉艺术的四支劲旅。电影如轻骑兵，制造快速的时尚。电视剧如步兵，延续长久的收视率。动漫如儿童团，占领儿童市场，主导其一生的爱好，为一生的思想和行为模式打下基础。游戏如特种兵，模拟剧中人生，角色扮演代入，深化固有信念。

除此之外，视觉艺术还可以通过音乐会、舞台剧、各种展览、旅游活动等别开生面的形式，引起举世瞩目。

将巨额资金投入到英雄文化影视作品上面，也许一些投资人会有顾虑，担心收视率和票房。其实这是杞人忧天。我们应该有这样的信心，"二十四史"不仅是英雄事迹的记载，也是历史研究的起点；不仅是英雄故事的演绎，也是影视游戏改编的宝库。那种认为只有浮躁、空洞、颓废、无病呻吟的东西才有市场，而英雄文化没有市场、没有价值链的观点，是极其不负责任的，也是极其有害的。就像人人都需要阳光、人人都需要空气、人人都需要水一样，人人都需要英雄，中华民族更是如此。做出一系列英雄主义视觉文化的优秀产品，以铁的事实证明，英雄主义的视觉文化产品，不仅可以形成价值链，而且其价值无与伦比。

几年前有两部电视剧，一部是《士兵突击》，另一部是《亮剑》，出版拍摄之前，普遍都不看好。可是有人坚持拍摄，不出所料，作品出来以后收视率奇高，无数次重播。更耐人寻味的是，一些中国抗日题材电视剧在日本也受到广泛欢迎。所谓的英雄文化没有销路、没有市场，这些伪专家炮制伪命题的价值又能体现在何处？现在有些电影市场上好莱坞产品一统天下，为什么？一个原因就是我们的国产作品先天不足，没有让人荡气回肠的英雄文化，而是小情小调、小格局、小趣味，仅仅在这方面，国产影视就不具备和好莱坞产品竞争的实力。

结论是：要想改变这种局面，我们必须重新回到英雄文化，尊重英雄文化。只有经过一系列扎扎实实的研究、开发、投资、推广，国内影视业才能有一个质的改观，国内市场影响力才会有一个质的提升。

03、英雄文化听觉、味觉艺术：身体记忆终生难忘

把英雄文化植入在音乐、曲艺等听觉艺术作品中，必定可以获得高额经济回报。文化形成的是概念记忆，生活方式形成的是身体记忆，身体记忆终生难忘。在建立英雄文化视觉系统的同时，还可以着手建立英雄文化的听觉和味觉系统。说起听觉，许多人会想到音乐，比如每一个国家都有国歌，国歌表现的都是英雄文化。再如，《英雄儿女》电影主题歌《英雄赞歌》，半个世纪传唱不衰，这是听觉。贝多芬的《英雄交响曲》，鼓舞无数人，也是听觉。笔者曾经在《音乐文化产业与执政效能》一书中进行过论述。听觉不仅仅是一种艺术，也是一个巨大的产业。听觉艺术主要表现为音乐，也兼及戏剧、曲艺等，为广大人民群众所喜闻乐见。把英雄文化植入音乐、曲艺等听觉艺术作品中，是可以获得高额经济回报的。现在，一些听觉艺术充满了靡靡之音，儿女情长。这虽然也迎合了一些人的口味，但也失去了很多人，因小失大，得不偿失。

味觉则是人的另外一大感觉系统。通往一个人心灵的最佳捷径是味觉，电视纪录片《舌尖上的中国》会引起那么大轰动，靠的是味觉吸引力。再看美国文化战略，不仅仅局限于文化领域，而是进入人们的生活方式。文化形成的是概念记忆，生活方式形成的是身体记忆，身体记忆是最长久的、终生难忘的。美国向外输出思想、电影、音乐的时候，也输出咖啡、可乐、红酒、炸鸡、汉堡代表的生活方式，韩国也对外输出包饭、泡菜，这都是味觉战略。耐人寻味的是，他们的味觉产品输出都不是孤立的，而是和英雄文化捆绑在一起的。这些都不是哪个国家的单方面经验，而是普遍规律，我们应该尊重这种规律，研究这种规律，合理利用这些规律。

使用味觉影响别人，这是每一个国家的常规行为。搞好味觉战役，

是一个国家的重要战略。中国英雄文化顶天立地，中国饮食文化博大精深，可是中国还没有像麦当劳、肯德基这样的连锁店，在全世界产生巨大影响力。中国酒、中国饮料在国际上的销路，还有巨大的上升空间。而加入英雄文化，用英雄文化重新整合、规范中国味觉，是中国饮食文化崛起的首要条件。

04、英雄文化产业链帝国崛起

英雄文化也要与多种文化产品相结合，建立横跨多个产业的完备产业链、产业集群。除了听觉、味觉以外，英雄文化还可以与地域文化、历史文化结合，与其他产业联合。围绕一系列的视觉文化精品，一个横跨多个产业、多个领域、超越时间、超越空间的产业帝国将迅速崛起。就像英雄不能孤军奋战，必须有众人的帮助一样，英雄文化也要与多种文化产品相结合，建立横跨多个产业的完备产业链、产业集群。除了听觉、味觉以外，英雄文化还可以与地域文化、历史文化结合，与其他产业联合。例如，可以结合革命老区的革命历史文化资源，进行红色旅游文化开发。中华民族历史上灾难深重，命运多舛，在举世罕有的生死存亡抗争中砥砺了不屈不挠的民族意志，造就了光芒四射的英雄群体，形成了以爱国主义、英雄主义为内核的英雄文化。尤其近百年来，中国共产党带领中华民族前赴后继，英勇奋斗，英雄灿若星辰，英雄主义大张，英雄文化大振，缔造了一个英雄辈出的时代。这是我们民族一笔巨大的精神财富。中国拥有很多革命老区，由于交通不便，经济相对落后，各种物产、生态和历史文化资源优势没能发挥出来。如果以英雄文化切入，把英雄文化与当地革命传统相结合，打造一系列以"英雄文化"为主题，合理开发利用自然资源，建立集合文化交流、文化创意、影视制作、旅游观光、休闲度假、生态绿色等多种功能和产业于一体的"英雄文化产业基地"，发展爱国主义教育基地，必将为国民补充新鲜血液，各个基地之间横行联合，又可以实现物资置换、资金置换、项目置换、人才置换，形成规模效应。

各省、各市、各县都有自己的英雄，可以说，每一个地方都是英雄的故里。可以把英雄故里进行开发，使英雄故里不再仅拥有一个门庭冷落的纪念馆、纪念碑，还有更加丰富的纪念内容。此外，还可以开发与英雄文化有关的玩具、服装、体育用品等，英雄文化可以转换的产品，可谓数不胜数。

只要肯下功夫、肯动脑筋，这方面可以大有作为。我们完全可以缔造一个包括影视、音乐、图书、旅游、地产、金融、服装、食品……在内的巨大产业链。传统产业都是一次性的，而这样的产业却是多次性的，是永动机式的。

视觉文化产业，是整合一切资源的母体产业。围绕一系列的视觉文化精品，一个横跨多个产业、多个领域、超越时间、超越空间的产业帝国将迅速崛起。通过全产业链的建立运行，已有的产业会升级，孤立的产业会联合，没有的产业会诞生。

05、英雄文化品牌生生不息

英雄文化视觉艺术产品，也和其他视觉艺术产品一样，产品价值固然巨大，但是更加宝贵的却是其生生不息的品牌价值。经过多年的实地走访、考察，我们发现，对于英雄文化产品，我们过去并不是没有开发，而是开发力度不够，过于零散、混乱，缺乏品牌效应，不能构成强劲的视力并转换为强大的势力。英雄文化视觉艺术产品，也和其他视觉艺术产品一样，产品价值固然巨大，但是更加宝贵的却是其生生不息的品牌价值。一切产品，只有建立品牌，才能保障自身的长久永续发展。一个国际大品牌的价值如果折算成金钱，完全是可以用"富可敌国"来形容的。国家的疆界是有形的，品牌的疆界却是无形的，可以超出国家疆界以外，到达更加遥远的地方。这就是品牌的力量。

在中国历史上，有两个英雄人物家喻户晓，一个是关羽，另一个是岳飞，他们是中华民族美德的典范，他们舍生忘死，杀身成仁，人格上具有完美性。千百年流传，在中国民间形成了不可代替的品牌，过去无论在南方、北方，穷乡僻壤，到处都有关帝庙、岳王庙，围绕这些纪念场所又形成了庙会，固定时间、固定地点举办，人们都过来进行商品交流和文化交流。这就是我国英雄文化早期品牌的雏形。现在生产力水平大大提高，拥有更加先进的科学技术、经济体系和媒体传播体系，应该加强创新意识，建立更加完备的英雄文化品牌开发体系。这个体系不仅可以增加英雄文化产品的内涵，也可以拓展英雄文化产品的外延，使之更广、更深、更细，囊括更多领域、更多行业、更多产品。

利用强大的视觉、听觉、味觉手段，利用故事、音乐、游戏、卡通形象，英雄文化系列产品将在市场上一扫颓废萎靡之风，占领收视和票房高地。英雄文化相关系列作品的持续播映，将使预先植入的符号体系（包括艺术形象、动漫形象、LOGO等），以及其所蕴含的核心价值。以此形成一波强过一波的品牌认知冲击波，造就品牌巨大的影响力和美誉度，并通过其公信力将无数观众培养成为品牌的忠实追随者，使其把消费视觉作品的行为转化为持久旺盛的品牌消费，乃至生活方式。

还可以趁热打铁，借着这些品牌符号形成的热潮，把它移植到更多领域、更多行业、更多产品上。使用其知名度和美誉度，利用消费者的丰富联想，唤起其对后续产品的巨大需求。利用品牌授权的方式，征集合适的被授权人，把英雄文化系列品牌推到多地区、多领域、多行业中去。比如美国迪斯尼公司，其品牌和动画形象赢利能力更强，迪斯尼品牌和动画形象所有权的使用与出让、品牌产品的生产和销售以及相关书刊、音乐乃至游戏产品的出版发行收入，占全部收入的40%，而迪士尼乐园的收入则高达85%以上。通过品牌和符号，以授权开发的模式，每年都可为迪士尼带来高达400多亿美元的收入。

我国拥有更多的资源，更大的市场，只要群策群力，必然有更大作为。比如，可以通过二次研发和整合，拓展更广泛的品牌、符号、形象等知识产权保护体系，以品牌授权为主要模式，吸引更多海内外相关企业积极参与。开发各种系列的工艺艺术品、收藏品、礼品、纪念品、时尚产品和特定消费品，建立自己的英雄文化主题公园。长期保持英雄文化品牌的高端性、独有性和稀缺性，创造天文数字的产值，创造难以估量的经济效益和社会效益，让今人和后人都受益无穷。

06、在全世界唱响英雄文化

英雄文化，首先应该是一个国家战略，是一个系统工程，是国家行为、政府行为。其次又是产业行为，要有众多企业的参与。一种优秀的文化，虽然是民族性的，但同时也是世界性的。它有利于本民族，也有利于外民族，不仅可以造福于本国，也可以造福于别国。这就离不开积极传播。历史上，中国文化就是这样造福世界、引领世界的。无论鉴真东渡，还是郑和下西洋，都是积极的文化传播。五千年来，我们的英雄人物，都具有这样的人类情怀和世界眼光。虽然在近代史上，中华民族和中国文化遭受了巨大的挫折，但最终还是浴火重生，重新站了起来。中国共产党成立之后90多年逐步形成的英雄文化，也是放眼世界的。正因为有这样高屋建瓴的战略，在中华人民共和国成立后，"和平共处五项原则"在世界上具有巨大号召力，至今仍然是各国国际交往所遵循的准则。"我们的朋友遍天下"，成为世界所公认的事实。如今，我们的"四个自信""中国梦"也仍然保持着这种风格，不仅仅是针对中国人自己的，也是充分考虑到整个世界利益的，考虑到中国对世界所承担的义务和责任。现在，国际局势越来越复杂，在这种局势下，需要中国拿出有力行动。对此，我们的英雄文化不失为一剂良药。

如今，与世界的广泛需求相比，我们还没有特别优质、能代表中国人精气神的艺术作品，特别是影视作品拿出去。一些在国际上获得大奖的作品和有影响的文化人，并没有承担起传播中国英雄文化的责任，而是恰恰相反，在与国际接轨的幌子下，有的甚至失去了自己的文化操守。在相当广的范围内，我们的文化产品还是出于不输出和逆输出状态。以至于现在，一些人的国家观、文化观、人生观、英雄观，都是以西方为标准、为西方而服务的。这给我们的文化安全带来巨大挑战。

拥有悠久历史和文化底蕴的我们，更不应该落后于人。过去，笔者在多篇文章和谈话中强调，文化应该事业与产业结合，应该政府、企业、老百姓一起齐心协力，英雄文化也应该这样。只要我们按照正确路径走下去，一定可以取得惊天动地的成就！英雄文化，首先应该是一个国家战略，是一个系统工程，是国家行为、政府行为。其次又是产业行为，要有众多企业的参与。最后它也是13亿人民每一个人的个人行为。天下兴亡，匹夫有责，英雄文化的弘扬，离不开国家支持、企业实施，也离不开每一个中国人的参与。

曾几何时，一代伟人毛泽东气壮山河地写下"六亿神州尽舜尧""遍地英雄下夕烟"的豪壮诗句。相信通过我们的努力，这样壮美辉煌的景象一定会出现在中华大地！

第十四章 信仰是核心生产力

　　一部人类史，是一部实践发展史，也是一部信仰发展史。从人类诞生那天起，人就成为一种区别于任何物质的信仰的存在。人类所有的历史都与信仰有关。

　　人有物质和精神两种属性。这两种属性相互依存，相互转换，不可割裂。毛主席说："精神变物质，物质变精神。"话虽朴素，却深刻地揭示了宇宙真谛和唯物辩证法的精髓。人生活在现实生活中，有物质生活，也有精神生活。也就是说，人与社会既有自己的物质世界，也有自己的精神世界。物质世界决定着精神世界，精神世界也反转来影响着物质世界。影响物质世界的精神力量可以称为精神力，也可称为信仰力。

　　从人类诞生那天起，人就成为一种区别于任何物质的信仰的存在。人类所有的历史都与信仰有关。一部人类史，是一部实践发展史，也是一部信仰发展史。在人类历史上的所有文明古国，如埃及、印度、巴比伦、波斯，都因其与众不同的信仰而发达一时，又因其信仰的没落而没落。信仰力曾使这些国家曾灿烂于古代的星空。被认为是西方人现代理念基础的希腊、罗马文明能够盛极一时、影响深远，也都与信仰密不可分。

　　一提起西方近现代文明，许多人都会认为这是"德赛（民主、科学）二先生"所创造的，是资本主义的生产关系和生产方式所创造的，是市场经济、民主政治和科学精神所创造的。这种说法有其合理性，但也有片面性。西方世界在中世纪沉寂了一千年以后突然崛起，主要是因为在实践中所产生的信仰力量的推动。这里所说的信仰，不同于传统意义上的宗教信仰，而是具有广义的信仰。它既包括宗教信仰，也包括其他方面的伟大理念和执着追求。西方世界崛起，主要依赖于如下信仰：以宗教改革后的新教为中心的神本主义，以日益成熟的西方国家为基础的爱国主义，文艺复兴中逐渐成熟的人文主义，启蒙运动中日益形成的科学主义。正是这些精神信仰促成了西方的成长与扩张，并一举超越了原先比他们先进的阿拉伯文明、印度文明特别是中国文明。

　　当我们看到坚船利炮神气活现的时候，更应该思考其背后的资本主义扩张的信仰力量所发挥的作用。可以说，信仰也属于核心生产力。信仰的力量，不仅书写了西方历史，也书写了中国历史。中国向西方学习，如果仅仅抓住科学技术、市场经济、政治制度，无异于舍本逐末，买椟还珠。我们应该认真研究广义的信仰在其国家崛起过程中所起的根本性作用。

01、创造灿烂的中国古代文明离不开信仰的坚持

信仰不是西方独有的，中国的历史也与信仰息息相关。中国有五千年的历史，其中两千年指导着人类前进的方向。中国古代的丝绸做工之精之美，连罗马皇帝都向往不已。推动人类进步的四大发明，神奇的算盘，开现代金融先河的纸币"交子"……都是怎样发明出来的？绝对不是妙手偶得之，而是与实践和信仰紧密联系。假如没有精神信仰，中华民族只能在长期的黑暗中徘徊，或者被其他民族兼并，甚至像匈奴、契丹、党项民族那样先后消失。而有了儒家信仰，就有了前进的方向和路标。古人说："天不生仲尼，万古如长夜"，这不是溢美之词，不是歌功颂德，而是实实在在的评价。有了孔子的仁爱、大同和中庸思想，中国人可以乐天知命。虽然中间不乏强人的杀伐，外族的侵略。但国家只要能以儒家信仰为核心，错误就能得以纠正，弊病就能得以革除，民族就能得以延续，生产就能得以发展，疆土就能得以完整。以至于到了强弩之末的大清王朝，中国的GDP仍然稳居世界第一。信仰是核心生产力。清朝统治者可以屠杀汉族人的身体，却无法灭绝汉族人的精神信仰，相反也不断被这种坚韧的信仰所感化，所同化，成为这种信仰的注脚。

进入近代，东西方文明碰撞，冲突达到前所未有的程度，中华民族再次陷入危难之中。中国文化遇到了从没有过的变数，中国人的自信心遇到了无与伦比的挑战。一时间，孔子的学说受到冲击，中国人对坚船利炮的崇拜超越了对传统精神的信仰，虽然"中学为体，西学为用"的呼声不绝于耳。特别是辛亥革命之后，清朝灭亡，维系中国古老信仰的最后纽带断了，中国没有走向共和，反而陷入军阀混战。由于军阀们勾结了西方列强，掌握了现代化武器，缺失信仰，欲望更加强烈，战争更加惨烈。那是一个前所未有的混乱时期。兵荒马乱，中国的生产力衰

落，信仰力降至最低点。作为对于这种潮流的对抗，袁世凯称帝和张勋复辟，发出了最后的哀鸣。中式的帝制不可行，西式的民主也不行，路在何方？多少仁人志士们在哭泣，在思考，在寻找。

02、红色信仰"唤起农奴千百万、敢叫日月换新天"

没有精神信仰的民族是脆弱的民族，没有精神信仰的民族随时面临着覆灭的危险。根据中国历史研究，一个民族的肉体被消灭还能再生，一个民族的精神信仰崩溃则将万劫不复。

辛亥革命后，在孔雀翎毛般美丽的"共和"像流星一样划过之后，喧嚣迅速归于沉寂。在失去精神信仰的黑暗中，越来越多的中国人意识到，必须为这个民族寻找新的信仰。这个信仰要既能坚持爱国主义的基调，又能超越旧的儒家信仰所规定与恪守的等级制度，同时又必须与其古老的大同思想结合起来，寻找到它们的交集点。孙中山、黄兴等领导的辛亥革命，根本不能完成这个使命，他们推翻了皇帝，剪掉了辫子，废除了小脚，却不能解决森严的等级制度，不能实现"耕者有其田"的古老梦想，不能推翻"三座大山"，不能解放生活在社会最底层的妇女。一再更迭的国民政府虽然可以喊出美丽的口号，实质上却和推翻了的清王朝并无大的区别。

此时，"十月革命"一声炮响，给中国送来了马克思主义。建立在马克思主义基础上的社会主义信仰，对于中国人来说十分新鲜，虽然它的号召是激烈的、暴力的（然而它并不比民国初的暗杀和军阀混战更加暴力），然而毕竟它和中国传统文化中的某些内容存在着巨大的交集。

首先，它是一种平民信仰。平民信仰在中国由来已久，中国诸子百家各大思想流派都有比例不等的平民意识。只不过在执行层面上往往出现这样那样的问题，最终导致贫富分化。社会主义的可行性要比这些思想高得多，模式成熟得多。

其次，它是一种道德信仰。中国文化的最大特点在于它是一种道德文化，这种道德意识强调敬天、法地、修身、齐家、治国、平天下，强调个人的完美人格。为了完美人格，会义无反顾地献出生命，可以赴汤蹈火，杀身成仁，死而后已。作为信仰的社会主义具备这一切特征。

最后，它是一种大同信仰。与孔子提倡的大同世界相比，中国历史上出现的任何盛世都是不完美的。只有在大同社会里，人才能达到绝对的自由和平等。可惜中国人探索了两千多年也不曾找到实现大同的方法。而社会主义的理想，能广泛地唤起人民的共鸣。

社会主义的以上几大特质，让中国人从中同时找到了儒家的影子、墨家的影子。"十月革命"胜利后，李大钊更是热情洋溢地撰文称赞这是"庶民的胜利""布尔什维克的胜利"！由于接上了本土信仰的地气，社会主义理想在中国迅速传播开来。一度缺失的信仰力又回到了中国人身上。与国民党的"三民主义"相比，社会主义和共产主义更具有操作性，也更明了易懂。曾几何时，"三民主义"试图成为一种信仰，但是由于其先天的贵族性、世俗性和保守性，加之与底层工农群众完全脱节，所以最终未能成功，未能成为一种可以替代儒家文化的信仰。

"三民主义"之所短，恰恰都是社会主义、共产主义之所长，中国人很快发现了社会主义的无穷魅力，不仅吸引了无数工农群众，也吸引了无数富有阶级，连国民党左翼都要"联俄联共，扶助农工"。极具生命力的红色信仰在中国星火燎原。信仰之所以成为信仰，不是因为它能带来什么现实的荣华富贵，而是它能够提升超越现实的精神境界。在肉身方面，信仰往往是需要人付出沉重代价和做出巨大牺牲的。对此，共产党人一开始就做好了精神准备。从中国共产党在中国问世以来，它就一直面临着迫害与屠杀。1927年的"四一二政变"后，更是面临灭顶之灾。然而共产党人没有吓倒，没有压垮，而是发动农民武装起义，创建红军。后来红军虽然经受失败，但仍然能够反败为胜，绝处逢生，创造了两万五千里长征这样的人类奇迹，取得艰苦卓绝的抗战胜利，直到最后用"小米加步枪"，打败了国民党的"飞机加大炮"，并于1949年建立了中华人民共和国。

国民党信奉的"三民主义"，不具备可比性。推翻清政府，这个目的达到了；要与世界并驾齐驱，则不可能做到。当作为敌人的清朝被消灭之后，国民党事实上失去了远大目标。在中国大陆后期的国民党人只有一个信仰，腐败与享乐主义。

新中国的建立，具有双重的伟大意义，它传承了中华民族五千年来的优秀文化，爱国主义、英雄主义、理想主义、和平主义；同时它又具有创造意义，那就是它结束了中国几千年的精英文化，开创了一种草根文化、大众文化。在这两个层面上取得的成就，均无与伦比。中国共产党能从嘉兴南湖船上的十几个文弱书生，最终缔造了伟大的中华人民共和国，这是努力奋斗的结果，也是坚持信仰的结果。事实证明，信仰是核心生产力，它不仅可以生产物质产品，还可以生产精神产品；不仅可以造就英雄和英雄群体，还可以创建新的社会制度。红色信仰，创造了两万五千里长征，创造了狼牙山五壮士，创造了董存瑞舍身炸碉堡，创造了千千万万的奇迹，创造了一个超越以往任何朝代的、强大统一的共和国！

03、红色信仰创造了"两弹一星"的奇迹

中华人民共和国成立之初，国家一穷二白。旧中国工业基础本来薄弱，加之连年战争破坏，国民党逃出大陆时，又破坏了许多产业设施，卷走许多社会财富，中国共产党接手的是一个百废待兴的国家，一个筋疲力尽的国家，伤痕累累的大地，疲惫不堪的人民。然而这又是一个朝气蓬勃的国家，一个欣欣向荣的国家。共和国立足未稳，朝鲜战争又启，美国组织的联合国军欲对中国实施战略合围，退守台湾的蒋介石集团也企图反攻大陆。新生的人民共和国面临着巨大考验。这时，抱定胜利决心与共产主义信仰的人民军队爆发出强大的精神力，转化为战场上巨大的战斗能力，在与美国为首的联合国军的对决中，中国人民志愿军打出了水平，打出了威风，打出了志气！

朝鲜战争结束后，共和国仍然危机不断。美国在从朝鲜半岛、台湾海峡和印度支那继续包围中国的同时，又提出和平演变战略。国内敌对分子不断进行破坏，党的内部出现腐败现象，三年自然灾害接踵而至。最令人震惊的是红色信仰本身遇到了困难。社会主义阵营发生了分裂，先是苏联极端化地否定了斯大林，推行大国主义，导致中苏决裂。

然而这一切都不能吓倒年轻的人民共和国。在极为艰难的情况下，新中国搞出了"两弹一星"。"两弹一星"向全世界宣告，西方国家绝

对的武器优势，已经不复存在，过去不曾屈服于武力压迫的中国人民，如今更不可能会屈服于人。20世纪60年代末，面对苏联频频挑衅，中国果断地打响了珍宝岛战役，粉碎了来自北方的核讹诈，消除了美国的敌意，使中美关系走向正常化。我们通过大量外交活动，与亚非拉国家建立了良好的国际交往基础，加快了中国重返联合国的进程。作为一个国际组织，联合国既有强权控制，也有利益博弈。在联合国内，当时社会主义阵营处于弱势，更何况后来社会主义阵营又发生了分裂。1971年10月25日，联合国大会正式恢复了中国在联合国的合法地位。如果没有红色信仰缔造的强大国力，要冲破西方国家的政治打压而跻身于世界大国之林，是不可想象的。

04、三十多年来的信仰缺失导致当今的种种乱象

所有的信仰都不是一帆风顺的，都会有弯路，孔子一生奔波，耶稣会被钉十字架。红色信仰也是如此，胜利前是如此，胜利后也是如此。历史，是在"山重水复疑无路，柳暗花明又一村"的曲折反复中前进的。在"文化大革命"中，红色信仰遇到了极大的困难。中国共产党自身有错误，民间有不满，全国陷入困境，有人质疑，有人彷徨，有人绝望。历史总是在不断试错、不断调试、不断纠正中前进。随着一代伟人毛泽东的逝世，矫枉过正的现象出现了，红色信仰遭遇贬损，信仰真空来临了。任何事物都不可能十全十美。改革开放后，形成推崇"一切向钱看"的风气，鼓励一部分人先富起来，经济是发展了，道德水平却下降了，精神信仰危机也出现了。雷锋不学了，革命不提了，勤俭节约被嘲笑了，爱国主义被淡化了，英雄人物被丑化了。一时间，事物似乎走向人们不愿看到的另一个极端。

信仰之所以成为信仰，在于它是一种独特的精神活动，它会超越肉身，也会超越物质，这是"有奶便是娘"的拜金主义者无法理解的，也是"过把瘾就死"的享乐主义者不愿理解的。然而可悲的是，由于物欲横流、精神萎靡，拥有五千年灿烂中华文明的中华民族竟有走向断崖式堕落的危险。从上层到基层，从基层到底层，贪污腐败、道德沦丧、荣

辱不分，唯利是图。这竟不是个别现象，人们忍耐的极限被迫升高，做人做事的底线被迫调低。

"水之积也厚深，其浮大舟也无力"，由于遗弃了宝贵的信仰，富起来的中国像一个跛足巨人。经济上透支尚可弥补，资源透支则不易补救，而最关键的是，信用也严重透支了，不光民众透支信用，政府也在透支信用。无疑，政府对信用透支会带来很大的危险性，会像银行一样留下难以消除的不良记录。如今一起起暴力拆迁，赴京"截访"，高压维稳，都使政府的信用透支恶性发展。我们要警惕社会走向两极：一方面，经济富裕者生活空虚无聊，"黄""赌""毒"等各种丑恶现象死灰复燃；另一方面，经济贫困者无以度日，怨声不断。这正好印证了哲学家叔本华的一句名言："人生就是这样，得不到痛苦，得到了空虚。"如果不采取有力措施，当代中国可能会走上没有信仰，没有精神的危险轨道。当代国人的信仰力不足，"信生活"质量偏差，似乎有些宋朝的影子。宋朝是一个繁华而腐败的朝代，拜金主义、享乐主义盛行，自朝至野，人们普遍过着声色犬马、纸醉金迷的生活，"山外青山楼外楼，西湖歌舞几时休？暖风吹得游人醉，直把杭州作汴州"，不缺GDP，却缺少信仰，缺少尚武精神，缺少爱国主义，甚至会把岳飞这样坚决抗金的爱国将领当成眼中钉、肉中刺，必欲灭之而后快。

05、应当下大力气推动中国的传统信仰建设

宋朝的悲剧告诉我们，一个民族不能没有信仰力，一个民族不能没有"信生活"。然而当今的中国却真是陷入了什么也不信的状态。怎样改变这种局面？除了在体制上、司法上、经济上进行改革、不断完善以外，更重要的是，要自上而下地推动精神信仰建设，让信仰降低执政成本，提高全民素质，提高生产力，完善生产关系。我们知道，凡是伟大的时代、凡是伟大的民族都非常重视信仰。伊斯兰教的兴起导致了阿拉伯世界从游牧时代，直接进入辉煌的古代；文艺复兴和后来的启蒙运动催生了西方的工业革命，生产力达到前所未有的高度；而积极增强全民信仰力的韩国也迅速崛起，成为亚洲最具活力的国家之一。这表明，精

神信仰是促进经济建设的核心生产力。我们要想长期持续发展，就必须重新回归精神信仰，必须加强信仰力建设。

那么提倡什么样的信仰呢？应当是信仰多元化，兼容并包。对于当下的中国来说，则主要是推广具有中国特色的两种传统信仰，一是五千年的传统文化，特别是两千多年的儒家信仰。儒家信仰是中国两千多年大一统的基础，它对日本、韩国和其他东南亚国家和地区也影响深远，被无数事实证明是非常优秀和有效的。中国应当尊孔，应当重视四书五经，使儒家信仰进入每一个国民灵魂深处。二是中国共产党诞生近一个世纪以来的红色信仰。表面看来，上面说的两种信仰似乎有些冲突，但红色信仰不是对儒家信仰的抛弃，而是它的必要补充、发展、整合与超越。进入和平建设年代，红色信仰与儒家信仰交集更多的那些部分，则更应当发挥其积极作用。把二者当成对立的两种思想，不适应于当前中国的发展现状。

强调红色信仰，不仅要高举毛泽东思想的旗帜，也要与时俱进，重视包括邓小平理论，江泽民的"三个代表"重要思想，胡锦涛的科学发展观和习近平的重要论述在内的理论，还应兼容其他民族的优秀信仰。总而言之，只有不再把拜金主义、享乐主义当成信仰，国民才能从物质、肉身的关注中超越出来，国家才会大踏步地前进，可持续发展才能成为一种内在的而不是外在的力量和模式。如今，西方文化、西方制度越来越显示出其弊病，美国信用下调、华尔街风暴骤起，越来越多的西方人开始把目光转向中国，面对这种情况，我们应该多些自信，抓住时机，旗帜鲜明地重提中国信仰力，让中国信仰、中国文化、中国模式、中国制度走出去，传播出去，扩展影响！

第十五章

发起争夺灵魂之战

　　要想控制一个国家，毁灭其本土文化与信仰，比杀害其生命更加有效。欲亡其国，必先乱其俗；欲亡其国，必先乱其文；欲亡其国，必先乱其德。这样的策略屡试不爽。

　　战争有狭义和广义之分。狭义的战争是武装力量之间的冲突和争斗；广义的战争是包括军事战争在内的政治、经济及其他各领域的冲突和争斗。和平也应有狭义和广义之分。狭义的和平指非军事战争状态；广义的和平包括军事、政治、经济等其他各领域的非剧烈冲突和争斗状态。自古至今，人们都在两种状态中纠结，一是战争，二是和平。虽说人人都热爱和平，渴望和平万万年，但冲突和争斗的战争一天也未曾停止过。战争，不是以这样的面貌出现，就是以那样的形式发生。千百年来，人类经历过形形色色的战争，军事战争、政治战争、经济战争、宗教战争、文化战争……国与国之间有战争，团体与团体之间有战争，甚至人与人之间的战争。只不过，有些战争酷烈，有些战争相对温和。温和的战争仍然是战争，和平有时是战争的反义词，有时是战争的修饰词。

　　自地球成为一个村落之后，和平修饰词变得格外美丽，也格外具有迷惑性，使很多人失去了对战争的警惕。人们都讲究民族融合，民族交流，似乎民族竞争不应存在。其实民族与民族的和平交往，表面来看，是友好往来，但实质上，它却是一场争夺灵魂的战争。比起军事战争，它似乎温情脉脉，但本质上却不减残酷，且更具有杀伤力。它是真正的"不战而屈人之兵"。

　　争夺灵魂的战争，虽然在当代社会表现得非常激烈，但它却不新鲜，而是很早就有的一种现象。比如说，秦始皇统一中国之后，焚书坑儒、统一文字，"车同轨，书同文"，他这样做，动机很多，但其中有一个重要原因，就是怕六国文化影响世道人心。清军在入关后，清政府对汉族也给出一条"留头不留发，留发不留头"的选择难题，意在毁灭汉族文化。幸亏汉族文化十分强大，才没有在屠城中被毁灭。甲午战争后，台湾被割让给日本。日据时期，日本对台湾实行了大规模的文化统治，教学日语，实行日本的风俗制度。日本在台湾统治长达半个世纪。虽然因为"二战"失败，日本退出台湾，但日本文化在台湾的影响十分深远。当下台独势力猖獗，其中一个原因就是不少原住民对日本文化的亲和力大于对大陆的亲和力。可见文化侵略文化战争是多么重要。

在地球村时代，在实现了文化多元化存在的同时，由于文化的交流与碰撞，国际非主流文化意识的觉醒，不同文化之间的战争比以往更加激烈。各个国家各种文化都通过影视、网络、生活方式等形式，全方位向外渗透，涉及节日、饮食、儿童、服饰、语言等社会生活的各个方面。我们在改革开放初期，由于经验不足，不知不觉间做了许多引狼入室的事情，我们被外国文化洗脑，在心理上甚至成为他们的附庸。在现实生活中，不少人先美国之忧而忧，后美国之乐而乐，似乎是没有美国国籍的美国人。要想控制一个国家，毁灭其本土文化与信仰，比杀害其生命更加有效。欲亡其国，必先乱其俗；欲亡其国，必先乱其文；欲亡其国，必先乱其德。这样的策略屡试不爽。超级大国苏联分裂，因为有全盘接受西方文化的戈尔巴乔夫的"新思维"：萨达姆成为亡国之君，其中一个原因是他深受美国文化浸淫，甚至在生日宴会上演奏美国电影歌曲，以此显示他的品位。利比亚之败，又何尝不是美国文化战的胜利呢？卡扎菲反美不彻底，他的儿子赛义夫更是崇尚美国文化，对于美国心驰神往。这样学习和尊敬对手是一种美德，然而因此丧失对本土文化的自信，则是巨大的失策，为自己未来的失败埋下了伏笔。

亡羊补牢，犹未为晚。所以我们应该通过立法，通过政治、经济、文化、教育、军事、各个方面的立法，把文化提高到国家安全的战略高度。并通过一系列的信仰—文化—产业系统工程，扭转这种被动局面。

01、兴起中华节日

节日是人类长期历史积淀和文化凝聚的结果。世界上各个民族都有引以为豪的自己的民族节日。民族文化往往是通过节日流传下来的，节日是民族文化的最集中凝聚。如中国的春节，路再远，钱再少，人们也要回到家乡，回到父母亲人身边。即使回不去，也要一起收看春晚。这是中华民族凝聚力的充分表现。一种文化，如果失去了节日，那么它离消亡就不远了。

中国传统节日形式多样，内容丰富，是我们中华民族悠久历史文化的一个重要组成部分。按时间排，中国的节日有"一年之计在于春"的春节，有"清明时节雨纷纷"的清明节，有"楚乡遗俗至今留"的端午节，有"卧看牵牛织女星"的七夕节，有"遥知兄弟登高处"的重阳节，有"明月几时有？把酒问青天"的中秋节等；按民族论，则有藏族的"雪顿节"、傣族的"泼水节"、彝族的"火把节"、傈僳族的"刀杆节"、蒙古族的"那达慕"、黎族的"月三"、苗族的"花山节"、壮族的"歌圩节"……众多的民族节日，是祖先留给我们的一份取之不尽、用之不竭的人文文化资源。

然而由于西风东渐，我们对自己的民族节日越来越不在乎，或者只是把它等同于放假休息，休闲旅游，吃吃喝喝，放弃了其中的博大文化内涵，真可谓"晚节不保"。与中国人忽视自身文化相映成趣，有一些现象值得引起我们注意：

一是外国人比中国人更注重中国的节日，比如端午节，虽然中国人不重视，可韩国人却推崇备至，把它当作自己的民俗，并向联合国教科文组织申请，获得批准，成为韩国的"非物质文化遗产"。这真是中国的耻辱，假如屈原看到如今这一幕，定会再度作"已矣哉"悲凉之叹！

二是国人对西方节日趋之若鹜，有些人甚至把中国人最古老的春节都看得若有若无。另外，从西方流传过来的圣诞节、情人节、愚人节、万圣节却日益主导我们的生活和观念。长此以往，我们的子孙将不知春节来历为何，不知端午起源为何，届时文化岂不失去其时间传承性上的依托？

因此，我们必须重视自己的节日，重视五千年传统文化形成的传统节日，和九十年红色文化形成的节日，并对外传播输出。只有这样，才能为保卫我们的制脑权增加一道防火墙。

02、推广中华饮食

中国的饮食文化源远流长、博大精深，两千多年前，伟大的思想家孔子就有"脍不厌细、食不厌精"的说法。自从燧人氏发明了火，中国人就结束了茹毛饮血的野蛮生活，烹炖蒸炸，色香味俱全。经过五千年的文明传承，特别是无数次的民族迁徙、民族融合及文化交流，汉族人固有的饮食文化，又吸收了其他民族的烹调工艺，增加了其他民族的烹调原料，饮食文化更加蔚为大观，以至于一个菜可做出百种风味，一顿饭能吃出千般风情。饮食文化不只是为了追求酒足饭饱，还具有祭祀祖先、感谢天地、举行仪式、休闲社交、交流思想、商务洽谈等意义。饮食，不仅联系着中华民族的胃，也联系着中华民族的心。

鸦片战争之后，中国的饮食文化开始受到挑战。随着西方的入侵，西方饮食文化也进入中国。特别是改革开放以来，由于未能未雨绸缪，对中国饮食文化保护力度太低，西餐渐渐成为时尚。20世纪90年代初，当美国快餐刚进入中国，竟有一对新人包下了麦当劳餐厅，举办婚礼。麦当劳只是快餐，和中国的油条豆浆一样，都是一种便民快餐。可是在这对无知的新人看来，却是一种先进，一种文明，一种炫耀的资本。现在看来，觉得他们十分可笑。可我们是不是想过，这是不是五十步笑百步？看看大城市中价格最贵、生意最火的餐厅，往往不是中餐，而是外国餐厅，法国餐、美国餐、意大利餐、日本餐、韩国餐，甚至泰国餐、越南餐的价格都超过中餐。虽然物以稀为贵，舶来品有舶来品的独特，价格高一点可以理解。可是世界上哪个民族像我们一样鄙薄自己的饮食文化呢？没有！幸亏中国饮食文化太发达，中国味道太强烈，否则中国人的胃早已经被外国改造了。长此下去，中国魅力将失去很多！作家张爱玲有名言：要拴住男人的心，首先得拴住男人的胃。其实，不光男人如此，女人也是如此。如果我们不拿出强大的力度拴住中国人的胃，那么我们的文化不仅不能大繁荣大发展，不能传到国外，连自己的国内阵地都会失守。所以文化大发展大繁荣，离不开对中国饮食文化的弘扬和输出。

03、弘扬中国服饰

清末著名学者章太炎有句名言："言语、风俗、历史，三者丧一，其植不萌。"作为风俗的主要组成部分，服饰是一种文化承载物。在中国历史上，古圣先贤们对于自己的民族服饰都是十分钟爱、无限敬畏的，把它看作不可亵渎的圣物。正因为此，除了赵武灵王的胡服骑射以外，其他时代，中华民族的服饰变化都不是很大。因为汉族的峨冠博带宽松舒适，深深地表达了农耕民族"天人合一"的生产力状态和哲学观，一看就对汉族人民悠久农耕的传统、热爱和平的精神气质，对那种宽容、大气、自信的气派，感受倍感强烈。

自明亡之后，汉族的服饰文化就遇到了极大的挑战。先是清统治者的血腥屠杀，入关之后，清统治者继续推行文化灭绝政策。一进北京，他们就下令汉族官吏军民一律剃发垂辫，改穿满族服装。这就使汉服满化了很多。这种创伤还未平复，鸦片战争又爆发了，汉族与满族的矛盾，又转化为中华民族与西方殖民者的矛盾，这种矛盾在服装上也折射出来。

随着辛亥革命的炮响，满清王朝走到了穷途末路，被压抑了近300年的汉族重新回到了历史舞台。可悲的是，也正是在这一时期，妄自菲薄的"新文化运动"强势登场，这一运动不分青红皂白，三下五除二，不仅革掉了中国文化的糟粕，也革掉了中国文化的精华，被清朝统治者封杀的汉服并没有因着满族皇帝的失势抬起头来，反而被当成"封建残余"丢进了角落。从此，汉族成为世界上极少数没有自己民族服装的民族。西方文化进入，西式服装进入，使我们无论思想上还是其他方面，中国化程度都越来越低，无论满族服装还是汉族服装都衰落了，形成了一个漫长的断代。这方面，汉族最为严重。中国56个民族中，藏族、蒙古族、维族等都有自己的民族服装，唯独汉族没有自己的民族服装。甚至，在许多国人的心目中，汉族从来就没有自己的民族服装，穿民族服装是少数民族的专利。没有民族服装，使汉族人在很多场合陷入十分尴尬的境地。在2004年的56民族金花联欢活动中，55个少数民族都满面春风穿着各自的民族服装，只有汉族金花却身着西式黑色晚礼服，混杂其间，有几分滑稽，也有几分苍凉，那种场面，如果孔子看到，屈原看到，李白看到，苏轼看到，定会为不肖子孙无地自容。

与韩国人比，与日本人比，与印度人比，与阿拉伯人比，甚至与茹毛饮血的爱斯基摩人比，中华民族尤其是汉族都是没有自己的传统、没有自己的个性的。服饰上完全向西方臣服，其他方面向西方人臣服就容易得多了。

要想文化大发展大繁荣，我们应该在适当的时候，用立法的形式，恢复中国人的服饰文化，抵制西方的服饰文化。在服装上保卫了中华民族的独特性，方能在精神上保卫中华民族的独特性。

04、输出中华语言文字

语言文字是一个民族记忆的最重要承载媒体，语言文字衰落的民族，是没有前途的民族。秦灭六国，先毁灭其语言文字。毁灭了语言文字，民族记忆就淡薄了，甚至完全断绝。古代历史上许多古国消失，往往不是因为其肉体消灭，而是因为其文字消灭，文字消灭则灵魂消灭，匈奴不再，鲜卑不再，契丹不再，党项不再……法国作家都德有一篇短篇小说《最后一课》，写的是普法战争中法国战败，法国的阿尔萨斯被德国占领，德国占领者在阿尔萨斯禁绝法语，推广德语。小说用苍凉的笔触写出了法兰西民族深切的爱国主义，并得出一个结论："当一个民族沦为奴隶时，只要它好好地保存着自己的语言，就好像掌握了打开监狱的钥匙。"世界上绝大多数国家都有语言安全的概念，也都有民族语言的自豪感。然而随着西方文化的传播，英语成为强势语言，威胁到各个国家的语言安全，尤其对于中国，侵害更深。从改革开放以来，英语热此起彼伏，英语成为中国学生的必修课，甚至远远超过我们的母语汉语。从幼儿园到小学，从小学到中学，从中学到大学，从研究生入学到职称评选，英语屡屡成为通天路，屡屡成为拦路虎。英语热，塑造了一个又一个神话，缔造了一个又一个上市公司。可是另一方面，多少有才华的年轻人报国无门，被英语堵在大学门外；多少人才，被堵在职称门外？如今，连中央电视台的标识用的都是外国字母CCTV，而北京市郊区某县，更是计划斥资打造一个"英语城"旅游休闲项目，其中一个设想就是"进城后不允许说汉语"，以示其国际化、现代化。虽然这一计划遭到了广大国人的抵制最后流产，但是保不准哪一天其他地方又建立一个英语城、日语城、俄语城，禁说汉语。这绝非危言耸听，殊不知，多少人在把英语要从娃娃抓起、从胎教抓起奉为圭臬？汉语已经到了最危险的时候！别说外国人来中国不学汉语，连中国人自己都不热爱汉语。如今会写书法的人越来越少，能背唐诗的人也越来越少。网络时代的来临，更是加剧了这种趋势，在高喊文化大发展大繁荣的时候，如果不首先在汉语上大发展大繁荣起来，那么一切都会成为一纸空文！

05、传播中国思想

中国文化博大精深，中国思想有着完美严密的体系。中国思想，为中国历史提供了最好、最完美、最稳定的顶层设计。这种顶层设计，也大大引导了人类文明进程，对于人类未来，也具有相当重要的启发、校正和引领作用。

不知什么时候，西方学说大行其道。人们在不知不觉中把中国思想当成一种反科学、反现代、反自由、反民主的东西进行颠覆批判，各方面的思想都唯西方马首是瞻，中国思想成为文明的反义词，似乎中国人唯我独劣、中国思想唯我独蠢。我们知道，唯我独尊是一种文化自大，但唯我独劣也不是什么胸襟。一个民族在世界民族之林中，应当有自己的民族自豪感，应当挺直了胸膛，以自己的祖先为荣。这一点，即使野蛮如非洲的土著民族也懂。

由于西方文化的不断渗透，人们逐渐被洗脑了。一部分人的思想从小就充斥着西方的意识形态，以抹黑中国为能事，以抹黑中华民族为能事，以抹黑祖先为能事，以抹黑中国传统文化为能事，以抹黑中国共产党、抹黑社会主义制度为能事。这种思想像空气一样无所不在。谎言重复一千遍也会变成真理。除了"劣根性"这一词汇之外，还有许多貌似天经地义的话语，都是西方人通过无所不在的思想战强加给我们的，比如"丑陋的中国人"，比如"落后就要挨打"，岂不知真相是，"丑陋是人类的天性""挨打才导致落后"；又如"中国人带有小农经济的落后与封闭"，岂不知道，中国人是最讲改革开放的，改革开放才让我们拥有了五千年辉煌文明；比如说，"改革开放的目的是为了引进"，岂不知道，真正的开放既要有引进，更要有输出，如果没有输出，一切引进都只能导致更大的落后；又如说"西方人比中国人更重人文精神"，岂不知西方人所谓的"人文精神"，与鸦片贩卖、军火贩卖、奴隶贩卖、泡沫经济并驾齐驱；都传说"泰坦尼克号"沉没时西方人多么绅士风度，可2012年春的意大利沉船事件却告诉我们，这些洋绅士们也会作鸟兽散，船长置船上数千人于不顾；再比如说，许多人都赞扬西方人正直清廉，而指责中国人腐败，岂不知道中国大量贪官外逃恰恰是因为中国反贪力度大，只能把毫无是非观、自私自利、缺少法制观念的西方国家为自己的保护伞。

以上似是而非的思想，通过各种管道向中国渗透，大有市场，有一个原因，就是我们在自上而下地放任。我们没有理直气壮、旗帜鲜明地宣传我们的合理性、必然性和优越性。不在思想上占据一个高地，就等于帮西方丑化中国、奴役中国。对此，我们一方面要坚决予以揭露、澄清；另一方面我们也要高屋建瓴，建立自己的思想体系，并对外输出，不仅让中国人知道中国思想的博大精深，也让世界人民了解中国思想的博大精深。

06、重建中国道德

道德是人类行为规范的准则。道德又有公德与私德之分。一个完美的社会，必然是公德与私德都相当高的社会。而一个堕落的社会，则是公德与私德都堕落的社会。自古至今，中国人的道德无论是公德还是私德方面，都是高山仰止的。

道德的最高境界就是爱国主义，所谓"皮之不存，毛将焉附"，所以中国人自古以来都是"修身、齐家、治国、平天下"的，是"位卑未敢忘忧国"。与中国人的道德相比，暂时强势的西方文化，是一种既忽略公德也忽略私德的文化。特别是文艺复兴以后，更是如同冲出潘多拉之盒的妖魔鬼怪，冲破天主教的信仰约束，极力张扬个人主义，鼓吹享乐主义，拔一毛利天下而不为。这种处理人与人关系的丛林法则，必然导致处理国与国关系上的丛林法则，导致殖民主义扩张和帝国主义的战争。西方国家不仅打常规战争，还打道德战争，在军事和经济战争之外，把这种道德缺失的"反道德"作为战略武器，输送到后起国家。清政府为鱼肉，洋大人为刀俎，就因为清政府的各级大员们与洋人勾结，各自为政，没几个人有爱国之心；而国民党面对日本侵略者，采取不抵抗主义，也是地方军阀们很多充当了"维持会""皇协军"，小我战胜了大我、公德完全丧失所致。

中华人民共和国成立之后，在以毛泽东为首的中国共产党领导下，中国人的道德得以迅速恢复，并达到了私德与公德的完美结合，一时间涌现出了无数英雄模范人物。邱少云、罗盛教、黄继光、杨根思、雷锋、王杰、王进喜、欧阳海、焦裕禄、向秀丽……那个时代，公德与私德完美统一的英雄模范，不是一个两个，而是"六亿神州尽舜尧"。

可惜后来西风劲吹，拜金主义、享乐主义、个人主义甚嚣尘上，理想主义、爱国主义、英雄主义竟一时成为被贬斥的反义词，遭到丑化和耻笑。在全民公德大幅度下降的同时，国人的私德也一泻千里地大滑坡。不仅在国内，即使到了国外，中国人也成为缺乏社会公德的代名词，野蛮驾驶、野蛮养狗、乱扔垃圾、排队加塞……这一切与夜不闭户、路不拾遗的毛泽东时代相比，根本不具可比性。造成这一切乱象的深层原因很多，但一个最重要的原因，就是我们忽视了道德建设，却任由西方文化传播，西方道德传染，并取得了制脑权。

中国要想改变这种局面，必须回到中华民族的传统美德上来。必须重建我们的道德体系，重树爱国主义、英雄主义和集体主义的大旗，只有这样才能堵住拜金主义、个人主义和享乐主义的蚁穴，不让它摧垮千里之堤。

07、加强儿童素质教育

儿童是一个国家的未来。一个国家儿童的教育权掌握在谁的手里，一个国家的命运就掌握在谁的手里。在毛泽东时代，我们认真从儿童抓起，国民的爱国主义观念根深蒂固。可是随着信仰教育的缺失，爱国主义教育一退再退，直至退到了底线以外。一位老将军曾亲口对我讲过一个故事，说是有一天他在部队医院见到一对年轻军官夫妇带着一个孩子从英雄画像跟前经过，孩子指着画像上的英雄说这是英雄，那位军官却纠正孩子说："他们都是傻瓜。"就连国家花那么大代价培养出来的军官都这样丑化为国家民族做出牺牲的英雄人物，孩子会怎么想？孩子长大以后又会怎么样呢？

　　与我们这样忽略儿童教育相反。正像奔驰公司给每一个客户赠送一辆奔驰模型车，从小培养孩子对奔驰车的感情一样，西方人也很善于打儿童战，不仅占领本国孩子的灵魂，还注重占领别国孩子的灵魂。无论是一轮赛过一轮的儿童英语热，憨态可掬的麦当劳叔叔，还是新鲜刺激的迪斯尼乐园，都大打儿童牌，把孩子培养成小小的黄种美国人。这些年围绕儿童的纸尿大战和奶粉大战，更是把战火烧到了外国孩子，特别是人数最为众多的中国孩子身上。占据了中国儿童幼小的心灵，这就为美国将来控制中国铺平了道路。如果无数先烈流血，无数英雄流汗，好不容易建设起来的中国，最后竟培养了大批量的逆子，培养了自己文化的掘墓人，那何止是"悲哀"二字所能尽言！

　　一百多年前，鲁迅曾经悲愤地写道："救救孩子！"在本文中，笔者也要发出这样的泣血呐喊："救救孩子！"文化大发展大繁荣，要先在孩子身上繁荣。

08、发起我们的艺术战

　　人类的心灵世界，可以分为理性世界和感性世界两个层面。我们每天都在两个世界中游走，无法区分是感性成分更多，还是理性成分更多。再感性的人也有理性，再理性的人也有感性。而这就为西方针对我们的文化战争留下了可乘之机。

　　尤其是直接与人的视觉和听觉感官发生关联的艺术。人类的行为动力，80%来自视觉，西方人经常宣传，艺术是超国界、超民族的东西。千万不要相信这一套，谁相信了这一套，谁就真的中了西方世界设置的文化圈套，中国的精神长城就会渐渐倒塌。为什么呢？因为我们的主流价值观是爱国主义、英雄主义、集体主义，是活的价值观；可是一些西方艺术，尤其是现代艺术，却大肆宣扬个人主义、悲观主义、享乐主义、拜金主义，宣扬的都是死的价值观。它不仅可以让一个民族的个体死亡，也可以让一个民族的集体死亡。再比如现代美术，本来就是西方世界没落时期的产物，毫无激发人积极向上的力量。可是到了中国，却被一些人当作跪拜的偶像，于是脱光者有之，裸奔者有之，群交者有之，吃屎者有之，向动物下跪者有之。更令人义愤填膺的是，辱骂祖国、亵渎国家领导人者也登上了大雅之堂，甚至被西方世界极力扶植成艺术明星和政治明星。

如果对这些"艺术"爱好者群体进行调查，不难发现，他们是被西方价值观洗脑最彻底的一群。由于对中国离心离德，加之经常可以直接、间接从西方获得巨额经济利益，相当数量的所谓"艺术家"对中国怀有刻骨仇恨，艾未未、高氏兄弟等人的作品，只是一个缩影。无耻者自有无耻者的影响。由于他们拥有一定影响力，在其身后，无知者和无耻者正渴望成为新的效法者。掌握了他们，西方势力就可以实现对中国人进行精准打击。

美术界如此，影视界情况更为糟糕，甚至完全可以用"沦陷"来形容。中国所谓的一流导演，多数已经被西方的价值观所同化。他们唯西方评委马首是瞻，以自己的变态在国际上丑化中国人为乐为能。中国白酒为什么不能在西方打开局面？因为《红高粱》这样的影视以自虐的方式向世界宣告，中国白酒里面有尿；中国女性为什么有"世界公共汽车"的雅号？因为中国影视《金陵十三钗》之类向西方世界宣称，中国无男性，中国女性无节制开放……

什么时候，我们才能制作自己的艺术精品，对内教育人民，对外感动世界呢？

09、进行我们的制度战

所谓制度，是一种处理人与人关系的社会程序。应当承认，人类有史以来的每一种制度都有其合理性一面。人类历史上绝大多数时间，都是私有制社会。每一种私有制产生之初，都有其积极的一面，对于生产力都有促进作用，对于生产关系都有改善。然而从奴隶制到封建制，再从封建社会到资本主义社会，都换汤不换药，都是人剥削人的社会，是私有制社会。正因为这些制度都有各种各样的不合理性，所以才在诞生一段时间后遭到来自所在国人民的反抗。工业革命之后的200多年里，资本主义先是镇压工人阶级，后来发现镇压不力，于是启动纠错机制，采纳共产主义学说中的一些部分，以期缓和矛盾。从而，资本主义私有制内在的缺陷被掩盖了，尤其在苏联解体、东欧剧变、社会主义遇到巨大挫折的时候，资本主义有点像万金油一样，被到处涂抹，似乎它成了全人类的救命法宝。

如果从历史的眼光来看，情况完全相反。竭泽而渔、以邻为壑的资本主义正在走向穷途末路，而暂时遇到困难的社会主义却方兴未艾。资本主义的危机得以缓和，一是因为他们的金融制度启动，用大量印刷钞票，透支未来，掩盖了暂时的危机；二是他们把剥削的矛头从国内人民转向了第三世界国家人民。这种内外政策是"医得眼前疮，剜却心头肉"。在世界上埋下了一颗威力巨大的定时炸弹，它不仅会不断引起发展中国家人民的反对，也会因严重的两极分化引起本国人民的反抗。希腊的崩溃、冰岛的破产和西班牙的危机，特别是美国的占领华尔街运动，充分揭示了资本主义制度必将衰落的趋势。西方世界的这些危机，都还仅仅是个开始。随着第三世界的崛起，类似现象还会风起云涌，不断出现。所以我们不应该被资本主义制度的造神运动所吓倒，他们能宣扬他们的制度优越性，我们也能宣传我们的制度优越性！用铁的事实，向中国人民、世界人民证明，只有社会主义能够救中国，只有社会主义能够救欧美，也只有社会主义能够救世界！

10、发起我们的公益战

任何社会制度，都有其不完善性，越是发展速度快，越是人口多，这种不完善性就越会凸显出来。对于中国这样一个拥有十四亿人口的泱泱大国来说，更是如此。目前，在我国不少地区，不少局部，两极分化现象严重，下岗工人、农民工、退伍军人、妇女、老人、儿童、残疾人等弱势群体有增加趋势，没有得到应该得到的社会关怀，有些群体甚至在生存线以下挣扎。这时候，我们一方面应该加大建设力度；另一方面要发动社会力量，启动社会公益机制，以弥补政府力量的不足。然而由于各种历史原因和现实原因，中国的公益发展暂时还无法与西方相比。这个问题，应该放在一个历史的大背景下去认识，既要知道它发展慢的历史成因，也要看清它的未来发展走势，相信中国一定能把中国特色的公益事业做大做强。

我们工作的纰漏，使一些境内外敌对势力找到了可乘之机。他们不仅在政治、经济、文化各个方面寻找突破口，也从公益事业入手，对中国发动了看不见的公益战。具体体现为两个方面，一是通过各种各样的NGO、文化机构、慈善组织，进行各种各样的公益项目，以小恩小惠收买中国的弱势群体。按理说，外国人做好事，做有利于中国的好事，都是值得感谢的。然而问题并非那样简单，因为世界上没有无缘无故的爱，也没有无缘无故的恨。我们经常被告知，"公益无国界"，其实不然，公益是有国界的。公益，不是超越国家民族，超越阶级与制度的，而是渗透于这一切意识形态之中。许多境外公益机构，都通过做好事的方式，渗透有害于中国的思想观念，收买中国人心，博得良好形象。如果不明白这一点，不妨看看抗日战争中的日本侵略者，他们既屠杀了无数的中国人，也象征性地抚养一些中国孤儿。但是如果没有他们的屠杀，中国能有那么多孤儿吗？不难明白，当年日本侵略者的公益，是屠杀的另外一种表现形式，是日本帝国主义的侵略工具，是麻痹中国人意志的。如今，西方一些发达国家在包括中国在内的世界各地大搞公益项目，有的用于救贫，有的用于治病，有的用于环保，岂不知道，亚非拉国家的贫困、疾病和污染，恰恰是他们发达的原因，没有亚非拉人民的牺牲，就没有他们的发达！这种公益，具有黄鼠狼给鸡拜年的性质。

二是抹黑中国公益。必须承认，中国公益是有缺陷的，是相当不规范的。然而不能因此一棍子打死。比如在汶川大地震中，中国公益机构发挥了非常强大的作用，这是任何境外和民间机构不能取代的。然而境外敌对势力及其代言人却对此大肆抹黑，一棍子打死，无论前几年对中国青少年发展基金会"希望工程"的围攻，还是2011年借"郭美美事件"对中国红十字会的否定，或者对世界杰出华商协会"中非希望工程"的围剿，都可以看出敌对势力的刀光剑影。公益是社会政府职能的有效弥补，特别是大型的公益机构和公益事业，在面对较大天灾人祸时，所起到的作用，永远是小型公益、民间公益所无法取代的。中国公益要改革，但不应全盘否定，如果全盘否定，再次面临汶川地震那样的巨大天灾时，中国救灾体系将完全瘫痪，民间无理性的情绪将不断蔓延。我们永远不要忘记，公益是一场战争，把中国公益的艰巨使命完全交到外国人手里，那是一种巨大的失策。正确的路径，应该是完善制度建设，减少制度漏洞，规范国内公益，限制境外公益，以我们的红色公益取代黑色公益、黄色公益。

11、发起我们的科技战

不同国家的战争，经常体现为科技战。科学技术是第一生产力，也是第一战斗力，得科技者得天下。铜器战胜石器，铁器战胜铜器，热兵器战胜冷兵器，核武器战胜火药武器……这都是科技战的具体运用。鸦片战争中国惨败，最大的硬件原因就是坚船利炮战胜了大刀长矛，中国的武器和西方的武器根本不具可比性。西班牙人能用几百海盗灭掉印加帝国，当然也能用几千侵略军打败清王朝，虽然这个中国人是先进武器——火药的发明者。先进武器没有批量生产、批量使用，军队就仍然处于古代社会，无法对抗侵略者。西方列强的坚船利炮屠杀的并不只是中国人的肉体，而是中国人的精神。所以鸦片战争之后，无论什么东西一沾"洋"字，都带有很大的褒义；而一提中国人，都要带个"土"字，和愚昧落后相提并论，甚至出现了一个专门骂中国人的词"中国人的劣根性"。世界上有那么多民族，文化多样化是绝大多数人的共识，然而只有中国人却口口声声"劣根性"，似乎"唯我独劣"。为什么？因为在科学技术上中国落后了，中国人的民族自尊心失去了，中国人被洗脑了。中国人对西方人的科技崇拜和科技恐惧登峰造极。

只有在中华人民共和国成立之后，中国人民才站起来了。中国人风风光光地扬眉吐气了几十年。然而随着毛泽东主席的逝世，对外改革开放的深入，不知不觉中，中国人的"劣根性"又成了时髦之词。20世纪80年代一部电视剧《河殇》风靡一时，内陆文明和海洋文明的二分法，流行甚广，至今不绝，中国人把"开放"和"引进"当成了"天灵灵，地灵灵"的口诀。正因为此，在科技领域，我们经常花巨资购买一堆无用的铁疙瘩——甲午战争时巨资购买掺沙子的炮弹这种悲剧，不断上演。虽然这些年来，我们在科技领域也取得了许多巨大突破，但失误和失败也是很多的。在技术上，引进有其意义，但独立自主的精神更不能丢弃。"两弹一星"是独立自主造出来的，潜艇也是独立自主造出来的，我们必须坚持自力更生的精神，不能完全在"引进"上押宝。如果这方面缺少警惕性，是一定会像特洛伊战争中的特洛伊人那样，引进一个导致国破家亡悲剧的"特洛伊木马"。在人类战争日益体现为高科技战争的今天，更是如此。1990年的海湾战争，美国大出风头，它打了一场比朝鲜战争、越南战争都要成功得多的战争，那就是把科技提高到一种神化的地位上，对全世界形成更大的威慑。面对这样的国际局势，中国人的紧迫感进一步加深。

如今西方人的科技战仍在以不同方式深入，转基因在危害着国人的健康，特别是生殖系统；计算机尤其是手机芯片可以把一个用户的位置锁定在几十米范围之内，超过了任何精确的军事地图，在美国人的眼里，我们基本没有什么秘密可言。万一打起仗来，后果不堪设想。不自力更生，不从这种科技网的扫描下挣脱出来，不建立自己的科技体系，在战略上我们是会长期陷入被动局面的。而这，也会长时间让国人在心理上处于自鸦片战争以来所受的巨大科技崇拜与科技恐惧中。

12、发起我们的金融战

长期以来，世界经济学主流都是亚当·斯密体系里面。这位号称举世闻名的古典派经济学大师的人物一直鼓吹一种思想，就是市场万能，市场万能发展到一个极致，就是金融万能，就是印钞机万能。市场对经济发展确实具有一定促进作用。然而通观世界近代经济史，却不难发现，西方崛起的奥秘，并不是依靠市场那只看不见的手，而是依靠政治军事那一双双看得见的手。西方的崛起，并不是什么市场经济，而是拜贩奴经济、鸦片经济、海盗经济、殖民经济、军火经济、印钞经济、投机经济、浪费经济、污染经济、毁灭经济所赐！没有这些"经济模式"，西方根本不会有今天。随着社会的发展，西方人虽然也发现了这些经济的致命缺陷。然而他们并没有悬崖勒马，而是改变策略，将显性的贩奴经济转换为隐性的贩奴经济，将显性的鸦片经济转换为隐性的鸦片经济，将显性的海盗经济转换为隐性的海盗经济，将显性的殖民经济转换为隐性的殖民经济，将显性的军火经济转换为隐性的军火经济，将显性的印钞经济转换为隐性的印钞经济，将显性的投机经济转换为隐性的投机经济，将显性的浪费经济转换为隐性的浪费经济，将显性的污染经济转换为隐性的污染经济，将显性的毁灭经济转换为隐性的毁灭经济。破坏的方式变得隐蔽了，剥削的矛头转向世界了，并不能改变这种经济模式的破坏性质，而只是暂时掩盖，我们应当引起更多的警惕，因为这是一场关系到中国共产党和中华民族生死存亡的金融战！

近些年来，华尔街垄断资本培养了大批代言人，分布在中国的政治、金融、产业、文化界，茅于轼就公开宣扬"交换创造财富，劳动则未必"的观点，而且拥有众多拥趸。这种思想做主导，中国经济就会自上而下沦陷，陷入恶性循环。境外资本不断占领中国资源特别是稀缺战略资源，打击中国实体产业，增加中国经济的泡沫性，并控制产品的终端，流通销售管道。控制流通销售管道，就等于控制了商品的定价权；控制了商品的定价权就等于控制了国家的货币发行权；控制了国家的货币发行权，就等于控制了国家的政权！

面对如此严峻的形势，每一个中国人都应该觉醒过来，从西方世界为我们量身定做的枷锁中解放出来。一步步地收复金融失地。具体来说，就是要加强科学技术研发能力．特别是航天、军工、IT方面的自主研发能力，减少对外来技术的依赖程度。减少外来资本、外来技术的依赖程度，逐步收复被外资控制的领域；继续宏观调控，加强实体产业，稀释经济泡沫，减少金融界西方代理人的话语权。保卫国有企业，收购一些外资、民资企业转化为新的国有企业。保障金融领域结构合理，秩序稳定。这样，持之以恒，当我们在金融上复苏过来，方能在灵魂上复苏过来，在国际上摆脱这种"唐僧肉"的被动局面。

如今，中国已经成为世界第二大经济体，但它由于一些顶层设计方面的缺陷，中国还远不是世界第二大精神体。不说与西方发达国家相比，即使和伊斯兰世界，与朝鲜比，中国都不能算是一个强大的精神体。在被洗脑方面，我们是世界重灾区。我们经济有得有失，可是在精神上、信仰上、灵魂上却所得甚少。"逆向种族主义"泛滥，"香蕉人"增多，"带路党"猖獗，都说明我们在争夺灵魂的战争中失去得太多太多。要想改变这种被动局面，就应该以中华民族五千年和中国共产党90年的主流信仰、主流价值观为基准，建立我们的战略系统工程，从政治、经济、文化、教育、公益各个领域、各个层面，发起全方位的反击。这，不仅是中国对中国自身的伟大义务，也是对全世界的神圣责任。

第十六章 国家品牌与四个自信

　　要打造国家品牌，其关键处和打造商品品牌一样，那就是定位！清晰、明确和与众不同的定位，将国家或地区嵌入人们的心智，建立起鲜明品牌。

在商业中，品牌是面对顾客而言的，打造品牌的目的即是为了争得顾客。通常来说，品牌就是指商品品牌。但同时，作为拥有和运营商品品牌的组织，企业或公司本身也需要面对"顾客"——员工、股东、政府、投资人等，它这时也成为一个"商品"，可以被当做品牌来看待。同样，一个国家，当它面临吸引旅游者、投资者或区域所在地产品的消费者等课题时，也需要被当做品牌来打造，以打动游客、投资人以及消费者。

要打造国家品牌，其关键处和打造商品品牌一样，那就是定位！清晰、明确和与众不同的定位，将国家或地区嵌入人们的心智，建立起鲜明品牌。定位一般是依据自身的优势，因此，有没有优势，有没有自信，直接关系到能否确立自身的优势定位。对于当前中国而言，要想树立起我们的国家品牌，一定要具备四个自信，这就是道路自信、理论自信、制度自信和文化自信。

01、四个自信支撑国家品牌

从古至今，任何国家都是要有品牌的。国家品牌是一个国家的旗帜，国家品牌是一个国家的印章。

何谓国家品牌？所谓国家品牌，就是一个国家历史、现状和愿景的综合提炼和结晶，它既继承本国本族的优秀文化传统，也吸收外国、外族的优秀文化，找到自己时代的方向，并提炼出一整套深入浅出的符号系统，用符号表现出来，通过视觉、听觉和味觉这三大感觉系统，以各种艺术形式和传媒手段，重复重复再重复，以系列重复的地毯式轰炸方式，诱导、暗示、控制，加上一定物质刺激，"从娃娃抓起"，一步步引导国民的衣食住行、喜怒哀乐，规范其生活方式、思维模式、语言模式和行为模式，最大限度地发挥国民的正能量。这种作用，主要是针对本国人，也不应忽略针对外国人。这就是国家品牌。

国家品牌，依托于个四自信：道路自信、理论自信、制度自信和文化自信。拥有四个自信，国家品牌一定强盛；失去四个自信，国家品牌必然衰落。中国历史上历朝历代，都有四个自信。所以这些朝代都在各自的执政时间里创造出相应的辉煌。然而鸦片战争之后，西方人用坚船利炮打破了中国的大门，中国的四个自信遭到致命打击，老大帝国第一次产生了国家品牌危机。这种国家品牌危机持续了一百多年，其间各种各样的思潮百花齐放，莫衷一是，先贤们试图把西方道路、西方理论、西方制度与中国固有的中国道路、中国理论、中国制度进行整合，来指导中国的生存与发展。然而由于未能从西方找到最优秀的东西，与最优秀的本土资源相结合，这些探索先后都失败了。洋务运动、戊戌变法、辛亥革命，一切一度给中华民族带来新希望的东西，都很快让中国失望，城头变幻大王旗，不能给我们带来凤凰涅槃那样的新生，国家品牌也无从重建。

随着十月革命的胜利，世界上第一个社会主义国家苏俄（苏联前身）诞生了。这给黑暗中艰难摸索的中国人指明了方向：俄国人走的道路，才是救亡图存的选择。可惜由于病急乱投医，丧失自信的中华民族求变心切，盲目照搬，全然无视中国现实，中国特点。当时的中国共产党执意要走苏联式道路，中国工农红军遭到惨败，被迫长征。遵义会议确立毛泽东的领导地位之后，中国共产党才开始纠偏，自觉把马克思主义普遍原理与中国革命具体实践相结合，并在革命实践中发展成为毛泽东思想。中国人民经过浴血奋战，打败日本帝国主义，打败了国民党蒋介石代表的大地主大资产阶级集团，建立了中华人民共和国，从此迎来中华民族繁荣昌盛的新时代。

国家的统一和稳定，是建立国家品牌的前提，中华人民共和国建立以来，各方面都取得了举世瞩目的伟大成就，中国国家品牌也应进入一个与自身国力相适应的急速上升时期。

02、我们的国家品牌曾经辉煌于世

一个国家的国家品牌，可分为信仰品牌、文化品牌、政治品牌、国防品牌、经济品牌、科技品牌等若干板块。这些板块相辅相成，共同构成一个国家的硬实力和软实力，用有形和无形的符号，向全体国民和整个世界宣示自己的国家形象，强化自己的国家形象。

在这方面，我们曾拥有过一段辉煌的时光，那是在毛泽东时代。中华人民共和国成立后的前30年，是一段可歌可泣的激情岁月。在信仰品牌方面，马克思列宁主义、毛泽东思想占据着无可置疑的领导地位；文化方面，一大批讴歌新生活的电影、小说、诗歌、戏曲、曲艺作品问世，深入人心；政治品牌方面，实行人民民主专政，劳动人民当家做主，实行按劳分配，中国成为世界上最廉洁的国家；国防品牌方面，则因为打了抗美援朝、中印战争、珍宝岛战役、抗美援越等几场战争，激发了军民斗志，打击了敌人的嚣张气焰；经济品牌方面，建立了完备而强大的工业和农业体系，生产力极大提高，为民族生存和国家发展打下了雄厚的物质基础；科技品牌方面，独立自主，自力更生，取得了"两弹一星"、核潜艇、杂交稻、激光照排、胰岛素、青蒿素等巨大成就；外交品牌方面，从零起步，先后与众多国家建立外交关系，重新回归联合国，对美苏两霸，则坚决反对，成为维护世界和平正义的中坚力量，赢得各国尊敬。

所有的品牌都应该以人为本，国家品牌应该包括人的品牌，从领袖品牌到人民品牌，从英雄品牌、明星品牌到普通百姓品牌，每个个体所体现出的精神面貌，都是国家品牌的重要构成部分。而中华人民共和国成立后的前30年，毛泽东主席得到亿万人民热爱拥戴，人们自觉维护自己的领袖品牌；英雄模范乐于奉献、乐于牺牲；劳动人民，各安其职，团结一致，奋发向上，民族凝聚力空前绝后，雷锋、焦裕禄成为人们竞相学习的榜样。国家品牌强势，国民自信满满。在那个翻身农奴把歌唱的火红年代，伟人毛泽东振聋发聩地向全世界宣告："中国人民站起来了""遍地英雄下夕烟""敢叫日月换新天""六亿神州尽舜尧""我们的朋友遍天下""帝国主义及一切反动派都是纸老虎"……真是"七亿神州七亿兵，万里长城万里营"。那个时代的人们无不意气风发，豪情万丈，道路自信、理论自信和制度自信，深入人心，以至于根本不会提出"自信"这样的话题。

03、美国成功的秘密

不单是毛泽东时代的中国，世界上所有国家都一致不遗余力致力于国家品牌建设。其中做得最好的是美国。美国本是一个由海盗和叛徒组成的小国、弱国，建国之初就债台高筑。然而它如何在区区200多年时间中，从13个州，发展成一呼百应、傲视群雄的世界第一大强国？不是因为它底子厚，一个一穷二白的新国家不可能有什么底子！东方的中国、印度和阿拉伯世界，西方的英国、法国、西班牙、俄罗斯，任何一个国家都比它底子厚。不是因为它人种优，一个大杂烩民族，没有什么优秀和纯粹的血统可言。也不是因为其制度好，一个长期保留奴隶制，至今还未完全消除种族歧视的国家，没有什么制度可以夸口。那么到底是什么使美国独秀一枝？

美国是通过国家品牌的全方位出击，征服全世界的。有这样一则轶事，说的是一位美国将军向军校学员训话，他举起一百美元："这张美元只是一张纸，成本微乎其微，可以忽略不计，然而全世界必须用相当于一百美元的产品来换这张纸。这合理吗？不合理！公道吗？不公道。可全世界为什么必须接受这一事实？是因为你们的存在。你们保护的就是这张纸的品牌价值。"全场掌声雷动。

那么美国的国家品牌是怎样宣传出去，广为人知的呢？美国建国后，就一直致力于信仰品牌、文化品牌、政治品牌、国防品牌、经济品牌、科技品牌建设，不甘人后。特别是20世纪，推进以电影、电视和动漫为主导的视觉战略，以快餐和饮料为主导的味觉战略，以摇滚音乐为主导的听觉战略，重复重复再重复，不断重复，重复多了，假的变成了真的，坏的变成了好的，讨厌的变成了喜欢的，异类变成了标准。美国的对外强势宣传，绝不是花拳绣腿的空架子，而是发挥了枪炮所不能发挥的巨大作用。美国的重复宣传，在其他国家各个领域都引起了核裂变。它通过视觉、听觉、味觉三大感觉系统的诱导、暗示、控制，加上一定的物质引诱和绑架，"从娃娃抓起"，一步步控制别国人民生活的每一个层面，成为其最基本的生活方式，并进而影响其思维模式、语言模式和行为模式，控制其民间倾向和政府决策，使之牺牲社会正义、环境资源、永续发展、社会和谐、文化传承，等等，一切向有利于美国的方向发展，使其老百姓成为"没有美国国籍、不享美国福利的美国公民"，成为"第五纵队"，成为"带路党"，使其政府俯首帖耳、言听计从，甘当"负责任的大国"，按其指示制定内外政策，即使丧权辱国也在所不辞。不断重复，最终使美国文化在全世界到处渗透，深入每一个人的灵魂深处，连一些反美斗士也无法抵挡它的魅力，譬如伊拉克前总统萨达姆·侯赛因，他以能欣赏美国音乐为荣，虽然大骂美国，但在美国文化面前，却是忠实的奴仆。

正是因为不遗余力用重复手段不断宣传国家品牌，才有人发出这样的调侃："好莱坞是美国的宣传部，迪士尼是美国的统战部，华尔街是美国的组织部，哈佛大学是美国的人事部。"美国的国家品牌这样强大，所以美国人都充满自信，不热衷出国，不热衷移民，不热衷开放，更不屑去巴结其他国家。

04、走出自卑的泥淖

无论与新中国前30年相比，还是与美国相比，我们现在都存在着很大差距。我们的国家品牌，与经济发展极不平衡。

改革开放以后，由于某些决策失误，急于否定前30年，开创"新时期"，我们人为地制造了国民的心理断裂。我们物质积累丰富了，四个自信却渐渐衰落了。国歌《义勇军进行曲》中所唱"中华民族到了最危险的时候"，再一次唤起我们的危机感。

改革，应该是往好处改，往有利于中国国家和中国人民利益的方向上改；开放，也应该是引进技术，引进物质，输出精神，输出品牌。可是我们正能量引进不多，负能量却引进不少。各种各样的奇谈怪论充斥整个社会，"美国月亮比中国圆""中国应该殖民300年"。这种思维不仅在民间散布，也影响到了高层。全民学英语，成为制度。"华人与狗不得入内"客观上被恢复了。"救美国就是救中国""救欧洲就是救自己"成为国际笑柄。崇洋媚外成为时尚，甚至成为制度性的行为，到处在讲英语、学英语，从娃娃抓起，连中央电视台都自称CCTV。

全国上下，大大小小的电视台本来都是执政党的喉舌，却都取名为"XXTV"，娱乐至死，赚广告费至死，传播负能量至死。纯正的汉语不复存在，取而代之的是一种让中国人难听懂读懂的杂交语言。到处在染头发，西装革履横行，代表中国风格的唐装被人当成日本和服，可口可乐、肯德基、麦当劳一统天下。"招商引资"的结果是把中国的商人、资源和货币源源不断输出到了比中国发达的国家，出国热伴生的竟然是卖国热，许多官员和富人不是成为外国人就是成为外国人的家属。中国沦为廉价资源和劳动力提供者，和高价商品的消费者。"言必称美国、行必听美国"已经成为一种思维定式。更有甚者，一些党员干部也深受其害，思美国所思，忧美国所忧，急美国所急，乐美国所乐，以调侃、亵渎毛泽东为能事，以反共、反华为己任。可以说，美国对中国的精神世界的侵蚀，甚至比秦始皇的"焚书坑儒""车同轨，书同文"还要彻底。

这一切，都体现出一种巨大的全民自卑、道路自卑、理论自卑和制度自卑。自卑的毒树上，结不出什么甜美的果子。要想清理这种荒唐、丑恶的现象，就必须重新建设中国的品牌自信，没有品牌自信，一切自信都无从谈起。具体来说，就是要正本清源，重树中国的信仰品牌、文化品牌、政治品牌、国防品牌、经济品牌、科技品牌等一系列品牌。信仰品牌决定着一个国家的整体格局和风貌，所以要重建中国人的信仰，旗帜鲜明、大张旗鼓地重提毛泽东思想。毛泽东思想是恒星，其他思想都是行星，行星围绕恒星转，地球围绕太阳转。毛泽东思想不仅应该是中国的主流价值观，也应该成为世界各国奉行的普世价值。文化品牌方面，则必须回归中华五千年的传统文化和中国共产党90多年的红色文化，立足于中国主流文化，通过视觉、听觉和味觉三个方面，立体式地影响人、吸引人、赢得人，狙击泛滥的西方流行文化、享乐文化、垃圾文化；政治品牌方面，则要强调党的领导，使我们的执政党品牌、国父品牌、领袖品牌、国旗品牌、国歌品牌、明星品牌、国民品牌无处不在，顶天立地；国防品牌方面，除了继续加强党对军队的领导，加强国防军事科学的发展，还应在适当时机，打一次仗，粉碎敌对国家的挑衅，树立我军的军威；经济品牌方面，则要减少华尔街体系经济学家、经济机构对中国的影响，发展实体经济，优化金融经济在经济中的比例；科技品牌方面，则应回归独立自主、自力更生的优秀传统，培养人才，留住本土人才，吸引国际人才，提高中华民族的创新能力。

相信经过这一系列的举措，中国人的道路自卑、理论自卑和制度自卑会得到根治，道路自信、理论自信和制度自信得到加强。中国的声誉、信誉和信用无限增殖，中国的吸引力、影响力和生产力不断提高，中国人民的视觉、听觉和味觉不再受制于其他国家，而是由中国自己主导。中国的资源不再被廉价出售，相反要大量购买其他国家的廉价资源。不仅如此，中国还能在国际上发出更多正能量，制衡霸权主义，致力世界和平，重建世界秩序，改善地球环境。唯此，"中国梦"才能不再只是一个梦想，而是一个活生生的现实。

第十七章

作为英雄品牌的中国共产党

中华民族之所以能够取得如此惊天动地的伟大成就，诚然与传统文化形成的强大凝聚力有关，但是一个更加不可忽视的因素是，在经历了多次试错之后，中国选择了一个强有力的领导者，一个可无比强大的品牌，这就是中国共产党！

中华民族是一个古老的民族，中国是一个文明古国，长期以来都是人类文明的领先者和领导者。进入近代社会以后，由于受到完全异质的西方文化的打击，遭到了灭顶之灾。自工业革命后，西方国家通过航海贸易飞速崛起，其他文明古国因时间差而遭受突如其来的碰撞，先后分崩离析，无法恢复元气。就算幸存下来，也只是作为一个或几个封闭落后的小国、弱国，充当帝国主义的附庸，只有中国却能够百折不挠，如凤凰一样，浴火重生，并在核竞争时代，拥有了"两弹一星"，建立了强大完备的工业体系，成为全球第二大经济体，逐渐凭借和平、开放、担当的大国气度，跻身于国际领导者行列。这一不可思议的华丽转身，是其他文明古国没有做到，也不敢想象的。中华民族之所以能够取得如此惊天动地的伟大成就，诚然与传统文化形成的强大凝聚力有关，但是一个更加不可忽视的因素是，在经历了多次试错之后，中国选择了一个强有力的领导者，一个可无比强大的品牌，这就是中国共产党！

中国共产党在中国的出现和取得胜利，是历史的必然。在创始之初，中国共产党就雄才大略，确立了一个伟大的目标。与清末洋务运动、戊戌变法、革命相比，甚至与草根的太平天国、义和团相比，中国共产党的起点都是低得不能再低的，可以说是出身寒门，白手起家，没有要人扶植，也没有财团埋单，而是茕茕孑立、四面楚歌。接二连三的毁灭性打击接踵而至，让这个新生的团队，随时处于恐怖之下。然而就是在这样艰苦卓绝的环境中，它异常顽强地生存了下来。全世界资产阶级都虎视眈眈地与它作对。好不容易有所发展，共同合作的国民党又突然变脸，对它举起了屠刀。而在共产主义阵营，苏联老大哥不看好它，共产主义的大本营——共产国际不喜欢它。甚至它的内部也不是那么铁板一块，而是分歧多多。然而中国共产党无比顽强地生存了下来，并且战胜了各种各样的对手，一步步实现了自己的目标，向着更为宏伟的远景走去。中国共产党为中国，为世界贡献的精神财富，是取之不尽、用之不竭的，无论怎么看，它都是一个无与伦比的光辉传奇，一个品牌奇观，值得人们从各个角度、各个侧面、各个学科去发现、去仰视、去研究、去学习。

01、中国共产党的制度探索

中国共产党首先值得赞扬的就是它的制度探索。在中国共产党之前，中国人有两个理想，一个是孔子的理想，另一个是陈胜、吴广的理想，这两种理想既有共同之处，又有矛盾之处。两种理想的矛盾，就表现为阶级斗争。孔子的理想是超前的，陈胜、吴广的起义是勇敢的。这两种思想意识主导下，中华民族在对立统一中延续了两千多年。然而当历史的车轮进入新的时代，仅仅靠这两种思想和探索已经不能赶上时代的发展了。历史已经向中国人提出了更新、更紧迫的要求。在崭新的历史背景下面，继往开来，建立一种新的思想，探索一种新的制度，树立一种新的信仰，用这种新的信仰带领中国人适应新的时代，新的挑战，新的机遇！

于是中国共产党应运而生！中国共产党之所以开天辟地，是因为其有伟大的想象力。自古以来，中国都是"普天之下，莫非王土，率土之滨，莫非王臣"的家天下，中国共产党却能够振臂高呼，砸碎万恶的旧世界，来一次彻底的大换血！或许有人说，中国共产党没有什么出彩之处，无非是照搬了俄国人的经验。这话有一定道理，然而简单照搬俄国经验，在中国是根本寸步难行的，无论俄国多么想帮助中国，中国多么想学习俄国。中国必须产生立足于本土的伟大思想体系、制度设计，必须进行艰苦卓绝和赴汤蹈火般的探索。

中国共产党拥有雷厉风行的行动力。中国文化里面有一种坐而论道、清谈误国的成分，要么等待别人实现他的想法，要么磨磨蹭蹭不去行动，然而中国共产党说干就干，毫不犹豫，即使付出流血牺牲的代价也绝不含糊。他们建立苏维埃共和国，实行减租减息，开展经济建设，赢得了广大老百姓的信任和爱戴。这一切都是为了建立一种共产主义制度。后来的历史也证明，这样一种设计虽然有些异想天开，却又是切实可行的，因为符合广大劳苦大众的基本愿望，而且真的在中国成为现实，令世界瞩目！

当历史进程又有新的发展，中国共产党又能够与时俱进，纠正既往的错误，归正自己的方向，优化自己的路线，可圈可点，可敬可佩。中国共产党用自己的制度探索，既能打破历史，又能回归历史；既能对抗世界，又能融入世界，甚至引领世界。因为中国共产党是一个英雄的政党，有一种英雄文化的基因！假如没有这种英雄文化的基因，英雄就不容易产生，产生了也不容易存活，存活了也不容易胜利，最终形成断层。历史上曾有许多古老的民族，由于未能延续英雄传统，从而导致民族衰落甚至消亡。我们无比感恩，我们的祖先，为我们创造并存留了这样的英雄文化传统，而且借着中国共产党，将这样的英雄文化传统，传承到了今天，并为人类提供了这样一种道路，这样一种制度，具有中国特色的社会主义道路。当东欧社会主义纷纷改弦更张，甚至社会主义的发祥地苏联都对自己过去的社会主义道路全盘否定的时候，中国还在一枝独秀、高歌猛进，并且担当人类引领者和拯救者的角色，实在是与中国的制度优越性有关。用制度说话，用实力说话，用品牌说话，用英雄主义说话，中国共产党是当之无愧的伟大英雄团体！

02、中国共产党的信仰建设

中国共产党之所以能够星星之火、可以燎原，是因为它具有一种与生俱来的信仰。信仰力量的作用是无穷的。这种信仰使其做起事情，如痴如醉，无怨无悔。信仰不是空想，不是推理，不是口号，也不是算计，却是一种力挽狂澜、赴汤蹈火的浩然之气。信仰可以超越现实，超越时间，超越空间，以大无畏的精神，为不相识的人献身，为看不到的目标努力，为感觉不到的胜利奋斗……这都不符合斤斤计较的世俗计算，是需要"傻子"一样的思维，"疯子"一样的激情，才可能做到的，不是做一次，而是做一生；不是一个人做，而是一大群人，前仆后继、生生不息做同样的事情。这就是中国共产党人的信仰。这种信仰是攻无不克、战无不胜的。物质资源诚然重要，然而精神资源却比物质资源更加重要。信仰是精神之钙，信仰是文化之脉，没有信仰的航船，走得越快终点越远，走得越快离触礁越近；信仰是精神之根，信仰是文化之本。没有坚定的信仰，一切都不堪一击。共和国的建立和建设，拜信仰所赐。共和国的变质，也与偏离信仰有关。无疑，英雄的中国共产党具有这样的信仰，并且用信仰激发起的洪荒之力，带领中国人民完成了一次又一次的"长征"，进入世界强国之林。在未来的岁月里，还将一如既往地带领中国人民，开采我们的信仰核能，启动我们的文化航母！

03、中国共产党的军事成就

中国共产党是一个通过武装起义，得到天下的政党。在军事思想和军事实践上，取得了许多经典的伟大案例。从建军不久，中国共产党就确立了两个伟大理论：一个是"党指挥枪"，另一个是"枪杆子里面出政权"。在这两个理论指导下，中国共产党取得了举世瞩目的卓越军事成就。共产党成立之初，一度与国民党紧密合作，然而后来国民党反动派背叛了革命，向共产党人举起了屠刀。共产党先后发动了南昌起义、广州起义和秋收起义等几次武装暴动。后来经过三湾改编、古田会议和八七会议，渐渐发展成为一支能打硬仗、打巧仗、打胜仗的铁军，在苏区取得了四次反围剿的军事胜利，堪称世界军事史上以少胜多的奇观。第五次反围剿由于机会主义路线的破坏失败后，红军仍然能够在战略转移过程中实现纠错，让毛泽东同志回到领导岗位上，并且一路克敌制胜，完成举世瞩目的长征，胜利到达陕北。后来又在可歌可泣的抗日战争中，积极抗日，屡建奇功，发展壮大。抗日战争胜利之后，国共合作破裂，代表大地主大资产阶级利益的国民党集团，撕毁和平协定，向共产党控制的解放区进攻，想要抢夺胜利果实。共产党人奋起反击，以小米加步枪打败了飞机加大炮的国民党精锐部队，取得了解放战争中一连串的胜利：辽沈战役、淮海战役、平津战役……都为人类战争教科书，留下了精彩的战例，夺取了全国性的胜利，建立了中华人民共和国。

年轻的共和国注定还要在战争中接受血与火的洗礼。中华人民共和国成立不久，就遭到了巨大的挑战。美帝国主义不甘心自己在亚洲的控制力的下降，不甘心失去在中国的殖民利益，于是又纠集了15个国家，武装侵入朝鲜，甚至把战火烧到了中朝边境。为了保家卫国，中国人民志愿军跨过鸭绿江，与所谓联合国军作战，这就是抗美援朝。在实力更加悬殊的情况下，中国人民志愿军打败了联合国军，成为战争史上的奇观。之后又取得了中印、中苏珍宝岛战役、对越自卫反击战的胜利。这些战斗，也像以往的战斗一样，无一不留下了可歌可泣的记载，涌现出一系列的顶天立地的英雄人物。而这些英雄人物一起会聚成一个大写的英雄形象——中国共产党。

在中国共产党英明领导下的人民子弟兵，具有占用任何来犯之敌的勇气和能力。无论和凶残野蛮的日本军队搏斗，和装备精良的国民党军队厮杀，和不可一世的美国军队交手，和咄咄逼人的苏联军队交锋，都能以少胜多。最后的结果是，我们的战略更加宏观、战术更加成熟，炉火纯青，我们的军事思想、军事装备、军事工业都获得了长足发展。军事实力的提高，保障了中国国家地位的提高，如今中国在国际上的地位，是举足轻重、不可取代的。中国军人，不仅在本国发挥作用，也将越来越成为维护世界和平的重要力量，得到越来越多其他国家人民的赞许。而这都与中国共产党的领导有方密不可分。

04、中国共产党的经济成就

人应该是精神和物质的高度统一体。所谓"精神变物质，物质变精神"。"君子喻于义，小人喻于利"虽然可以显示人格的高洁，但是这种简单的二分法，无法描述人的复杂存在。人应该是精神和物质双重发达，才无愧于上天的恩赐。这一点不仅适合于普通人，也适合于英雄，"穷且益坚"诚然可敬，"富贵不淫"才是人生更大的圆满。一个英雄在战胜富贵腐蚀之前，应该先战胜贫穷的捆绑。方志敏烈士说清贫是共产党人的风格，然而这样的清贫却不是为清贫而清贫，而是以清贫的现在去建设一个富足的未来。这不仅是方志敏的初衷，也是整个中国共产党人的初衷。中国共产党人有能力在清贫和富足之间游刃有余，达到真正的自由。如果说中国共产党花了28年的清贫代价建立共和国，30年勒紧裤腰带建设共和国，那都是时代所趋、时代所限、是打基础的话，那么在改革开放之后则是厚积薄发，在财富的金光大道上大踏步前进。毫无疑问，这些年的前进是稳健的，虽然中间曾被阻挠、被破坏、被唱衰、被腐蚀，然而螳臂当车，不能阻挡巨人的迈进。

中国共产党带领中国实现了经济上的腾飞，不是偶然的，一切都是有理论依据的，都是在充分研究、吸收人类经济历史上成败、得失、正反两方面经验基础上建立起来的，既不搞机械、僵化的"社会主义"，也不搞放任、无序的资本主义，避免了苏联社会主义模式的覆灭，又避免了西方资本主义模式的疲软，而是建立了一整套生机勃勃、欣欣向荣，而又能自我纠错、自我更新的崭新模式和完备机制，使中国的发展成为一种不可遏制、不可停止的强大势能，一切寻求稳定发展的国家，都只能承认这种势能、尊重这种势能、借助这种势能，才能在未来的国际社会中立于不败之地。任何想无视这种势能、阻挡这种势能、违背这种势能、脱离这种势能的想法和做法，都会像当年的清政府一样，成为愚昧守旧的代名词，遭到历史的嘲弄与抛弃。

05、中国共产党的科技成就

众所周知，中国共产党是从前所未有的简陋和寒酸中发展壮大起来的。他们最早的科技是镰刀斧头，他们开始创业的时候，西方国家已经开始了坦克和飞机时代。中国共产党所做的一切都是土法，"土八路"是他们的雅号。他们的科技水平虽然不能说是当时世界上最原始的，但是绝对是"落后"的代名词，凡是到过军事博物馆的人都知道。然而就是这样一支简陋的部队，在40年后发射了自己的"两弹一星"，研制出了胰岛素，神五、神六上天，高铁四通八达，核电站技术输出，量子卫星成功上天，建立完善了多所大学系、科、专业和其他科研机构，民间科技机构和科技企业更是雨后春笋，数不胜数。目前中国的信息产业已经在世界上居于领先地位。中国的信息产品，无论软硬件方面，都因为物美价廉，得到了世界上越来越多用户，包括西方发达国家用户的追捧。这个时代，都津津乐道于"工业4.0""互联网+"。根据历史的发展规律，一个国家的崛起，往往得益于产业革命。谁能领导产业革命，谁就能控制世界，号令天下。中国共产党领导下的中国人民，通过这些年的艰苦奋斗，从中关村的改锥、深圳的小厂，一直走向了今天，通过中国人的智慧与勤奋，已经完成了一系列令人难以置信的成就，淘宝打败了易趣，腾讯打败了ICQ和MSN，百度打败了谷歌，华为打败了苹果和三星……当年所谓的"中文不适合计算机"等振振有词的谬论，完全被扫进了历史的垃圾堆。未来的中国，传统行业还将迎接更多的升级，插上互联网的翅膀，突飞猛进，还将在科技兴国的道路上走得更远。中国共产党领导下的中国人，向这个时代、这个世界交出了令人满意的答卷，未来的中国还将在中国共产党领导下交出更加厚重、更加惊艳的答卷！

06、中国共产党的国际角色

在历史上中国是曾经长期充当中心和王者的角色，正所谓"万国衣冠拜冕旒"，近代后中国却走向衰落，成为魑魅魍魉们争吃的唐僧肉。列强纷至沓来，坚船利炮，大兵压境，迫使清政府签订一系列丧权辱国的不平等条约，然后"租界"出现了，列强们一面向中国走私鸦片毒害中国人民，一面辱骂中国人为"东亚病夫"。有些地方甚至挂出"华人与狗不得入内"的牌子，这就是中国人当时的国际形象。

在国际政治方面，帝国主义不能轻松撕裂中国版图主体部分的完整，就挖空心思在中国边境策动形形色色的叛乱与分裂，试图建立更多的仰人鼻息、俯首帖耳的"小朝廷"，甚至在中国辛亥革命胜利后仍然把北洋政府当成软弱好欺的奴役对象。

第一次世界大战，中国应该是战胜国，按照国际法，中国应该从战败国德国手里收回青岛及胶东半岛的主权，但是帝国主义看到中国积贫积弱，竟然无视中国人民的感情，无视有关国际法，把青岛和胶东半岛割让给日本。这一切都证明，一个国家的国际角色、国际地位不是来自国际法的保护，不是来自大国的赏赐，而是来自自己的实力。"落后就要挨打"不是人间真理，却是国际博弈中的一个常见现象。你的遭遇其实都是别人对你国际形象的折射。被侵略是因为别人从你的国际形象判断你是可以侵略的对象，侵略你成本低、风险小、回报多。所以日本帝国主义在第一次世界大战后刚刚十年，就为阻挠国民党北伐，制造了惨绝人寰的济南惨案，后来又在1931年制造了"九一八事变"，在1937年的"卢沟桥事变"之后，更是全面大规模地侵略中国，妄图全面占领中国。日本帝国主义的对华政策，并不是孤立的，它是国际主流社会对华政策的一个缩影。

在第二次世界大战结束，日本投降之后，西方列强主导的国际主流社会又一次故伎重演，完全不把中国看在眼里，不仅在蒙古问题上制造后患，还妄图破坏中国的统一，阻挠共产党的执政，甚至提出"划江而治"的谬论，想乘机把一个中国变成两个中国。在中华人民共和国成立后，则又可是对年轻的共和国积极封锁。这一切并非无妄之灾，而是由中国积贫积弱的国际形象所决定的。然而当英国"紫石英"号被解放军的大炮撵走以后，西方国家对中国的炮舰外交画上了句。中国的国际形象开始发生变化，屡屡让国际社会吃惊，共产党领导下的中国不同于国民党的中国，北洋军阀的中国，满清的中国。当中国人民志愿军雄赳赳、气昂昂，跨过鸭绿江，抗美援朝打响后，国际社会的震惊开始升级。联合国军等到完全被拖住，苦不堪言，士兵厌战情绪严重之时，以美国为首的国际社会开始胆战心惊，不得不签订停战协定。美国军队第一次在自己没有打胜的停战协定上签字，从美国建国以来，就没有哪一个国家战胜过美国，是中国共产党领导下的志愿军打破了美军不可战胜的神话。打破对手神话的过程，也是树立自身国际形象的过程。"弱国无外交"的一页永久性地翻过去了。

抗美援朝战争以后，中国的国际形象开始大幅度上升。中国可以向别人强加于他的国际社会说"不"，中国人可以用自己的方式而不是别人指定的方式来塑造自己的国际形象。对于一切不平等的待遇，中国都有权力、有能力说不。中国当然不会在国际社会中孤立自己，然而任何国际组织、国际惯例，都不能成为束缚中国的桎梏；恰恰相反，国际组织、国际惯例，都需要因着中国实力的不断增强而发生变化。中国加入联合国就是一个最典型的例子。

在抗美援朝时，中国和"联合国军"打仗，中国被美国操纵下的联合国定义为被制裁的、非正义的一方。但是短短的18年过去，一切发生了戏剧性的逆转，中国于1971年重返联合国，并恢复了联合国常任理事国的地位。世界上没有一成不变的国际形象，也没有一成不变的国际惯例，只有一成不变的强者为王。正因为如此，中国不仅内部建设方面独立自主，国际事务方面也是我行我素。中国遵守一切合理的国际规则，加入合理的国际组织。但是中国并不以消极加入为满足，而是更加致力于升级一些国际规则，建立一些国际规则，创办一些国际组织，使之更加有利于国际合作与人类和平。

这一切都透露出一个信号，中国共产党领导下的中国不仅要在国内扮演英雄，还要在国际上扮演英雄角色。倡导建立亚投行、推动人民币国际化、实施一带一路战略……一连串的大手笔，都是只有中国共产党才能够想出来的，只有中国共产党才能付诸行动的。而且随着时间的推移，中国国力的进一步增强，我们还会有更多的行动，在国际社会中担当更加重要的角色。

综上所述，中国共产党无论从哪个角度看，都是人类历史上空前绝后的英雄政党，是国际政治中的佼佼者，如果说20世纪中国共产党的主要使命是造福中国，那么21世纪，中国共产党将完成更加伟大的使命，在进一步造福中国的同时，造福世界，造福人类，成为人类文明与进步必不可少的推动力量！

第十八章 创建有中国气派的英雄文化产业

创建有中国气派的英雄文化产业是发展国家文化软实力的有效途径，是维护国家文化安全、振奋民族精神，在国际舞台上提高国家文化竞争力和影响力的可靠保障。

国家综合国力由硬实力和软实力构成，中国国家文化软实力是国家综合国力的重要组成部分。创建有中国气派的英雄文化产业是发展国家文化软实力的有效途径，是维护国家文化安全、振奋民族精神，在国际舞台上提高国家文化竞争力和影响力的可靠保障。

01、国家文化软实力在世界文化格局中的重要地位

一般认为，国家硬实力和国家软实力构成国家的综合国力。

国家综合国力的概念，首先是在冷战时期由西方学者提出的一类国际关系理论。冷战结束前后，出于对冷战对抗与结局的规律性思考，综合国力研究一时成为国际战略研究的热门话题。研究主要围绕综合国力的构成、作用及特性等要素展开，其核心内容是实力评估。

在1990年美国政客兼学者约瑟夫·奈提出软实力概念之前，美国学者汉斯·摩根索提出有代表性的九要素构成论（地理、自然资源、人口、民族特征、国民士气、工业能力、军备状况、外交质量和政府质量）、法国学者雷蒙·阿隆曾提出三要素构成论（占有空间、物力人力资源、集体行动能力）等。我国研究于冷战后跟进，也相继提出如七要素构成论（基础实力、经济实力、科技实力、军事实力、政治实力、外交实力、精神实力）等。

这一阶段的主流研究虽然涵盖软硬实力内容，但并未明确综合国力由硬实力和软实力构成。软实力既没有成为国力研究的重点，也未被大国普遍接受为制定国家战略的重要内容。

新旧世纪交替前后，约瑟夫·奈提出的软实力概念成为国际战略研究的新宠，而且逐渐成为相关大国制定国际战略时的重要参考。继西方大国强化在国际竞争中的国家软实力建设，中国和俄罗斯也相继使用国家软实力或国家文化软实力概念，并将其改造成为国家战略。2006年，

中国官方首次提出"国家软实力"概念。一年后，"国家文化软实力"概念正式写入党的十七大报告。党的十八大报告全面阐述了建设国家文化软实力的战略目标与原则。

当前中国国家软实力建设，正面临着至少三个不平衡。

一是国际战略竞争态势的不平衡。综合国力的根本属性是竞争，无论是国家硬实力还是国家软实力，只有在国际竞争中用于具体对象时，才能显示出自己的能力。离开竞争，就无法评估其实力。当前，美国占世界文化产业市场份额的43%，欧盟占34%，日本约占10%，韩国约6%，剩下7%是世界其他国家所占份额。中国文化软实力在国际竞争中将会在长时间内处于弱势状态。其原因有：世界软实力竞争中的主流文化是随资本主义生产方式向世界扩张而长期形成的西方文化；世界社会主义文化随着苏联解体和冷战结束长期处于低潮期；西方国家文化产业不仅在工业化时期而且在信息化时代仍将主导世界文化产业。

二是国家硬实力与国家软实力在国际竞争中地位的不平衡。软实力虽与硬实力构成综合国力，但在分解构成综合国力要素中，软实力充其量只能占约五分之一。因此，国际舞台上的综合国力较量并不能替代软实力的较量，综合国力竞争出现的平衡态势也不能替代软实力的失衡态势。在和平时期，基础实力、经济实力、科技实力、军事实力、政治实力和外交实力并不会每时每刻直接参与软实力的竞争。而在和平时期，软实力竞争始终处在综合国力竞争的前沿，处于弱势方在软实力竞争中会更加失衡。

三是国家硬实力与软实力建设的不平衡。改革开放后，国家以经济建设为中心，创造了世界物质文明发展奇迹，同时也创造了精神文明的丰硕成果。但随着社会主义商品经济发展，多种经济成分的经济基础影响并改造着上层建筑的变化，国家软实力建设遇到严峻挑战。相对于国家硬实力的发展业绩，软实力建设的成绩单便显得有些逊色。

建设在国际舞台上能与西方主流文化抗衡的中国文化软实力，确立中国文化软实力在世界文化格局中的重要地位，须从容应对文化软实力建设面临的若干不平衡挑战。其核心是协调硬实力建设和文化软实力建设发展步调，在持续发展硬实力的同时，给文化软实力建设补课，甚至在一定时期将文化软实力建设放到优先地位，下决心通过几代人的不懈努力，建成能与西方国家抗衡的国家软实力，确立国家文化软实力在国际格局中应有的地位。

02、建立中国英雄文化软实力模式

国家文化软实力战略包括国家文化安全战略与国家文化发展战略。文化安全战略是针对文化安全威胁的谋划，文化发展战略是关于文化软实力发展目标、路径与原则等的总体设计与实践。以文化安全战略作为牵引，在有效应对文化安全威胁时把握文化软实力发展机遇，推动以中国特色价值观为核心的文化软实力建设，创建具有中国特色的英雄文化软实力模式，是提高国家文化软实力的重要途径。

国家文化安全面临来自外部和内部两个方向的威胁。从20世纪50年代以来，外部威胁压力始终呈上升势头。"二战"结束后的前10年，国际社会主义运动在世界范围内广泛传播，在世界范围内掀起了民族独立和民族解放浪潮，在与西方国家文化软实力的较量中一度处于上风。但自20世纪50年代中期后，西方文化软实力通过三次较量，建立了自己在国际竞争中的主导地位，给我国文化安全造成持续压力。

第一次较量是在20世纪三四十年代之后，美国利用苏共否定斯大林引起社会主义阵营的混乱和分裂，推行"和平演变"战略，扭转了"二战"后西方国家软实力在国际竞争中的被动局面。

第二次较量是20世纪八九十年代，美国通过多年的文化软实力经营，最终促成了苏联解体。一个东西方硬实力大体平衡，竟然由于国家软实力的失衡和西方国家坚持推行软实力战略而导致社会主义苏联大厦的坍塌，这是进步人类的沉痛教训。

第三次较量是西方国家挟冷战胜利之余威，在独联体和中东国家推行"颜色革命"，短短几年，便以非暴力手段改变了中亚、东欧和中东北非地缘政治板块的颜色。

中国作为冷战后唯一的社会主义大国，当然是西方国家的主要竞争对手和颠覆的主要对象。但出乎西方国家的意料，坚持改革开放的中国不仅顶住了苏联解体和"颜色革命"的压力，而且正以昂扬的姿态走向世界舞台的中心。因此，中国与西方软实力的较量注定是一个长期的拉锯过程。在这一较量中，中国将被迫处于守势，不得不面对西方软实力咄咄逼人的攻势姿态。

由于国内经济制度和利益取向的多元化，在外部威胁的鼓动、支持和操纵下，来自国内方向对文化安全的压力也在增加。我国现阶段由多种所有制、多种分配方式和多种利益主体形成的经济基础，必然产生与之相适应的多元文化形态与多元价值取向。文化市场化在带来竞争力的同时，也为媚外文化和低俗文化提供了滋生土壤。外国资本进入及外部敌对势力在社会生活的全面渗透，并欲占领某些文化、教育、舆论阵地，正试图培植一支威胁包括国家文化安全在内的国家安全、服务于西方国家利益的势力。市场经济中消极的无序竞争和商品交换原则土壤，滋生着拜金主义、个人极端主义、贪污腐败、历史虚无主义和普遍的颓废情绪，冲击着以集体主义为中心的社会伦理秩序。在某些领域和范围，本是社会主义文化立足点的劳动者主人翁地位和工人阶级意识甚至荡然无存。

文化安全威胁尖锐地摆在面前，解除上述威胁不能不成为文化软实力建设的根本任务。这一任务决定了国家软实力建设战略也应该采取以攻势姿态为核心的积极防御策略，即在国际意识形态竞争中总体采取防御姿态和在国内意识形态领域采取攻势姿态。在严峻挑战面前，不应只是被动应对，而是要制定整体和局部战略规划，抓住机遇，主动出击，奋发有为，创建具有中国特色的英雄文化软实力模式，为建设与国家硬实力相称的国家软实力不断注入活力。

英雄文化是华夏文明之根，中国文化之魂。它凝聚了爱国主义、民族品格、世界理想和时代精神，体现了忠诚守义、艰苦奋斗、敢于胜利和勇于献身的优良品质，它是奔流在华夏文明长河中永不停息的波浪，是闪耀在世界文明天空中的七彩虹霓。无论是历史还是现实，英雄的旗帜永远不倒，它始终是国家和民族取之不尽、用之不竭的精神营养和财富。无疑，建设中国英雄文化软实力模式，必然成为国家文化软实力建设的重要组成部分。

当前，建设英雄文化软实力正面临若干机遇。

一是文化产业正逐步成为国民经济的支柱性产业，发展英雄文化产业正当其时。近20多年来，世界主要经济体面对旧的发展模式的挑战，纷纷修订发展战略，将发展文化产业作为刺激经济发展的新动力。我国已明确将发展文化产业作为发展国民经济的支柱性产业，并借推动"一带一路"有利契机，努力做大做强。

二是全社会经过多年实践，吸取和总结正反两方面的经验教训，逐步形成建设积极的健康向上的社会主义文化、以社会主义价值观教育人和鼓舞人、有效抵御外部文化渗透和颠覆的文化软实力的共识。英雄文化再次成为全社会的心灵慰藉和精神家园。

三是随着居民收入增加，文化消费在家庭消费比重逐年增加。据中国人民大学文化产业研究院材料，2015年我国文化消费占居民总消费的6.6%，而其潜在的消费能力为30%，大约有3.6万亿的消费缺口。消费的增长无疑成为国家文化软实力建设的有力引擎。

四是文化产业正面临新技术变革，世界大国发展文化产业新技术和新领域差不多处在一个起跑线上，这为后来者提供了接近、赶上甚至弯道超越的机会。我国凭借国家硬实力和中国文化传统的某些优势，有机会有能力在文化软实力竞争中提速。

具有中国特色的英雄文化软实力模式，应是以中国传统文化为基础，以社会主义价值观为引领，以英雄人物、英雄群体、英雄业绩、英雄精神为内容，将传统形式与创新形式相结合；以国家英雄文化产业品牌为龙头，在内具有凝聚力、在外具有竞争力的英雄文化软实力建设。就如同英雄人物在历史发展进程中所发挥的推动作用一样，英雄文化软实力建设模式将会发挥排头兵的作用，从而有力地推动国家文化软实力的全面建设。

03、创建有中国特色的英雄文化产业

英雄文化建设是一项长远而艰巨的工程，应通过处理好若干矛盾关系，全面提升拥有国家品牌的英雄文化产业竞争力。

一是处理好英雄概念中内涵与外延的关系，努力拓展边界效益。英雄概念包括特有属性的内涵和适合该概念的所有对象的外延。其内涵指英雄人物和英雄群体，其外延指由内涵决定的英雄业绩、英雄元素、英雄气质和时代精神等。英雄文化以英雄人物和英雄群体为主体，涉及由其实践、作用与影响所产生的全部精神成果及其衍生物。英雄文化产业以英雄人物和英雄群体作为创作主题的同时，得以寻求和拓展其精神成果及衍生物的边界效应。凡是健康的、积极的、向上的文化产品均是英雄文化概念外延边界效益成果。因此，英雄文化产业是既坚守原有阵地，又不断向外开辟广阔空间的文化产业载体。

二是处理好英雄的中国元素与世界元素的关系，使中国英雄文化融入世界主流文化，确立自己的话语权。英雄元素是由英雄内涵所决定的英雄特质。中华英雄儿女具有人民性、实践性、先进性和世界性的历史与时代特征。

人民性。人民是历史的创造者，也是英雄的创造者。英雄儿女来自于人民，服务于人民，是人民的英雄儿女，是时代和群众的产物。

实践性。英雄儿女顺应历史潮流，投入民族独立解放斗争、国家统一事业和社会主义建设事业的伟大实践中，展示出自身价值和做出杰出贡献，是伟大实践的先行者和弄潮儿。

先进性。恩格斯在晚年曾谈到历史的合力是由无数单个的愿望意志组成无数相互交错的平行四边形，并由此产生出总的合力，即历史结果。在实践中，每个人均是历史的参与者和创造者，那些顺应历史潮流的，具有超群能力、品质和智慧的英雄、英雄人物和英雄群体，总是在合力的形成中发挥着先进作用，对推动历史前进做出独特贡献。

世界性。中华英雄儿女不仅具有鲜明的民族特征，还具有鲜明的世界特征。他们勤劳、勇敢、忠诚、智慧、爱国的品质，自强不息、艰苦奋斗、不屈不挠、勇于牺牲的精神，已超出民族精神的范畴，而成为世界精神财富的一部分。

中国英雄儿女的特性与中国英雄元素根植于中国优秀文化土壤，同时也是世界文化花坛里的艳丽花朵。外国英雄文化虽然被打上鲜明的异域文化和意识形态烙印，但也体现出人类精神世界里的共同情感与审美趣味。中国文化产业既要坚持自己的特殊性，展示鲜明的民族风格，又要在世界性上做足文章，将中国英雄文化融入世界文化，取得自己的话语权，并经过不懈努力，使中国英雄文化产业成为世界文化竞争中的有战斗力的奇兵。

三是处理好统一性与多样性的关系，讲好中国故事和世界故事。英雄概念的内涵与外延是对英雄共同特质的概括，也是对英雄本质的抽象，体现了英雄特性的统一性与普遍性。这种统一性和普遍性决定了英雄文化产业创造健康的、积极的、先进的、服务于民众的精神文化产品的基本属性。但这种基本属性的体现需要通过产品的多样化形式。无论是中国传统文化还是社会主义文化，都呈现出多样化与特殊性的特性。英雄人物的多样性、英雄业绩的多样性、历史背景的多样性、民族生活的多样性等，构成英雄文化无比多彩的生动图画，呈现出各个英雄个体的独特魅力，从而汇聚成中华英雄文化的奔腾河流。中华五千年文明，灿若星辰的英雄人物，撼人心魄的英雄行为，波澜壮阔的英雄业绩，这些数不尽的素材、数不清的形象和数不清场景，构成英雄文化创作的取之不尽的丰富矿藏。面对历史与现实如此丰厚的馈赠，中国英雄文化产业没有理由讲不好中国英雄故事。英雄元素在世界上有共同性和共通性，西方文化产业可以把花木兰和孙悟空等中国元素作为其成功产品的材料，我国的英雄文化产业不仅更能利用好中国素材，而且有必要和能力将西方文化素材嫁接于中国的英雄文化产业，用中国价值观和世界语言来讲好世界故事。

四是处理好产品内容与创新形式的关系，生产出适应时代潮流的创新性优秀文化产品。文化产品与社会生产力水平及生产方式紧密相连，传统文化产品本来就是既有生产力和生产方式的产物。进入21世纪后，新一轮科技革命的大潮正席卷而来。旧的文化产品的生产、存储、传播形态正在被新的创新形态所取代。几十年前在剧场看戏的人们，绝想不到以后可以在上班路上观看自己随意选择的剧目；钻图书馆的学子们也难以想象以后可以在家里办一所数字图书馆；宅在家里的人们更想不到可以在第一时间同步欣赏在异国首演的剧目。新技术、新领域、新变革改变了文化产品的形态，也在改变文化市场的消费形态。就如同历史上曾经发生的变革一样，这种大变革虽然不可能全面否定文化产品的传统形态，但已经并将继续对其形成巨大冲击。进行文化产业结构优化、发展创意文化产业、培育新兴文化业态等问题必然成为英雄文化产业建设必须解答的课题。完成这一使命既要靠创业者的共同努力，又需要扶植、支持和培育拥有国家品牌的英雄文化支柱产业。这种拥有国家品牌的文化支柱产业具有传统生产者不具备的发展优势。

可以凝聚社会共识、凝聚智慧、凝聚力量以形成合力；能制定长远规划，展开战略布局；有能力吸收、培养和使用有战斗力的文化产业精英队伍；有较强的造血能力，能化解某些市场风险。每一项产业都有"骨干"，英雄文化产业也不能例外，建设好拥有国家品牌的英雄文化支柱产业势在必行，生产出为市场所接受且有生命力与竞争力的创新性英雄文化产品势在必行。

五是处理好文化产品与英雄文化产业的关系，确立国家的英雄文化的品牌。传统文化产品形态，如绘画、刺绣、陶瓷、戏剧、电影与图书等一般表现为相互割裂的独立存在，而在数字化时代，数字电影、数字图书馆、数字博物馆、动漫网游、网络视频、移动新媒体、"互联网+"等不仅内容相互渗透和相互联系，而且其终极产品有可能出自一家拥有国家品牌的支柱型文化产业。以独立方式表现的文化产品是传统文化产品的显著特征，它所具有的独特艺术价值与人文关怀深深嵌入中华文明机体中的文化基因，永远不会磨灭。

但是，任谁也无法改变上层建筑决定于经济基础这一规律，踏着新技术步点、综合各种艺术内容、熔不同形态文化产品生产于一炉的新的文化产业旗舰模式，必将大行其道。据统计，带有这种新生产模式气息的国内文化创意产业园区，2002年国内只有48家，2012年上升到1457家，2014年达2570家。在园区建设中，形成国家级、省市级、基层文化产业群三级体制。其中许多文化创意产业园与英雄文化紧密相连。但与美国具有世界影响力的好莱坞和迪士尼产业集团相比，我国如此众多的文化产业园尚未形成可与之抗衡的能力与合力。因此，不能只满足于生产出几件优秀文化产品，而要拥有优秀文化产品的生产线，拥有源源不断地生产优秀文化产品的联合企业，拥有自己的闪亮于世界的文化产业符号。这一目标的达成费事耗财劳心，应以建设军事航空母舰的决心、财力和毅力，打造英雄文化的航空母舰，经过磨炼和奋斗，使之成为好莱坞和迪士尼之类国际文化产业巨头尊敬的竞争对手。

六是处理好商业运行中文化产品的特殊价值与社会情感认同价值植入的关系，用英雄文化塑造中国精神。文化产品最终表现为市场经济的消费商品，它除具有一般商品的使用价值外，还具有附着在商品上的历史文化、文明特征、民族情感、精神追求等文化类价值。品质优秀的、为消费者所熟知的文化品牌，能够浓缩并升华文化商品的文化价值。如果这种品牌所传递的是弘扬民族精神的英雄文化，消费者在与产品长期接触及其对品牌美誉度的自然扩散过程中，必然增加对产品品牌产生信赖和忠诚度，自觉或不自觉地在其物质生活和精神生活中打上英雄文化的印记，脑海里印上该产品所蕴含的英雄文化的象征符号，从而有助于在全社会范围内中国精神的传播与塑造。文化品牌之所以能在社会教化中发挥作用，一是由于优秀品牌对消费者尤其是青少年消费群体具有先天吸引力，容易被接受、感染和浸润；二是品牌具有时间和空间优势，可以贯穿于消费者从幼儿、少年、青年、壮年乃至老年的全部生活轨迹，使之成为不自觉的文化价值携带者和传播者。米老鼠动画片将西方价值观植入角色和情节中，通过美轮美奂的画面，在世界范围内已培养了几代忠实观众，可见文化品牌及其符号的力量有多么强大。因此，利用优秀文化品牌和品牌符号将英雄文化产品的特殊价值融入社会情感价值认同，是以优秀英雄文化塑造中国精神的有效途径。

七是处理好文化产品意识形态属性和商品属性的关系，坚持英雄文化产业的正确政治导向。文化产品既是物质产品，又是精神产品。进入市场后，文化产品作为商品形态存在，也作为意识形态的载体存在。因此，文化产品具有双重属性，即商品属性与意识形态属性。世界上任何文化产品都具有双重属性，只不过是它所反映的意识形态有所区别而已。英雄文化产品作为商品，它需要获取利润，以保证再生产和扩大再生产，而且作为国家经济的组成部分，需要为国家文化软实力和硬实力发展做出贡献。作为商品，它要按照市场规律操作运行；但作为特殊商品，它又必须能体现历史唯物主义、中华民族复兴伟大理想和社会主义价值观。因此，英雄文化产品价值取向不能完全由消费市场来决定。无论国内市场还是国外市场，由经济地位决定的不同利益群体在政治和文化上有不同诉求，在文化产品消费趣味和习惯上，存在差异甚至相反的商品价值取向。先进与落后，高尚与低俗，磊落与龌龊，光明与阴暗，体现在文化产品的意识形态属性中。那些反映了落后、低俗、龌龊和阴暗的文化产品总是换上鲜亮的包装迷惑消费者，作为对立的英雄文化产品当然会旗帜鲜明地与之进行斗争。

中国社会主义英雄文化本来就是在与国内外反动势力所代表的没落文化长期斗争中发展壮大起来的。在人民当家做主的社会主义条件下，英雄文化产品更应该坚持正确的政治导向，高举战斗旗帜，勇于同各种诋毁革命英雄人物、抹黑党和社会主义形象、企图分裂国家的文化产品正面交锋。因此，英雄文化产品的意识形态属性不仅决定了它先天具有反对没落文化的特质，而且具有敢于斗争、敢于胜利的优秀品格。

八是处理好社会效益与经济效益的关系，将英雄情感基因植入民众生活方式之中。文化产品的双重属性决定了文化产品的双重效益：社会效益和经济效益。文化产品要赚钱、能造血、可致富，追求经济效益，这是商品经济法则，天经地义，其目标坦荡而高尚。但是，英雄文化产品的制作、销售和传播必须兼顾社会效益。所谓社会效益就是能促进社会进步、民族团结、国家统一、传播当代中国社会主义价值观。那些腐朽的、糜烂的、黄色的、反社会主义的、散布历史虚无主义和历史怀疑主义的、传播西方价值观的文化产品和文化主张与社会效益背道而行。在这场有关社会效益的较量和竞争中，英雄文化产品不仅要以自己鲜明的政治立场胜之；而且要以多彩内容，以及为人所喜闻乐见的、能反映世界先进技术的丰富形态胜之。在这一过程中，它势必能唤醒在某些角落里沉睡的英雄情结，将英雄情感基因植入民众生活方式之中。

九是处理好"立得住"和"走出去"的关系，夯实国家英雄文化产业的国际竞争力。中国文化软实力建设已取得实质性进展，文化产业在国民生产总值的比重也在持续增加。据统计，2005—2014年，中国文化创意规模年均复合增长率为21.3%，2014年增长12.13%，比同期GDP增长率高出4.73%个百分点。于此相适应，以各类英雄主题的文化产业园也大批涌现。当前，包括英雄文化在内的文化软实力建设正处于健康发展阶段。"走出去"将是一项长期而艰苦的工作。有利的条件是：

中国是世界唯一的社会主义大国，自"二战"结束后，国际社会主义与国际垄断资本主义的斗争始终是贯穿于国际斗争的一条主线。尽管在苏联解体和国际社会主义运动处于低潮，但世界范围内的社会主义理想仍在一些国家和劳动者群体中游荡。中华人民共和国成立后，中国经过近70年的努力奋斗，以超过西方发达国家的生产率创造了人类的奇迹，显示出有中国特色社会主义的强大生命力和感召力。中国特有的意识形态和价值观在世界范围内有着广阔市场。

中国作为世界第二大经济体，有实力、有意志、有能力在世界文化产品市场和意识形态较量中占有一席之地。

中国拥有传统英雄文化的沃土，有一支文化产业大军，有受过良好教育的国际化人才队伍，特别是有国家的鼎力支持，能聚合为攻城略地的卓越能力。

不利条件是：西方国家文化产品搭政治军事优势的班车，具有先发优势；世界文化市场主要份额已被西方文化产业瓜分；中国国内尚未整合形成能与西方文化大鳄掰手腕的英雄文化产业旗舰；国内英雄文化产业转型尚未完成，开辟国际文化产品市场的经验不足等。

当前，世界文化产业竞争的大幕已经开启，中国英雄文化产业能否在国际竞争中争得应有地位，当在此一搏。

关于英雄主义理论的再思考

第十九章

　　英雄主义在人类历史上由来已久，它实际上已经成为一种能够反映东西方基本意识形态的文化现象。英雄主义和其他众多主义一样，多民族、多文化的价值观和人类趋向统一的英雄史观永远是一对矛盾。

随着人类文明的不断进步，对于英雄主义的理解也从两个方面发展。一是代表全人类具有人道主义的精神价值观逐渐代替了过去狭隘的民族主义、国家主义和种族主义的价值观，英雄主义越来越具有全人类广泛的精神意义。另一方面是代表各种文化和各种不同民族的价值观的英雄主义在相互碰撞中不断地相互理解相互学习，形成一种具有多元色彩和民族个性的并能相互尊重的英雄主义价值观。英雄主义和其他众多主义一样，多民族、多文化的价值观和人类趋向统一的英雄史观永远是一对矛盾。

英雄主义在人类历史上由来已久，它实际上已经成为一种能够反映东西方基本意识形态的文化现象。中国的英雄文化和西方的英雄文化有很大的不同。如陈独秀所说："西洋民族以战争为本位，东洋民族以安息为本位"，"西洋民族以个人为本位，东洋民族以家族为本位"。所以中国有侠客，西方有骑士。中国的英雄史观着重于守卫国土，维护皇权；而西方的英雄史观着重于塑造人格，创造历史。但是两者的共同点就是英雄的理念首先是创立具有当时人们可以效仿的榜样，是某一个历史时期人们崇拜和追随的对象。

东西方英雄文化都是宿命论，但西方的宿命包含着对命运的挑战和不屈，而东方的英雄往往赋予命运一种妥协和变通。西方英雄是绝对个人英雄主义，他们虽然也讲义气重友情，但始终以自己的利益为最高利益。而在东方是确实不能容忍的自私行为。

英雄爱美人是英雄文化的共同点。但是江山和美人的选择上，中西文化也有不同。为了美人舍弃江山，在西方文化中仍然是英雄行为，比如特洛伊王子和海伦的故事。而在中国却要遭到无情地指责，并且将责任推到美人身上，斥之为红颜祸水。在漫长的男性为主体的古代社会，东西方的英雄绝大部分都是男性，女性只是男性的陪衬。但是，西方偶尔也会出现一些让人们肃然起敬的女英雄如圣女贞德，而中国的女英雄必须要女扮男装才能成为英雄，如花木兰、穆桂英。可以看出，东西方英雄文化中的同一性和差异性是随着文化的不断交流和进步也在发生变化。比如中国的反封建运动和西方的女权主义兴起，使得东西方女性英雄和伟人不断增加。东西方在英雄标准和英雄行为的认识上有逐步接近的可能。

01、英雄与悲剧结缘

普罗米修斯为人间盗火被宙斯绑于奥林匹斯山上受罪，这则古希腊传说是西方文化中英雄主义之源。中国古代传说中的夸父追日和精卫填海是中华英雄文化的源头。

虚幻传说与现实世界英雄人物的悲剧命运，构成了东西方英雄文化的共同基因。

悲剧不论以何种形式表现，其最终反映了现实世界中的人类对大自然和现实压力下精神上的痛苦、无奈、抗争和追求。

英雄人物的悲剧价值不仅体现在对没落、腐朽、反动乃至黑暗的控诉与批判，不仅体现在揭示人性深处至诚至圣至美至纯的感情，唤起人们对光明与幸福的渴望和奋斗；还体现在否定所谓天定命运强加在人们精神上的枷锁，使人类能够勇敢地去解放自身，努力把握自己的命运；更体现在为人类整体利益奋斗的英雄悲剧所焕发出的凝聚情感、凝聚意志、凝聚理想的蓬勃张力。

故可言之：英雄的悲剧命运甚至是塑造英雄伟岸形象的必备条件。考察中国历史的英雄人物，有几个不是在悲剧结局中得到升华？有几个不是在一片惋惜声中流传后世？有几个不是在指责和攻击声中屹立于天地之间？英雄与悲剧，两者注定结缘。

02、孤独与英雄

李白的《将进酒》有句："古来圣贤皆寂寞，惟有饮者留其名。"有的人借句言道"古来英雄皆寂寞"。

英雄多起于民间，依四时而行止，与民众共甘苦，本不应与孤独相伴；成就大事后，周围更不乏各色热络之士，又何来孤独二字？

英雄之孤独，非因俗人俗言俗事俗物，非因江河山岳风霜雨雪，而在于思想未得自由，精神找不到归处。

凡英雄者，除具有忠诚品格、昂扬斗志、献身精神和卓越能力外，其思其想早已超脱其自身，而幻化为时代良心和时代光芒。当这一光芒穿越笼罩在现实世界的重重雾霭，试图指明人类前进轨迹而不得或不清晰时，英雄便陷入常人难以理解的精神痛苦之中。英雄不语，英雄无奈，英雄孤独。

历史既厚待英雄，给他们搭好表演的舞台；历史又苛责英雄，用层层纱幔遮挡他们的睿智光芒。历史局限性，这是每个英雄都迈不过的门槛，这是陷英雄于孤独境地的无解难题。

英雄莫怕孤独，莫怕历史局限性。19世纪的英国著名学者卡莱尔颂扬英雄道："太阳排斥不纯洁东西，其表面还有不详的黑点，但它自身不会熄灭。"

孤独之于英雄，是现实与历史对英雄付出与贡献的最圣洁、最高贵的回报。

03、合力论与英雄

"合力论"是恩格斯晚年提出的历史分析方法，他认为，马克思和他本人研究历史都是遵循这一方法论。

恩格斯在两封信中阐述了"合力论"的观点。一封是1890年9月写给布洛赫的信；另一封是1894年写给博尔吉乌斯的信。其中最重要的一段话是，"历史是这样创造的：最终的结果总是从许多单个的意志的相互冲突中产生出来的，而其中每一个意志，又是由于许多特殊的生活条件，才成为它所形成的那样。这样就有无数相互交错的力量，有无数个力的平行四边形，由此就产生出一个合力，即历史结果，而这个结果又可以看作一个作为整体的、不自觉地和不自主地起着作用的力量的

216

产物。"①

准确理解恩格斯的合力论的前提是：如何看待生产力和生产关系即经济因素对历史的作用。

根据唯物史观，历史过程中的决定性因素是现实生活的生产和再生产。这是人类社会历史发展特别是进入资本主义工业化社会的基本规律。

是否可以将这一规律当成解开所有历史进程之谜的万能钥匙？恩格斯做出否定的回答。他还特别强调：

如果说经济因素是唯一的决定性因素，那"就是把这个命题变成毫无内容的、抽象的、荒诞无稽的空话"。请注意，决定性因素不是唯一因素，上层建筑也是决定性因素之一。

《共产党宣言》用这个理论"大略地说明了全部近代史"，"说明一段现代历史"。②这里的近代史和现代史的概念大体指17世纪中叶的资产阶级革命后时期。《共产党宣言》并不是主要用来说明工业革命前的欧洲和东方的历史发展进程。

强调经济决定性因素主要是为了批驳论敌否定的上述重要原则，而"关系到实际的应用，那就不同了"。"可惜人们往往认为，主要掌握了主要原理—而且并不总是掌握得正确，那就算已经充分地理解了新理论并且立刻就能够应用它了。"教条主义式的运用原理不仅不能认识历史，还会造成认识上的"惊人的混乱"。

如果非要从经济上说明每一个德意志小邦的历史，"那么，很难不闹出笑话来"。③请注意，对于工业化前的德意志邦国历史发展的认识，简单套用经济分析法不可行。

鸦片战争前的中国社会是"旧时的小农经济的经济制度"。④"这个世界上最古老国家的腐朽的半文明制度"⑤，中国社会无力靠传统的自身生产力与生产关系跻身于世界。请注意，恩格斯在谈及中国时，强调中

---

① 《马恩选集》第4卷，人民出版社1995年版，第697页。
② 《马恩选集》第4卷，人民出版社1995年版，第506页。
③ 《马恩选集》第4卷，人民出版社1995年版，第696页。
④ 《马恩选集》第4卷，人民出版社1995年版，第737页。
⑤ 《马恩选集》第1卷，人民出版社1995年版，第706页。

国社会进步的出路是只能借助外部力量打破腐朽的躯壳，而不是靠原有制度下小农经济的自发力量。

鉴于人们容易刻板地理解和运用经济是决定性因素的原理，陷入有害的教条主义泥潭，晚年的恩格斯深思熟虑后提出推动历史前进的"合力论"。

"合力论"揭示了历史发展复杂性和曲折性，否定用简单的公式解释历史，强调社会的人与自然的力量对历史发展发挥的作用。形成推动历史前进的平行四边形的三角线合力决定于这些力量的较量。

社会力量并不总是能按照自己的愿望和意志形成决定平行四边形的力的方向。历史人物作为四边形较量一方力量的头脑，也应该是"是一定的阶级和倾向的代表"，所处"时代的一定思想的代表，他们的动机不是来自于琐碎的个人欲望，而正是来自他们所处的时代潮流"。[①]

因此，英雄人物在历史发展进程中所表现的意志和愿望远远超越了个人欲望，而成为一定时代、一定阶级和人群利益和精神的代表。在推动历史发展进程的力的平行四边形中，自然会发挥出更大的能量，从而对历史发展做出更大贡献。

探寻中国文明史发展过程时，人们注意到，在鸦片战争前的漫长历史发展进程中，草原文化和农耕文化的冲突、民族的战争与民族的融合构成中华文明之鹰的两翼。用"现实生活的生产和再生产"来分析发展缓慢的小农经济决定历史进程说，并不能充分解释中国文明演变动力的本质。运用"合力论"则是科学的分析工具。而"合力论"分析方法必然与强调英雄人物的历史地位捆绑在一起。

04、权威与英雄

自有人类社会，便有权威出现。可以说，权威是人类社会始终存在的客观现象。

什么是"权威"？在中国漫长的宗法社会里，家长是家庭的权威，族长是宗族的权威，官员是百姓的权威，将军是士兵的权威。资本主义

---

① 《马恩选集》第4卷，人民出版社1995年版，第558页。

工业革命后，农场主是雇工的权威，资本是工人的权威。

恩格斯于1872年发表的《论权威》、分别给特尔察吉和库诺的信中，集中谈了欧洲工人运动中权威的重要性和必要性。他说："这里所说的权威，是指把别人的意志强加于我们；另外，权威又是以服从为前提的"。[①]这里，恩格斯给权威下了定义，指出个人意志要受到权威意志的支配，个人服从权威。

强制与服从，是权威的根本要求。恩格斯多次述及"权威"是针对以巴枯宁等无政府主义者借反对权威而攻击马恩与第一国际、分裂欧洲工人运动。恩格斯说，"为了进行斗争，我们必须把我们的力量捏在一起，并使这些力量集中在同一个攻击点上。""没有一个做出最后决定的意志，没有统一的领导，人们究竟怎样开动工厂，管理铁路，驾驶轮船。"[②]权威存在于经济政治文化等各个方面，特别体现在人类社会急剧动荡和变革时期。此期间，民众的习惯性生活秩序面临破裂，社会利益集团分化组合，国家制度鼎新革故，惰性十足、麻木腐朽的传统权威受到挑战，社会新的土壤和空气会将培育出适应自身需求的新权威之花。

在工业化之前，这种新权威表现为能够体现一个国家、一个阶级一个群体利益和意志的代表。从历史唯物论的观点看，在社会动荡与变革时期，有的权威可能是进步的，也有的权威可能是反动的。无论进步与反动，事实上他们都会在推动历史前进中做出自己的贡献，都会成为历史人物。其中代表进步力量的权威，则注定会成为举世瞩目的英雄人物。

权威是客观存在，英雄是客观存在；权威产生英雄，英雄出自权威；大变革需要英雄，英雄在大变革中展示权威。

05、历史偶然性、必然性与英雄

从必然性与偶然性的关系上分析历史人物和英雄人物的历史地位，是国内主流的分析方法。

其依据是恩格斯的论述，恩格斯说：偶然性是必然性的表现形式。

---

① 《马恩选集》第3卷，人民出版社1995年版，第224页。
② 《马恩选集》第4卷，人民出版社1995年版，第608页。

这种必然性，归根到底是经济的必然性。接着他谈了"所谓伟大人物问题"。"恰巧某个伟大人物在一定时间出现于某一国家，这当然纯粹是一种偶然现象。但是，如果我们把这个人去掉，那时就会有另外一个人来顶替他。"拿破仑出现是个偶然现象，"假如没有拿破仑这个人，他的角色就会由另一个人来扮演"。"历史上所有其他的偶然现象和表面的偶然现象都是如此。我们所研究的领域越是远离经济，越是接近于纯粹抽象的意识形态，我们就越是发现它在自己的发展中表现为偶然现象。"①

习近平总书记在纪念毛主席诞辰120周年讲话中，也指出要用历史必然性与偶然性的关系看待历史人物。

历史人物和事迹的出现，是偶然现象，但他们从属于所处的特定历史时期，是特定历史时期以及其所属的大历史的本质要求，是历史发展规律即必然性的本质要求。

问题是：如果偶然性完全是必然性的表现形式，而必然性又有着自己明确的发展轨迹。人类社会发展史岂不成为简单的方程式？结合"合力论"的观点看，恩格斯主要指出必然性通过偶然性开辟自己的道路，但并不是所有偶然性都体现了必然性的要求。否则，还谈何无数个平行四边形的力的相互作用最终形成推动历史前进的力量。

比较靠谱的理解是历史的必然性更多地表现在历史总的发展过程中，而未必所有的偶然性都是必然性的表现。历史进程中的个别事件和个别人物未必是历史与时代的本质需求，否则，历史就成为神祇与上帝写就的程式化演出剧本。

从不同地域和国家发展史及个别发展过程和阶段看，偶然性有时会与必然性分离，偶然性有时会跳出必然性的束缚而孤立地表现自己，成为历史上难以解释的事件和人物。

由于偶然性并不总是体现必然性，因此在评价历史人物和英雄人物时，不能简单地用历史必然性的标准尺子量其身材。不能苛求历史人物和英雄人物，要将人和神区别开来。如果英雄是神，那就不要用人的标准要求他；如果是人，那就不要用神的标准要求他。

---

① 《马恩选集》第4卷，人民出版社1995年版，第733页。

由于偶然性并不总是体现必然性，在评价历史人物和英雄人物时，不仅看到他对促进历史经济的进步作用，还要看到他的个人品质和人格力量对推动和丰富中华民族精神的形成发挥的独特作用。

06、历史节点与英雄

事件爆发在历史惯性的断裂处，英雄出现在历史节点的舞台上。

历史运动同客观事物运动一样，总是在量变中以渐变和突变两种状态存在。有的突变被历史学家成为"历史时点"。以中国历史为例，前朝灭亡与后朝接替的交点，即为"历史时点"。

历史节点是个新词，其意义不仅包括朝代更替的大"历史时点"，还应涵盖历史渐变过程中所发生的所有突变和断裂，于此时始，事物会改变发展的性质或方向。在纪念红军长征胜利80周年时，普遍认为长征历史有五个改变自身命运的节点。

当一个团体、一个民族或一个国家的躯壳不能再适应内部力量的成长和外部力量的压迫时，既有的运行秩序便会破裂。为寻求建立符合自己利益的新秩序，各种政治力量便会展开角逐。于是，历史节点成为新人物和新思想风云际会的舞台，悲剧和喜剧轮番上演，光明与黑暗反复交替，伟大与渺小同时曝光。

20世纪英国历史学家柯林伍德有段话说的有些道理。他说：与自然界发生的事件不同，"历史事件都是由人来完成的"，每一个历史事实都包含着主观目的，历史人物的个人主观行为影响着历史。[1]另一位19世纪英国学者卡莱尔夸大了英雄的历史作用，但从现象上描绘了英雄人物的历史地位："可以恰当地认为，整个世界历史的精华，就是伟人的历史"，他们"闪烁的光芒照亮了世界的黑暗"，"体现天赋创见、豪迈刚毅和英勇崇高品德的永不熄灭的光源"。[2]

卡莱尔说的话有些过头，他仅描绘了历史现象而未分析英雄行为背

---

[1]　（《历史的观念》1986年版，第25页。

[2]　托马斯·卡莱尔：《论英雄、英雄崇拜和历史上的英雄业绩》，商务印书馆2007年版，第3页。

后的支配力量。马克思在《路易·波拿巴的雾月十八日》第二版序言中，谈到对政变中"平庸而可笑"的波拿巴的评价。马克思认为，由于没看到历史人物行为的阶级斗争局势，雨果在事实上把波拿巴"写成历史巨人"；而蒲鲁东未看到波拿巴的个人主观行为，只把他的政变"描述成以往历史发展的结果"，实际上是为政变主人作了历史辩护。"我则是证明，法国阶级斗争怎样造成了一种局势和条件，使得一个平庸可笑的人物有可能扮演了英雄的角色。"①

在历史节点舞台上参加表演的历史人物，都想扮演英雄的角色，但其中不乏平庸而可笑的人物，他们可能一时赢得时代的青睐，但终究入不了英雄历史画册。

历史人物多出在历史节点，英雄人物也多出在历史节点；英雄人物必然是历史人物，历史人物却未必是英雄人物。

07、群众与英雄

是谁创造了历史？是群众还是英雄创造历史？唯物史观与唯心史观做出完全相反的回答。

凡是主张英雄创造和决定历史的观点都与唯物史观相背离。

唯物史观认为：人民群众是历史的创造者，主要依据有四条：一是社会历史的主体；二是社会物质财富的创造者；三是社会精神财富的创造者；四是社会变革的决定力量。毫无疑义，历史是人民创造的。

唯物史观认为，英雄人物代表了一种社会力量，并从属于此种力量。英雄个人意志和力量与其他力量一起形成"一个总的平均数，一个总的合力"。②只有在集体中，英雄个人才能获得全面发展其才能的手段。

英雄人物不能独立于群众而存在，但又不等同于一般群众，不能否认英雄是群众中的"精英"和"人杰"，更不能否认其对历史发展的独特影响，甚至所具有改变历史进程的能力。因此，说人民群众创造历史，同时也就肯定了英雄对创造历史的独特贡献。

---

① 《马恩选集》第1卷，人民出版社1995版，第580页。

② 《马恩选集》第4卷，人民出版社1995年版，第697页。

　　如果在此强调群众与英雄共同创造历史，实际上是将英雄个人与群众割裂，从而失去了英雄个人体现当时社会关系的总和与进步力量的价值，而成为抽象的失去社会基础的苍白偶像。

　　问题再回到题目上，马列主义经典作家为何特别强调群众是历史创造者这一命题？马恩1872年在《共产党宣言》德文版序言中说，自1848年宣言发表后的25年，"大工业有了巨大发展而工人阶级的政党组织也跟着发展起来"。巴黎公社的经验证明，工人阶级不能简单地掌握现成的国家机器，并运用它来达到自己的目的。19世纪中叶的欧洲工人运动已形成威胁欧洲资产阶级与皇权的巨大力量。无产阶级正在改变欧洲和世界历史。当时工人运动内部在对工人运动的看法和对工人运动的领导重要性上发生冲突。

　　鉴于此，马恩在通过工人运动的国际联合壮大革命群众力量的同时，加强对工人运动的正确指导。因此，强调人民群众是历史创造者的命题、树立革命的权威和正确认识英雄人物的历史地位均具有鲜明的现实性和针对性。

　　以往的历史编纂，表述多出自唯心史观，主要是写事件和政治人物，而很少写促成事件发生的经济原因，即"见人不见物"。在几千年的历史著述中，事件和人物一般是以偶然形态出现。因而英雄人物成为游离于他所代表的政治力量和群体的、具有超力量和超现实的往往被神话的形象。并经历史的沉淀而成为一种传统文化。

　　英雄人物作用之所以被迷信的另一个原因是，世界历史和中国历史在漫长的发展过程中，生产力和生产关系的发展缓慢，新的生产力难以形成新生的具有颠覆传统生产关系的能力。如中国2000年历史的四十多次重大农民起义，很少具有反应生产力突破旧的生产关系的性质。因而群众在决定历史事件发展走向的能力显然与欧洲工业革命后新生的无产阶级的能量相比。因而英雄人物的作用显得更加突出。

　　今天，在分析历史上的群众和英雄的作用时，既要纠正历史著述之偏，又不能套用19世纪后工人运动中群众与英雄的关系模式。应该给英雄人物一个恰当地位。如果当下还坚持英雄史观，实际上是仍停留在上古时代神造世界幻境里。而幻境只是传说，而并非实践。

08、爱国与英雄

中华文化语境中的爱国主义是在鸦片战争后逐渐形成的政治概念。此概念与反对西方国家侵略压迫的历史任务联系在一起。

此前的中国文化鲜有国家的概念。国只是从属于"天下"的政治地理划分。《尚书·禹贡》与《国语·周语》载，以王（天子）为中心，向外大致以500里画同心圆，分别是甸服、侯服、绥服、要服和荒服。诸侯国位于侯服范围。这种"天下"观念成为中华文化中对国家概念的基本认知。

"中国"概念，长期以来其含义尚不清晰。春秋时，中国是个地理区域的泛称，大约指侯服以内范围。楚国不在此范围内，被称为"蛮楚"。汉朝之后，入主中原者即称"中国"，南北朝时，对峙各方均自称"中国"。宋辽金对峙时，各方亦自称"中国"。当时，"中国"一词多与政权的正统性相联系。

殷墟文化显示，至少自商代由部落发育为国家后，精神生产便与物质生产同步进行，并成为一个独立的形态。各种学说如雨后春笋，服务于经济基础的社会道德伦理勃然兴发。在"天下"观得到丰富充实的同时，"忠君爱民"成为社会规范，并成为两千多年封建社会意识形态的主流意识。

当"天下"受到威胁之时拯救"天下"，当君主（政权）受到威胁之时拯救君主，当黎民陷于水火之时拯救黎民，爱国精神、爱国情怀、爱国行动便突然爆发于华夏大地，英雄人物便以时代英才的身份凸显于时代舞台。因此，中国两千年封建文化中爱国的内涵是扶天下、忠君主与救黎民，而英雄的责任是将其内涵落实到自己义无反顾的行动中。

今天，我们将其概括为"爱国主义"和"英雄主义"，是用现代政治语汇对中华爱国传统的抽象表述。

在鸦片战争之后，特别是辛亥革命后，扶天下、忠君主与救黎民的爱国主义内涵已扩大和修正为反帝反封建反殖民的救亡图存运动，"爱国主义"和"英雄主义"逐渐成为鲜明的政治词汇和飘扬的斗争旗帜。

因此，传统的爱国精神和英雄行为是近代爱国主义产生的源泉，近代爱国主义和英雄主义则是前者的延续。

传统的爱国精神和英雄文化与近代的爱国主义和英雄主义相结合，已经培育出并继续培育出世界文明花坛里中国爱国主义和英雄主义的绚丽之花。

09、历史英雄形象的三次升华

英雄人物和英雄业绩的传播，成为中华文明长河中奔腾不息的浪花。经过多次升华，历史英雄形象早已嵌入中华民族精神的丰碑。

历史英雄形象至少经过三次升华。

第一次是通过正史。正史基本是官修，官修历史以史官记注和官方文献档案为素材，编辑思想反映了英雄人物所处朝代及后朝官方的治国理念。其所涉及历史人物的撰述具有权威性，其对人物的评价不仅反映了编者的审美趣味，同时也反映了最高统治者的政治取向。

历史上不乏皇帝执笔（如"制曰"）给历史人物做结论。因此，正史中人物传记最后部分的"论曰"，是对人物的结论性总结，是对人物做出的抽象性概括。如《宋史》第365卷《岳飞传》"论曰"："西汉而下……代不乏人，求其文武全器、仁智并施如宋岳飞者，一代岂多见哉。史称关云长通春秋左氏学，然未尝见其文章。飞北伐，兵至汴梁之朱仙镇，有诏班师，飞自为表答诏，忠义之言，流出肺腑，真有诸葛孔明之风。"

正史构成一个时期意识形态的主流，其结论成为英雄形象第二次升华的依据。

第二次是通过文学艺术作品的传播。文学艺术是意识形态产品不同于史学哲学的又一分支。文学艺术以自己独特的形象思维，将英雄形象塑造成高于历史真实的艺术真实，其受众面涵盖各个文化阶层，因而使英雄人物走出士大夫书斋而进入大众生活中。如岳飞题材，自元代后一直是文艺作品青睐的对象。如《金元戏曲》之《岳飞破虏东窗记》、明初《大宋中兴演艺》、明末《精忠传》、清初《说岳全传》及此后的大量作品。

英雄人物的此次升华表现在：将英雄人物以丰满的艺术形象进行广泛传播，在传播过程中宣扬主流道德伦理规范的同时，再次提高历史英雄人物的人格和精神魅力及其在民族文化的独特地位。

第三次是英雄文化在民间大众精神世界里的自然发酵。在20世纪之前，通俗的文化产品是中国民众吸取文化营养主要渠道。宗法治理下的乡村和百业分工的市井，关于英雄人物的文化产品成为他们的文化消费对象。口口相传的故事经过想象加工汇成民间的舆论场和人们的理想标杆。英雄形象成为屹立不倒的山岭高峰。

英雄形象的多次升华过程，是英雄文化的拓展过程，也是中华文明中爱国主义和英雄主义板块的形成、发展和壮大的过程。

细细想来，这好像也是世界其他文明的英雄文化大致走过的历程。

10、英雄主义源流之一——集体主义之发轫

英雄主义是中华传统文化的基因。其植根于集体主义，成长于爱国主义，光大于自身——英雄主义。

《孟子·梁惠王上》有孟子和梁惠王关于义与利的对话。梁惠王为表明自己是仁义之君，说了下面一段话："河内凶，则移其民于河东，移其粟于河内。河东凶依然。察邻国之政，无如寡人之用心者。"孟子见过梁惠王五次，这是第二次见面时的对话。

魏国国君惠王于前369年即位，前364年由安邑（今山西晋南）迁都大梁（今开封东南）。故孟子称其梁惠王。孟子出生于惠王即位3年后，见惠王时，魏国大约已迁都数十年。

梁惠王在述说自己的政绩时，不经意间描述了一幅当时的生活画面：黄河中游两岸灾情呈摆动状，或是河内遇灾，或是河东遇灾。

孟子与梁惠王对话未说灾害成因，后人包括朱熹等的注解中，也语焉不详。

据古本《竹书纪年》，梁惠王十二年（前359年），黄河泛滥，水出"长垣之外"。此次洪水，后被历史学家称为数千年以来黄河最严重的水患之一。估计在此次大洪水之后几年，水患或在河内或在河东造成连

年灾荒。梁惠王在位期间，河患也真够他操心的。

21世纪之交，我国考古发掘青海喇家遗址。2016年，中美研究者在《科学》杂志著文《公元前1920年的洪水暴发为中国传说中的大洪水和夏朝的存在提供依据》。文章认为喇家遗址先毁于地震，后被堰塞湖决口所掩埋。据分析，该地震造成的堰塞湖决口释放的水量达110亿—160亿立方米，形成了巨大的溃决洪水，此次洪灾为万年一遇。据C14检测，决口时间在前1920年。这一结论与传说中的大禹治水的时间合拍。

大禹治水传说不论具体人物和场景如何，当时以先人与大洪水和长期水患的斗争（部落和国家组织疏导河流、躲避洪水、播种作物、教民自救）是群体主义或现代意义上的集体主义的第一次集中爆发。

此后河患不断。据统计，自周初至民国约3000年间，黄河泛滥达1600次之多，平均每两年发生一次。可以说，数千年来，河患始终是黄河中下游人民生存的共同威胁，也始终伴随着人民的共同抗争。在同从未间断的河患长期斗争中，纪律、团结和协作是斗争的必然需求，群体主义和集体主义精神自然得到长期哺育而成为中华民族身体中不断流动的血脉。

11、英雄主义源流之二——农耕文化与集体主义

华夏文明在农业生产方式哺育下得以成长。国内外学者在探讨中西文明源头时，莫不以华夏农耕文明和地中海海洋文明予以概括。

研究者进而言之，农业生产是国家管理下以家庭为核心的生产方式，个人利益被置于集体利益之中；海洋文化中的个人利益则实现于个人冒险和奋斗之中。故而集体主义生于东方，而个人主义炽于西方。

为何农业生产方式会催生集体主义？《孟子·滕文公章句上》做了有说服力的解释。在阐述治国道理时，说"有恒产者有恒信，无恒产者无恒信"，譬如三代（夏商周）都收取收成的十分之一作为税（夏称"贡"，商称"助"，周称"彻"）。

朱熹在《四书章句集注》中对此做了千余字的注解。大意是：殷（商）人开始实行井田制，以630亩地划为9区，中为公田，其余八家各

授一区。公田的活八家干，算是交税，公田外的私田不再收税。私田如何耕作？朱熹说，"耕则通力而作，收则计亩而分"。他还计算道，公田说是70亩，8家庐舍占了其中20亩，公田实际只剩下50亩。因此八家（各有70亩私田）的负担远低于私田收成的十分之一。

孩子长大了怎么办？（宋）程子考证说，如有弟，等他长至16岁，另外给他25亩地。等他成了家，也给足同样多的私田。

孟子也说，八家"同养公田。公事毕，然后敢治私事"。八家"出入相友，守望相助，疾病相扶持，"百姓亲睦。

井田随着生产力的提高而逐步扩大。夏为50亩，商为70亩，周为百亩。

三代是华夏农业文明发育和成长期，井田制构成了当时的生产力和生产关系，也反映了当时国家（天子、诸侯、大夫）管理下的宗族、家庭和个人的社会关系。

按照孟子、程子和朱熹的解释，当时井田制八家经营私田类似于合作互助的集体经营。井田制决定了劳动者个人被置于劳动关系支撑的网络之中，个人利益的取得不仅只能在集体利益中获得，还必须先公后私。

以后随着生产力发展和土地兼并，井田制在东周晚期便不复存在，但以国家、家族、家庭和个人相结合的生产方式和生产关系贯穿于以后的2000多年。集体主义情结始终伴随着是农耕文明的发展。

1996年，荷兰作者霍夫斯泰德的《跨越合作的障碍——多元文化与管理》中文译著出版。他谈了中国农业文明产生集体主义的几条理由：

从物质生产方式看，中国文化植根于农业社会的基础之上。以黄土高原为土地依托的先农为获得持续性的安定而不得不放弃部分自由和部分利益，接受国家力量的调配和制约。

从社会组织结构看，宗法结构在中国漫长的历史中成为维系社会秩序的重要纽带。以血缘亲疏决定权力格局的社会结构加上小农经济占主导地位的经济状态，造成了"家国同构"格局。在宗法制度下，不容个性发挥和张扬，要求个体摒弃自我的利益乃至情感，为家族的利益做出牺牲。

荷兰作者说法未必新颖，但有道理。可以说，农业生产需要集体协作，井田制几乎是合作互助的模板；此后在漫长的封建社会中，中华传统文化中的集体主义因与农业生产方式捆绑在一起而源远流长。

12、英雄主义源流之三——华夏文明的爱国主义

封建（分封建国）制度在西周前已出现。周灭商后，封建制度曾大行其道；东周晚期，该封建制度名存实亡。现引一段长文——《汉书·地理志》称："周爵五等，而土三等：公、侯百里，伯七十里，子、男五十里。不满为附庸，盖千八百国。""周室既衰，礼乐征伐自诸侯出，转相吞灭，数百年间，列国耗尽。至春秋时，尚有数十国，五伯迭兴，总其盟会陵夷。至于战国，天下分而为七，合从连衡，经数十年。秦遂并兼四海，以周制微弱，终为诸侯所丧，故不立尺土之封，分天下为郡县，荡灭前圣之苗裔，靡有孑遗者矣。"

孔子生活在礼崩乐坏，封建秩序行将坍塌的时期。他既想"法先王"，回到西周时的理想社会；更想在乱世中开辟一条重建新秩序的道路。朱熹将孔子《礼记》中的大学篇抽出来，作为四书之一，他认为《大学》是："大道之要。"程子也说大学是："初学入德之门。"

《大学》的主旨是"修身齐家治国平天下"。"古之欲明明德于天下者，先治其国；欲治其国者，先齐其家；欲齐其家者，先修其身；欲修其身者，先正其心；欲正其心者，先诚其意；欲诚其意者。先致其知；致知在格物。"

上面讲的是原则，具体要求是："为人君，止于仁；为人臣，止于敬；为人子，止于孝；为人父，止于慈；与国人交，至于信。"孔子坚持的理想秩序是建立在集体主义基础上的理想天下（国家）。

孔子描述的理想的社会秩序（礼）实际是个大网络，每个人的身份和等级不同，但都有自己的定位和职责；不仅行为不能逾越（"不违仁"——按程子的解释："不违仁，只是无纤毫私欲。少有私欲，便是不仁。"），内心活动也必须遵从规矩，即所谓"慎独""思无邪"。

西汉大才子陆贾高度评价孔子学说：东周"礼仪不行，纲纪不立，

后世衰废；于是后圣乃定五经，明六艺，承天统地，穷事察微，原情立本，以续人伦，宗诸天地，篆修篇章，垂诸来世。"（《新语·道基第一》）

如何建立社会新秩序？孟子阐发了孔子的礼制思想，将新秩序称为"定于一"（《孟子·梁惠王上》）。朱熹解释是："王问列国纷争，天下当何所定。孟子对以必合于一，然后定也。"

到西汉汉武帝时，大儒董仲舒强将实现该理想进一步具体化，提出"大一统"和独尊入儒学。

此后经过两千多年的岁月磨洗，"大一统"的政治理念如风霜雨雪之于天地，完全渗入华夏文明的血脉之中，成为中国社会的心理定式，而不论其处于何种朝代。

中国古代的国家概念产生于"大一统"观念。这个"大一统"，既是政治上的"大一统"，更是文化上的"大一统"。前者指中原政权至高无上，后者指以中原文化作为正统教化四方。

在鸦片战争之前，中国历史尚无近代意义上的民族概念，国家实际指的是朝廷与文明。判断其是否属于中国，看其是否接受华夏文明。所谓"诸侯用夷礼则夷之，进于中国则中国之。"（韩愈：《原道》）此即贯穿于中国历史的"华夷之辩"。

当中原政权不稳，边地四夷内迁纷扰之时，保护华夏文明不受侵害的"华夷之辩"的呼声就水涨船高。实际上"华夷之辩"已经变为汉族政权用来抵御"四夷"、维护国家政权的强大思想武器，并由此发展成为绵延不绝的爱国主义的意识形态。

可以说，"大一统"与"华夷之辩"是中国爱国主义意识形态产生的两个根源。

13、中国英雄主义源流之四——中国历史落崖式危机与英雄主义

西方研究历史和国际关系时，有不少从事自然科学的学者参与，他们爱搞一些公式和模型来解释和探究世界。这种被称为行为主义的方法

虽然未成为研究的主流，但其新颖的做派总是能够给沉闷的学术圈子带来清风。

话说1972年，中国气象学鼻祖竺可桢在《考古学报》上发表论文《中国近五千年来气候变迁的初步研究》，认为中国历史5000年来有四次寒冷期，四次温暖期。四次寒冷期分别出现在"公元前1000年、公元400年、1200年和1700年"。

又过了30年，在竺可桢研究基础上，几位科学家于2004年在中国《科学通报》上发表论文《气候变化与中国的战争、社会动乱和朝代变迁》，将气候变化引入中国战争史研究中。论文分析了唐末到清初气候变化和中国王朝的更替后，认为"冷期战争率显著高于暖期。""大多数的朝代变迁和全国范围动乱都发生在气候的冷期。"

与中国历史相对照，寒冷期往往与草原民族南侵、全国性饥荒、中原农民起义、朝代更迭相重合。其原因大致是：寒冷期到来时，温度会下降1—2摄氏度，热能输入的减少，造成中国北部畜牧业和农业区连年欠收，引起草原民族南侵和农业区灾民暴动。

研究者称，从850年至清末，共有8个冷期，其中 7个导致朝代的建立和灭亡以及国家大动乱。此期间战争总数上3次极高战争频率时期(每10年大于50次战争)都产生在冷期, 其中两个冷期属小冰期(1583—1717年和1806—1912年)。

翻阅中国古代战争历史，草原文明与农业文明的冲突和华夏内部的大规模农民起义的冲击力果然在寒冷期内叠加，引起中原传统秩序的危机和中央政权的覆亡。如：

在五代十国处于冷期（902—979年）；

宋辽金夏战争处于冷期（1110—1152年）；

蒙古南宋战争处于冷期（1194—1302年）；

明灭元在冷期（1334—1359年）结束数年后，明自身亡于冷期（1583—1717年）；

在小冰河时期（1806—1912年），以太平天国为代表的农民起义和外敌入侵彻底动摇了清政权。

笔者将由自然气候变冷、草原文明与农业文明冲突激化、华夏农业区的动乱加剧——多种因素叠加造成的原有政治和社会秩序的总危机,估称之为"中国历史落崖式危机"。此类危机不仅表现为中原政权的总危机,而且表现为华夏文明的总危机。

当遇到落崖式危机时,总会出现促进时代进步的健康力量,也总会出现代表健康力量的英雄人物。历史记载和已经固化的民族心理表明,人们认可的、垂之久远的英雄人物几乎都出现在历史落崖式危机中。

越是在黑暗中前行,越需要英雄人物高举光明的火把;越是在严酷绝望的环境,越需要英雄行为来振奋民族精神;越是在中华民族面临危亡的时刻,越需要英雄主义唤醒沉淀数千年的伟大文明的灵魂;越是要实现民族复兴的伟大目标,越要高举爱国主义和英雄主义的光辉旗帜。

习近平主席在多次重要讲话中强调要弘扬爱国主义和英雄主义。他在中国抗日战争胜利70周年纪念章颁发仪式上指出,天下艰难际,时势造英雄。在抗战英雄身上,充分展现了爱国情怀、民族气节、英雄气概和必胜信念。他还充分阐述了当前弘扬英雄主义的伟大现实意义:中国比历史上任何时期都更加接近实现中华民族伟大复兴的目标。实现目标需要英雄,需要英雄精神。我们要铭记一切为中华民族和中国人民作出贡献的英雄们,崇尚英雄,捍卫英雄,学习英雄,关爱英雄,戮力同心为实现"两个一百年"为奋斗目标、实现中华民族伟大复兴的中国梦而努力奋斗。

英雄主义,注定与民族苦难与民族奋进同行。

第二十章

关于英雄文化的
对话录（一）

颜建国：央视微电影英雄儿女频道执行总监，英雄儿女品牌联盟创始人，著名文化产业专家。

王广：社会科学报编辑。

01、国防文化与脑势力

第一，国家安全与国防文化。

王广：近来，你的几组循环模式图和访谈录引起各界深度关注，你有什么感想？

颜建国：这些图刊发出来之后，我听到一些夸赞，然而我并未沾沾自喜，反而感到悲哀。国家安全，本来是一个常识。按照美国心理学家马斯洛的分析，人的基本需求包括生理需求、安全需求、爱和归属感（亦称为社交需求）、尊重与自我实现五类，其中，安全需求属于第二个层次。安全需求对个体至关重要，对于中国这样一个大国更是如此。过去五千年，在一定程度上存在的安全威胁使中国具有了非常优秀的国防文化，而正是国防文化让中华民族屹立不倒。

王广：朴实的话语中包含着深刻的含意，如今能够从这种视角看问题的人不多了。

颜建国：这正说明了问题的严峻性和迫切性。我只是一介布衣，目前对许多问题所达到的认识水平，没有什么了不起。在多年以前的毛泽东时代，充其量只是一个普通老百姓的认识水平。就算在今天，放到美国、日本、韩国或地球上的任何一个国家，也只是一个一般人的水平，没有什么特别的高度。为什么现在就能受到较高的认可？物以稀为贵！这些年存在的"一切向钱看"、凡事"以利益为中心"等不正确的价值观，影响了我们的部分群众，导致一定范围内出现拜金主义，一部分民众变得不再有信仰。

王广：凡事应该看到其两面性，当今世界"对抗与对话，合作与竞争，和平与发展，机遇与挑战"并存。目前中国是世界第二大经济体，许多国家都把中国当成最大贸易伙伴，形势大好。你的忧虑是不是与时代不合拍？

颜建国：安居乐业是好事，但还要居安思危。不能光讲"过五关、斩六将"，不讲"走麦城"。"宜将剩勇追穷寇，不可沽名学霸王。"我们要从繁荣看到危机，包括这张《中国国防文化模式图》在内的系列模式图，就是基于这样的考虑。

王广：和其他模式图相比，这张《中国国防文化模式图》有什么独特之处？

颜建国：所有的模式图都暗含着一颗拳拳爱国心，站在国家战略和民族前途的高度考虑问题，是这些图的共同之处。至于这张图的独特之处，我认为是视角更加军人化，它体现了一个老军人的情怀，更加突出了国家安全这个概念，并让人迅速认识到，我们面临着一场"争夺灵魂的战争"。

王广："争夺灵魂的战争"，这个概念非常新颖。

颜建国：其实说新也不新。就是一个意识形态的问题。一个人，一个社群，一个民族，其意识形态的发生，不是偶然的，而是通过人的视觉、听觉和味觉，到达人的大脑，进入人的心灵深处的。人的行为动力80%来自视觉，其他来自听觉和味觉。眼睛是心灵的窗户。任何国家民族的兴起，首先都是制眼权的兴起、制耳权的兴起、制口权的兴起，从而带来制脑权的兴起；任何一个国家的灭亡，也都是制眼权的没落、制耳权的没落、制口权的没落，进而带来制脑权的没落。而三大感觉中，视觉最为重要，可以毫不夸张地说，抓住眼球就是抓住地球，控制眼球就是控制地球。

第二，历史上人类脑势力的转移。

王广：请详细谈谈历史上人类脑势力的转移问题。

颜建国：我们回顾一下中华文化五千年特别是百家争鸣至今两千年由盛而衰的历史。我将其形象地概括为：五千年来，中国文化先后经历了"脑黄金时代""脑受惊时代""脑白金时代"和"脑迷茫时代"。中国文化在过去的两千多年中，面对全球众多文化模式，具有绝对压倒性优势，就是因为中国人当时掌握着全人类的眼球。四大发明中的造纸术、活字印刷术作为信息传播中的主要媒介，都是中国人首先发明和使用的。它们一经推出，就成为人类制眼权和制脑权的先锋。正因为如此，中国文化的绝对优势极其强大。我个人认为，从百家争鸣到鸦片战争前，都是中国文化的"脑黄金时代"。从人类历史发展来看，还没有一种文化能延续如此久远，拥有如此丰富的内涵。

然而，盛极而衰。大约从文艺复兴开始，东方逐步没落，西方逐渐兴起。特别是西方人又借用从中国学去的指南针和火药，文武并用，四面出击，到处殖民，以坚船利炮为先锋，开始对中国文化造成巨大冲击，渐渐占有统治地位。在一部分人看来，西方文化似乎已成为无可置疑的标准和审判者，进入一部分中国人的思想意识，并成为其基本的心理模式。至今仍然如此。一部分中国人开始自卑，或崇尚日本，或崇尚英美，或崇尚苏俄。总而言之，他们片面地认为中国自身百般不行，扬他人之威风，贬自己之志气。我个人认为，这是中国文化的"脑受惊时代"。

王广：这个时代是如何变成现实的？

颜建国：在我看来，其中一个最重要的原因是视觉。随着电影在20世纪的出现，人类从文字时代逐渐进入影像时代。影像时代主导了整个20世纪。电影的出现对文字时代造成巨大冲击，使信息的大规模传播成为可能和现实。无论是希特勒的煽动还是罗斯福的演讲，在传播途径上都可以比以往的图书、报纸、杂志更快、更广泛地流播出去，被全世界同时看到，让更多人身临其境，受到其鼓动。而好莱坞，由于站在一个全球战略高度上，更使美国一枝独秀，美国人表面上从艺术和娱乐层面，实质上是从政治层面，重视电影、参与电影、主导电影，占尽便宜，击败了同时期的法国、瑞典和德国电影，一举成为电影界的龙头老大，并把美国文化带到了世界各地。

后来电视机又出现了，电视把电影院搬进了千家万户，传播更广，占有眼球时间更长，让更多信息观念进入人们的头脑当中。它不仅没有成为电影的对手，反而弥补了电影的不足，覆盖了地球的各个角落。影视是最好的洗脑工具，现实地说，现在几乎全世界都在被美国洗脑。这样，美国的语言、生活方式、饮食习惯、音乐、节庆、着装等，都在或明或暗地进入各个国家，甚至成为部分群体追逐的时尚。

王广：这种情况相当普遍。

颜建国：面对这种洗脑，许多国家不能用自己的精神力量进行反击，只能听之任之。然而在中国，有一股本土兴起的强大脑势力异军突起，这就是伟大的毛泽东时代。当时的中国拥有自己完备的话语体系、品牌体系和国防体系，毛泽东时代，中国人凝聚力最强，脑势力最强，不仅不受美国脑势力的污染，还能够向其他国家输出脑势力，输出更大的人类愿景和社会理想——共产主义，让中国从孤岛变成联合国常任理事国。可以说，毛泽东是一位高瞻远瞩，掌握并扩大制眼权、制耳权、制口权，输出制脑权的大师。在我看来，他创造了中华民族的“脑白金时代”。

由于受多种复杂因素的影响，后来美国像在其他国家开展文化输出一样，也在利用薯片（快餐）、唱片（音乐）、影片（影视）和芯片（电脑）等，逐步渗入中国，改写我们的生活方式和思维方式。剖开上述生活方式的外表，本质地看问题，我们可以发现，美国实质上首先剥夺了我们爱国的权利，或者告诉我们只有一种爱国的方法，那就是爱美国。他们通过各种途径，否定我们的历史，否定我们的英雄，否定我们的意识形态，否定我们的制度，否定我们的一切，对我们的过去、现在和未来进行全盘抹黑。他们的脑势力让一些中国人变得比美国人还要美国人。看问题、想问题、处理问题，不是从中国人的利益出发，而是从美国人的利益出发。

对于那些未被洗脑，仍然坚持爱国的人，美国文化制品也在不知不觉中改变着他们，让他们以一种从美国影视上看到的美国式方式来爱中国。这在中国影视中体现得比较明显，要么影视中没有中国英雄，要么中国英雄都是个人英雄主义者，像美国影视中的英雄人物一样，与鲜花美女、楼堂馆所相伴……然而，我们必须看到，中国人民之所以能有今天的幸福生活，是由于中国人民联合起来斗争的结果，决不是个人英雄主义的结果。可是按美国式的描述，孤胆英雄办大事，宣扬的是一种英雄史观。这给中国人性格、人格带来的损害是巨大的。我们所培养、宣传的英雄人物，会不会被美国所鼓吹、传播的"英雄"所覆盖、解构？当我们的孩子，我们的青年，只热衷于钢铁侠、蜘蛛侠、蝙蝠侠、超人等美式英雄，而对江姐、雷锋、刘胡兰等我们自己的英雄失去兴趣时，又该怎么办？这是个大问题。

第三，国防危机并非危言耸听。

颜建国：我们党和国家对这个问题高度重视。十八届三中全会以后，"国家安全委员会"这个词曝光率相当高，它激起了人民的强烈共鸣，引起了那一小部分敌对势力的极大恐慌。我们党和国家正从新的、更高的高度来认识国防危机，而且一有行动就会立即见效。

王广：在你看来，我们未来的国防危机体现在哪些方面？

颜建国：我们面临的国防危机是全方位的。归结起来，主要体现在政治危机、军事危机、经济危机和文化危机四个层面。

政治危机，体现在执政党威信在某种程度上下降，国家制度受到质疑。"没有共产党就没有新中国""社会主义好"，这些多年雷打不动的基本价值观的认知度下降，好评率下降。而盲目崇尚西式自由、民主、人权、宪政的人在增多，以高知化、高收入化、高层化为特点。

经济危机，体现在国家经济体制在改革中受到各种各样的侵蚀。经济空心化、泡沫化、金融化严重，通货膨胀压力增大，收入水平两极分化，实体经济疲软，房地产一家独大，在一定程度上抽空了我们的经济资源，透支了未来的利润。

而这些都可能带来军事层面的危机。有些领域和层面，还十分严重。比如国防设施危机，其中一个普遍现象就是防空工程改为地下商场，表面上看这是好事，平战两用，是方便老百姓，也让商人赚钱，而且合理合法。然而万一发生战争，它真的能起到作用吗？工程是不是合格？能不能有效发挥指挥通信、人员掩蔽、医院、救护站、仓库、车库作用？是不是老百姓都知道这些地下工程是军事设施，而不是"洞天福地"？如果发生战争，这些工程的安全系数有多大？不能仅仅因为它们创造的经济效益而沾沾自喜，还要有居安思危的眼光。

再比如兵力危机。一方面，战士身体素质下降。这些年来，由于农业化学化、转基因化，粮食安全本身遭到巨大破坏，国民体质下降很多，必然也带来军人体质的下降。如果军人自身都不能强身健体，还如何承担保家卫国的使命？我们的军人，体质堪忧。另一方面是兵源危机，愿意当兵的人越来越少。由于在一定范围内存在"一切向钱看""商而优则仕"的观念，土豪受到重视，明星受到追捧，军人却到了"被爱情遗忘的角落"，很大程度上被边缘化。在少数老百姓看来，解放军早已不是最可爱的人，他们也不再愿意去当兵。这是因为，在他们看来，无论战争年代还是和平年代，当兵都得不偿失，和平时代浪费时间，学不到东西，未来就业、成家都受耽误；万一打仗，可能导致身体残疾或死亡。

而要应对上述危机，就必须树立一种更新、更符合时代发展需要的国防思想。

第四，未来的出路和对策。

王广：你指的是什么样的国防思想？

颜建国：应该重新挖掘毛泽东军事思想的时代价值。我们谈国家安全，毛泽东思想是国家安全的最大保证之一，是最大的国防文化之一。人们谈起军事国防，都动不动拿出孙子兵法、克劳塞维茨，其实这些军事理论家，都是在军事范畴内谈军事，毛泽东思想却是超越军事、战争范畴的，也是超越时间、国界、民族和文化范畴的，是经过历史检验的，是可以应用于政治、经济、外交、国防等多个领域的。古人讲："天时不如地利，地利不如人和。"毛泽东思想最讲求的是人和。因为毛泽东思想是关注最广大人民群众乃至世界无产阶级利益的。

比如，"党指挥枪""支部建在连上"等就是毛泽东同志的伟大发明。现在，由于一些媒体、"公知"大肆鼓吹军队国家化、非党化，这在人心上制造了巨大的混乱。"党指挥枪"，是我们党的一个独创性原则，这是中国共产党和中国人民解放军的宝贵经验，根深蒂固，雷打不动。而在资本主义国家，是"钱指挥枪"。我们是为人民服务，西方国家则是为资本服务，这是我们和西方国家的区别，也是我们党与西方政党之间的区别，当然也是我们的军队和西方军队之间的区别。所谓军队国家化、非党化，是针对社会主义国家量身定制的精神鸦片、思想炸弹。苏联解体之前，关键时刻军队没有站在共产党一边，这是需要深刻警醒的。

王广：你说的这些倾向具有相当的普遍性。比如今年"春晚"，演出了与《红色娘子军》《英雄儿女》有关的歌舞节目，就引起一些"公知"的大肆攻击。

颜建国：大肆攻击英雄、大肆攻击军人，不是无缘无故的，这是外资控制一些媒体、控制一部分知识分子的必然结果。因为对革命传统和革命英雄的讴歌，可以更大程度地激发我们的正能量，这必然要引起他们的恐惧，他们就会不失时机地跳出来。

王广：这是外因。还有没有我们自己身上的内因呢？

颜建国：是的，内外因相结合。一些媒体和一部分知识分子有负面影响力，然而同时更要注意内因的作用。如果我们自身铜墙铁壁，他们也不得其门而入。他们能够兴风作浪，与我们自身远离毛泽东思想，没把宣传搞好有关。一个相当突出的问题是，由于宣传方面没有跟上形势发展，一部分老百姓对于国防的认识十分混乱，对国家的历史认识模糊，对独立势力、分裂势力、恐怖势力警惕不够，甚至给予廉价的同情。加上拜金主义、个人主义、享乐主义、虚无主义在一定程度上盛行，甚至有人为历史上的汉奸卖国贼平反，歌功颂德，加之一些媒体的纵容扶持，这样的观点甚至以绝对优势压倒爱国主义和英雄主义。

还有就是对军事缺乏一种正确认识，对和平浪漫化、理想化，盲目反对战争，对于过去的伟大战争，如抗日战争、解放战争和朝鲜战争等，只认识到其残酷性，却未认识到其正义性和必要性。片面鼓吹泛和平和泛人道主义，把它当成人民的麻醉剂。

王广： 那么应该以什么样的对策才能应对这种危机？

颜建国： 要兴起中国的脑势力。按照木桶原理，我们必须在最短的那块板上补起，必须自上而下，恢复我们的信仰，发出中国声音，讲好中国故事。

王广： 能不能谈谈具体方略？

颜建国： 要兴起中国的脑势力，就必须高举毛泽东思想大旗。这是我们最大的精神财富。就像邓小平同志所指出的，经过长期实践检验证明是正确的毛泽东思想的科学原理，不但在历史上曾经引导我们取得胜利，而且在今后长期的斗争中，仍将是我们的指导思想。我们要重新挖掘、弘扬毛泽东思想的时代价值，狠抓意识形态工作，把它提高到国家战略的高度。意识形态最重要的是传播，传播最重要的是文化事业、文化产业。而文化事业和文化产业最重要的视觉，是影视。按照"党指挥枪"的原则，党要管媒体，管文化产业，管影视。它是信仰战、文化战，也是生活方式战，是全方位的。而信仰战、文化战，最应该从什么时候开始？从一个人的童年时代开始，从娃娃抓起，因为一个人幼年的经历是可以决定一生的。以这个角度看，我们的国防教育非常薄弱。我们经常要求日本修改教科书，却不考虑我们自身通过教科书的重新设置，加大拥军爱民的宣传力度，使国防教育贯穿于整个教育体系的各个环节、各个学科、各个年龄段，成为一生的心理模式和行为模式。只有做到这一步，才可能发出中国声音。

但这并不是说，对于已经形成一些错误人生观、价值观的成年人，不管不问，人是活到老、学到老的。绝大多数人的思想意识，还是可以改变的，只是难度比孩子大了一些。这就看我们怎么样来讲自己的中国故事了。讲好中国故事，先要为视觉搭建平台，提供各种各样的支持，改造我们的眼球！中国现在电影票房二百亿，可是其中多少主旋律影片？少得可怜！花钱也找不到合适的人搞主旋律。因为片面讲市场经济，作家、编剧们身价上来了，一个著名编剧、作家年收入三千万，国家能不能提供这个收入让他创作好的主旋律作品？如果不能，别人可以提供这么多钱让他写颠覆主流价值观的东西。所以说，这个问题必须靠完整的系统工程，要有文化事业，也要有文化产业。离开信仰，文化事业、文化产业都会失败。我们的国防、国家安全，都会成为一句空话。照我说，我们应该建一个或几个国防电视台，用这些国防电视台来改变我们的视觉。

王广：我们也有军事农业频道。再搞几个国防电视台，收视率能乐观吗？

颜建国：一切讲收视率，这是个误区。不是一切都要拿来卖钱的，许多事情赔钱也要干。国防电视台的价值比航空母舰更大，值得花大价钱。

王广：搞国防产业链，会不会增加军费？

颜建国：这是一个被某些媒体强加给我们的巨大偏见，用它既可以否定我们的历史，又能够左右我们的现实，还能操纵我们的未来。

这个问题可以从三方面来看。第一，我们的军费占比并不大。美国军费占GDP多少？中国才占多少？可是美国是世界上国防最好的国家。国防是一种投资，这个钱不能盲目地省。比如我们当初勒紧裤腰带搞"两弹一星"，是花了大钱，与当时的GDP比起来，比例有些高了，可这是我们发展的安全保障。在如今这个时代，随着我们的发展，安全问题出现了新的变化，军费问题更要从大局考虑。第二，国防投入是国家、企业和个人多方面参与，军费压力本身并不是很大。第三，有投入就有产出，国防文化、国防产业，不是单纯花钱，还能直接赚钱。国防产业链做起来后，会有良好的盈利状况，而且是永续性的。

国防产业是一个产业链，不能简单地孤军奋战，一定要考虑到产业链的特点。比如说，某个革命老区处于偏远地区，不容易吸引人流，不容易带来物流现金流，那就要利用影视形式，把这个地区的全部山水、历史、人文文化、资源特产植入进去。云南远不远？这些年文化产业风生水起。人们不远千里过去，寻找一个梦。它靠的是文化产业。革命老区没那么远，还有政治优势，更能成功。

过去国防教育搞得枯燥，是因为把它束之高阁了，国防可以走下神坛，进入民间，别开生面，引人入胜。美国科幻、日本游戏吸引人，《变形金刚》吸引人，就是因为它能走下神坛，成为动漫，成为游戏，进入寻常百姓家。我们拥有更深厚的文化底蕴，我们的国防文化也可以这样，甚至搞得更好。如果孩子长期玩外国游戏，习惯把中国当成假想敌，久而久之，积重难返，就不容易改过来了。要加大力度，发展国产玩具、国产游戏、国产动漫，植入我们的军事国防元素，用它填补孩子的心灵。我觉得，中国现在最大的问题不是资金外流和人才外流，而是心理外流。媒介素质教育十分重要。媒介国防、意识形态国防十分重要。这些元素结合起来，中国电影的票房绝不是二百亿，而是更多。而这，还不包括国外市场。

王广：国外市场？恐怕有些遥远吧。

颜建国：其实不远。不是都说网络时代，地球是一个村吗？能遥远到哪里去？美国人能把电影卖到中国，我们也能把电影卖到美国。韩国人能把游戏卖到中国，我们也能把游戏卖到韩国。不是实力问题，不是技巧问题，不是国民素质问题，不是体制问题，而是一个自信心问题，一个观念问题！

王广：可是在一些媒体宣传中，中国货是假冒伪劣的代名词，中国人是劣根性的代名词。

颜建国：这是一种不实之词，是外媒的一种宣传战。他们能从对中国的妖魔化中得到好处。而中国也有一些媒体和一部分"公知"被他们洗脑了，不仅在国内，还在国际上做不利于中国国家形象的负面宣传。当然，中国商品的质量和中国民众的素质还有提高的空间。但现在的关键是要宣传好，通过各种媒体手段、文化手段，增强我们的国际吸引力，而不是反过来一味地给中国商品抹黑，给中国民众抹黑。

王广：对于这个问题，有一种观点认为，国外的文化产品质量高，我们的文化产品质量低，理应为人家让路。

颜建国：这个判断，存在几个问题。首先，世界上任何国家的市场经济都是有限度的。任何国家都不可能国门洞开，让别人长驱直入。每一个国家都会设置自我保护，没有谁怕别人说这是"闭关锁国"。都讲美国开放，能举双手欢迎中国去颠覆他们的意识形态吗？不可能。

其次，文化的优劣、文化产品的优劣，也是相对而言的，没有统一标准。这就要看你站在什么样的立场上了。比如黑泽明的电影，从日本人的角度看就是精品，因为它为在"二战"中一败涂地、臭名昭著的日本争回了脸面。可是从中国人、亚洲人的角度看，黑泽明的作品就不那么简单。他也像日本右翼势力一样，缺少对"二战"的反省，把自己打扮得很无辜。那些好莱坞大片就更不用说了。如果不关注和研究国防文化，而是站在一个小白领、小土豪的高度上看，大家都在自我感动的同时，接受了其中宣扬的价值观。可是站在中国利益、中国国防的角度来看，就要对这种"好看"的外国影视警惕几分了。只有保持这种警惕性，我们的国防文化才能繁荣起来。中国国防文化一方面要减少外国文化产品特别是强势国家文化产品的进口，另一方面要加大投入，提高质量，加大出口，扩大自己的影响力。加大文化特别是影视方面的投入，是最节约军费的国防。只要方向正确，运作得法，你文化上多投入一亿元，军费上就能多节约十亿元，甚至是百亿元、千亿元、万亿元，而且可以让我们的国防文化达到一个非常理想的状态。

第五，关于全脑皆兵，全时皆兵和居安思危。

王广：你认为国防文化普及的理想状态是什么样的？

颜建国：常言道："天下兴亡，匹夫有责"，国防是一个涉及全民族的大概念，不仅是军事意义上的，它应该包括多学科、多领域。一个国家的国防，重在眼球防御和大脑防御，它需要军队，更需要政治、经济和文化层面的防御，不能把责任全部推给军人。国防不仅是战争时代的事，更是和平年代的事。和平年代多思考战争，就可以减少和避免战争，万一发生战争也容易赢得战争的胜利。

看一个国家国防文化的普及程度高低，有一个标准，就是看这个国家的全民皆兵程度、全脑皆兵程度和全时皆兵程度。程度越高，国防文化越普及；反之，则证明国防文化普及程度不高，国家存在巨大的安全隐患。

战争与和平是相对的，没有永远的战争，也没有永远的和平。一个国家，对战争认识越清醒，享受和平就越多；对和平迷信越多，承受战争灾难就越多。宋从建国之初就重文轻武，建国一百来年，就遭遇"靖康"之耻，宋徽宗和宋钦宗二帝被掳，后来勉强重建南宋，可是只能偏安一隅，苟延残喘，维持一个小朝廷。而那些打败宋朝的北方游牧民族，千百年来，一直骁勇善战，秦皇汉武、唐宗宋祖，都不能征服他们。从"胡服骑射"的赵武灵王至今，两千多年过去了，我们面对的还是同一个问题。"胡服骑射"的本质是什么？就是全民皆兵、全脑皆兵、全时皆兵。儒家是"文明其精神"，胡服骑射就是"野蛮其肉体"，二者不可偏废。国民一旦走向文弱化，这个国家命运就岌岌可危了。

当今，世界上很多国家都是全民皆兵、全脑皆兵、全时皆兵。这样和平时可以强身健体，战争时可以保家卫国，何乐而不为？在欧洲有一个国家，一百多年来都没有发生过战争，它就是瑞士，而它恰恰是全民皆兵的国家。全民皆兵，这是一个民族危机感和责任感的高度体现，更是它生命状态、生命意志、生命信心的体现。我深深地记得，在我们小时候，学生们上体育课，都会高呼口号："发展体育运动，增强人民体质，提高警惕，保卫祖国。"那时候的体育课，叫"军体"，后来去掉"军"字，改叫"体育"了。中国现在奥运会冠军多，各种锦标赛冠军多，可是全民的身体素质没有得到相应的提高，反而出现了一定程度的倒退。这是"军体"改"体育"、"体育"变"娱乐"的副作用。更何况轰轰烈烈的房地产大开发,到处占地拆迁,许多学校甚至连操场都没有,学生们还怎样强身健体?这些年来,我们的教育,我们的文化,我们的主流观念,都在某种程度上陷入了泛商业化思维,今后则应该突出国防化思维、突出军事化思维,中国人不应该是军盲。至于全脑皆兵、全时皆兵,可以看看好莱坞的电影、日韩的游戏,经常把中国当成假想敌,意欲何为?其根本目的都是要全脑皆兵、全时皆兵,提高他们本国的国民凝聚力,向我们输出他们的脑势力。

王广:互联网时代,全球化成为时代主要趋势,它给我们的"全民皆兵、全脑皆兵、全时皆兵"带来什么样的影响?

颜建国:人类历史上的多次技术革命,都带来相应的眼球革命、信息革命和大脑革命,而互联网时代之前的全部眼球革命、信息革命和大脑革命加起来,也不如互联网技术带来的革命影响深远。人类度过影像时代之后,进入21世纪的互联网时代。互联网时代,特别是移动互联网时代,实现了人类的知识大联合、需求大联合、情感大联合、思想观念大联合。这些大联合,不是一种自发行为,而是一种操纵的结果。如果由强势集团掌握,不仅可以颠覆老的行业,还可以创造新的行业;不仅可以颠覆老的民族,还可以创造新的民族;不仅可以颠覆老的国家,还可以创造新的国家。比如新浪、网易和搜狐的出现,使传统意义上的新闻媒体发生了不可逆转的变革;阿里巴巴的出现,使传统意义上的零售和物流发生了天翻地覆的变化;腾讯QQ的出现,使传统意义上的电信发生了山崩地裂的地震;而优酷网和土豆网的出现,抢了电视台的饭碗;微博和微信等"自媒体"的出现,更使每一个人成为作家、编辑和电视台台长。GPS卫星定位技术,给老百姓带来方便的同时,也给国防军事提出新的挑战,许多保密单位已经没有多少秘密可言了。近期热炒的"互联网金融",造成了传统金融业的严重危机。"互联网金融"使全球化的金融垄断可以冲破种种政治、法律的防线,完全可以在短时间内摧毁传统金融,使金融恐怖主义袭击概率更高、胜算更大。一言以蔽之,四通八达的互联网,已经重写了传统意义上的国家、国土、国界、国际等概念，重写了和平与战争的概念，重写了侵略和反击的概念，重写了国防的概念，已经对我们形成了信息控制、知识控制、技术控制、产业控制、舆论控制、经济控制，已经掌控了我们的制脑权。

要想脱离这种被动状态，就要兴起我们的脑势力，必须以正义的宣传打击非正义的洗脑，以中国好故事打击西方式洗脑。必须用新的思维模式，出台新的法律法规，整合新的资源，发展新的产业，才能应对这种严峻复杂的形势，夺回我们的制脑权。

总而言之，与西方颠覆势力的较量，不是一场轻松的战争，但是我们坚信，在习近平总书记的党中央的坚强领导下，我们一定会打赢这场"争夺灵魂的战争"。

02、整合文化资源 打造中国文化产业链

第一，文化产业必须挖掘符号价值

王广：2003年文化部下发了《关于支持和促进文化产业发展的若干意见》，2009年我国第一部文化产业专项规划——《文化产业振兴规划》颁布，2011年党的十七届六中全会又提出了文化大发展大繁荣战略。这一切，都对我国文化产业的蓬勃发展起到了强大助推作用。您一直从事文化产业运营和研究，提出了很多独到的见解，您的文化产业发展模式论也引起了社会各界的广泛关注。能否请您首先对您的文化产业发展模式作一介绍？

颜建国：好的。一个国家，有三支大军：国防大军、产业大军和文化大军。而文化产业则集三支大军重任于一身，地位无比重要。

我在文化产业领域曾经是一个简单的投资者，在投资中，我逐步发现，文化产业是一个相当宽泛的概念，它包含的内容很多，涉及生活方式的各个层面，涉及中华民族的过去、现在和未来，文化产业是关乎国计民生的大事。可以说，只要产生历史痕迹，就可以延伸到文化与文化产业、文化商品领域。文化产业，绝不仅仅像有些人所理解的那样，像拍一部电影、搞一部电视剧那么简单。

然而由于自上而下重视不够，文化产业变成一个低门槛的行业，随便哪个人都可以说自己是从事文化产业的。北京地区从事文化和文化产业的、打着文化两个字的企业，占多大比例？我没做过具体统计，但是据我2006年查过的数据，当时北京地区有3000多家与文化有关的公司。据说到现在有1万来家了。其中，我起码走访了不下500家企业，跟他们探讨文化产业，谈未来中国到底要怎么发展文化产业。但我发现，90%的文化企业都没有具体的定位，基本都是盲目的机会主义者，根本没有历史使命感。

王广： 您很注重历史研究。

颜建国： 对。比如今天的访谈，到了明天，就是历史。中华民族五千年的历史，每一次历史变革，每一个历史人物，每一个民族，每一个区域，每一个行业，每一种生活方式，每一道菜……都是文化，都可以成为文化产业的内容，都可以挖掘出长长的价值链。

王广： 我们国家在这方面有非常丰富的产业资源。

颜建国： 对。中华民族的历史源远流长、文化内涵丰厚。每一个行业、每一种生活方式，都是蕴藏着巨大价值的富矿。这为我们缔造文化品牌提供了雄厚的基础。我们当今的很多企业家一谈企业，就会谈论两个字——品牌。他们关注品牌，这是好事。但是很多企业家只知品牌，却不知道品牌与文化是紧密相连的，文化与品牌是一个共同体。企业如果没有文化定位，就谈不上品牌定位。没有品牌定位，投资就只是一种投机行为。这种盲目的投机行为注定无法产生品牌，更不会产生品牌效应，失败概率相当高。

唐红丽（社会科学报编辑）： 您能否谈谈什么是品牌？

颜建国： 品牌是符号价值构成的。现在大家都在谈电影、电视、动漫、游戏等项目。我们的企业家对这些文化商品的衍生价值、定位，基本上是随意性的，定位是不准的。大家都知道电影赚钱，但是在哪里赚钱？是靠门票还是靠符号价值赚钱？影视界的人绝大部分都说不清楚。

当今社会为什么有那么多年轻人想去做演员，想去做导演，想从事演艺工作？明星是怎么产生的？他是通过不断出镜，确定了一个定位，老百姓慢慢从认知他到欣赏他、认同他，再到产生影响力，最后形成吸引力和生产力，这就产生了明星。明星是怎么来的？就是通过不断重复，让民众认识他。他的这张脸是演员的品牌，我把它简称为他的符号。这个符号通过不断地重复，在老百姓的视觉中成型，就形成了一种品牌价值。

文化产业最大的价值就是符号价值。符号价值是企业独有的、不可侵犯的，可以通过国家机构进行法律保护，然后才能产生符号价值，继而才有品牌价值。而文化就是品牌价值的展现和衍生。然而当今从事文化产业，投资电影、电视、动漫、游戏的企业家们，对品牌价值的认识严重不足。据有关资料，我们国家每年大约生产26万分钟动漫，但真正能够拿到电视屏幕上播出的大概只有1万分钟，其他的25万分钟基本上是废品。电视剧也存在同样的问题，我们每年真正能够拿出来播的影视剧只有1万多集，还有几万集基本上是播不出来的，都变成废品了，死亡率极高。我在《没有不可能》这本书里，专门讲到了这些。不是废品的，也远远没有发挥出潜力来。

电影界的情况类似。就算赚了，也只是赚到冰山一角。一部动漫、影视作品，如果精心策划、模式化运营，是可以产生十几次赢利机会的。因为电影、电视剧和动漫，是文化产业的母体产业，它通过人的视觉，带动听觉、味觉，带动吃喝拉撒、柴米油盐、衣食住行、婚丧嫁娶，整个生活方式、行为模式，可以建立一个包含影视、演出、旅游、服装、饮食、医药、艺术、收藏、地产、金融等多个行业的巨大产业链，是一业带动百业，可以说是一台不知疲倦的印钞机。它最大的利润不是产品利润，而是符号利润，符号利润可以授权，收取加盟费，可以贴在任何产品上面成为商标，每贴一次，就收一次钱。你看米老鼠、机器猫、狮子王的观众多，岂不知道它们的形象更能吸金。可惜这一秘密绝大多数业内人士根本不知道！

一部电视剧播出之后，到底产生了多大的衍生产业链，多大的衍生价值？虽然不能说绝对没有，但可以肯定地说，衍生产业链和衍生价值基本都是比例很低的。

第二，弘扬英雄主义 加强媒介素质教育

有人说主流文化、主旋律作品没有市场，其实这是个伪命题。通过好的传播形式，主流艺术同样是人们愿意接受的。

唐红丽：可是从媒体上看，当下的影视剧市场还是比较繁荣的。这怎么解释？

颜建国：那要看以什么为参照系了，与小草比，中国影视是大树；与森林、与大山比呢？可能连小草也算不上。中国影视业的这种繁荣，是表面的，与我们拥有的巨大丰厚资源不成比例，是远远不够的。而且一些票房、收视和赢利状况，中间掺有水分，加上盗版横行。还不说其大量宣扬负面价值更多。从市场占有率比，和美国好莱坞比，和印度宝莱坞比，和韩国、日本比，和中国人在其他方面的消费能力比，还非常可怜。不需要为它唱赞歌，也不需要相信他们的自娱自乐和自吹自擂。中国影视成为这样，究其原因，是缺少资源整合，整个行业人员，不是缺席就是错位。

目前，主导电视电影行业的人，是导演、编剧、演员。但他们对这个产业的认知是不够的，是缺乏产业高度和战略高度的，他们都属于单一学科。而仅靠单一学科不可能支撑一个产业体系，文化产业是一个系统工程，涉及政治、经济、文学、艺术、美学、社会学、高新科技等一系列学科，还涉及资本运营、金融学、证券、市场等。尽管目前电视电影行业工作者所起的作用很重要，但还不足以独当一面，单独支撑起文化产业的大发展大繁荣，有时候甚至阻碍着文化产业的进步。

唐红丽：这怎么理解？

颜建国：文化产业应该宣扬正面价值观、主流价值观，应当宣传爱国主义、英雄主义。然而由于一切让文化人担纲，而政府没有从政治、道德和产业高度进行引导，许多作品是存在严重缺陷的。我们知道，电影、电视、动漫、游戏，通过视觉语言或者视觉艺术，靠美的画面、美的台词和生活方式，注入这些作品中去，影响青少年，甚至影响到成年人和老年人。一种语言不断重复，就会使人们产生记忆，产生的记忆就变成了一个口号，这个口号就影响了你的行为。所以，文化产业有一种潜移默化的教化作用，是一种媒介素质教育，对国民整体素质产生重要影响。在这方面，美国做得非常好。

人们都说美国电影好看，票房高，其实这对它来说不是最大红利，最大红利是其除了输出产品，还输出价值观。它在给我们洗脑的同时，还收了一笔巨大的洗脑费。世界上最爱国的是美国人，好莱坞电影，每一部都有英雄主义、爱国主义，都在宣扬热爱自己的国家。而我们中国的影视作品，包括一些著名导演拍摄的作品，在这一点上却是模糊的、混乱的，许多人为了在国际上获奖，刻意迎合西方人的口味，违背爱国主义和英雄主义，就算出现爱国主义和英雄主义，也是扭曲的、变形的。比如一些反映抗日战争的作品，却非要植入一个外国人特别是美国人在里面充当英雄，而且还要有美女感天动地爱上他。我们的艺术家已经习惯了仰望西方人伟岸的身影，好像非要把一些洋人、洋元素塞进来，才叫作全球化，才叫与国际接轨。其实这和年少无知的小姑娘染个黄头发，挎个在本国混不下去的老外一样，还自以为得意，有什么差别呢？

唐红丽：您心目中的英雄主义作品应该是怎样的？

颜建国：我是20世纪60年代出生的，是看着《英雄儿女》《狼牙山五壮士》《上甘岭》长大的，我认为那个时候他们的形象、他们的一举一动就影响了我的生活方式。包括我们这代人去当兵、去打仗，都有一种自豪感，这就是英雄主义情结。可见，电影、电视、动漫、游戏会起到非常重要的媒介素质教育作用。我们只要把握好了电影、电视、动漫、游戏的定位，植入某种理念，通过不断地重复产生一种巨大的广告作用，就能够影响人们的行为和生活方式。

英雄文化是国家文化战略的重要组成部分。作为国家来讲，如果把握好电影、电视、动漫、游戏的这些特点，将其做成精品，植入我们的执政理念、爱国主义、英雄主义、中国优秀传统文化元素，就可以潜移默化地起到教育作用。我们的历史大片，能够把几千年的历史人物通过多部电影传播出去，把过去的社会变革、历史事件、人文思想、历史文化、地域文化植入到影视作品中，也就宣传了中国、宣传了中华民族。上下五千年，建党90多年，中国有文化内涵的艺术作品和有价值的文化商品比任何国家都多，我们有责任、有义务，把我们中国这些积极的、主流的、优秀的价值理念传播到全世界。

文化产业是绿色原子弹，能够深入到世界上每一个角落，能够改变人的生活方式和灵魂。中华民族有五千年的文化、五千年的历史积淀，这是一面高高飘扬的大旗。我们要把历史文化、人文文化、价值文化延续到今天，这是最大的文化品牌，是永远值得我们高举的大旗。有人说主流文化、主旋律作品没有市场，其实这是个伪命题。通过好的传播形式，主流艺术同样是人们愿意接受的。这里的关键是我们怎么宣传，宣传得好自然就有人接受。

第三，建立文化金融平台运行势力经济模式

我们必须有所行动，改变文化产业中"政治家缺席，艺术家错位，投资人失踪"的怪现状。

王广：您对我们未来的文化产业发展有哪些思考？

颜建国：过去十年，文化产业是蓬勃发展的，是创造了一定价值的。然而不够。未来的文化产业，还有不少瓶颈需要突破。最大的问题是没有模式设计，定位不清晰。而这种定位不清晰，首先是政府自身定位不清晰。文化首先是事业，然后才是产业。政府不能迷信市场经济万能、产业万能。事业是花钱的，产业是要挣钱的。只有政府把文化当成伟大的事业，企业才能把它做成巨大的产业。政府越是把它当成事业，其产业化就越是顺利、成功。相反，政府如果定位混乱，必然带来企业和艺术家的定位混乱。政府要走出急功近利的心态，走出"养猪不养孩子"的短视心态。养猪可以几个月获利，但养孩子却可以让你的血脉延续，永远获利！政府要做好父母官，别把自己搞得像个大老板，身份角色不能乱。正因为此，我多年来一直呼吁政府加大对电影、电视、动漫、游戏、网络的投入力度。对一些优秀人才，国家应给予强有力的资金支持。人才是资源，不是包袱，不能甩给市场，任其自生自灭。政府你不去争取人才，不去用他，别人就会用他，就像一块阵地，你不占领，我们的对手就会占领。现在我们的文化艺术作品，为什么优秀的比较少？相当程度上是体制原因。

我们是电影、电视人才的从业大国，但是我们的顶级人才、有国际影响力的人才最少，什么原因？不是我们的人才做不出具有国际水准、能产生国际影响的大片，而是因为国家定位不准，支持不够，支撑这些人才的体系和平台不够，通路不畅。我们的艺术家不是在专心面对艺术，却要把70%的精力用于融资。别说隔行如隔山，他们融不到资，就算融资成功，资金来源复杂，最后只能替资本说话，而不是为政府代言，为国家代言。融资这些事，除了建立金融融资平台以外，运作方面，还是要由有经验的推手、操盘手来执行，而不是单纯由艺人、学者去执行。我参加过若干关于文化产业战略定位的专门性会议，最大的遗憾就是看到的都是演员、导演、编剧、文化艺术家，他们的话语权最多，站在神坛上，坐在光环中，享受一切风光，获大奖，成大名，但这还是远远不够的，还需要有更综合的、整合型人才特别是具有战略眼光的投资人参与到其中去。

事实上，每一部作品，都离不开投资人。现在拍戏成本那么高，风险那么大，动辄几千万、几个亿砸了进来，而融资又那么难，导演、演员和编剧可以旱涝保收，而投资人很多却是砸锅卖铁，连身家性命都赌进去了。然而在各种颁奖大会上，投资人却在被遗忘的角落坐冷板凳，甚至完全失踪。没有人想起他们，没有人知道他们承受的风险，承担的压力，没有人对他们说一声谢谢。这是极不公正的，极其打击投资人积极性的。投资不是万能的，但没有投资人却是万万不能的。中国各种各样的影视大奖，应该设立最佳投资人奖！最佳投资人，比最佳导演、最佳演员、最佳编剧更加重要！

总之一句话，要想振兴文化产业，艺术家要做艺术家的事情，文学家要做文学家的事情，企业家要做企业家的事情。同样政治家要做政治家的事情。我们必须有所行动，改变文化产业中"政治家缺席，艺术家错位，投资人失踪"的怪现状。

王广：也就是说我们的人才、资金、资源都很丰富，但需要以很好的模式整合起来。

颜建国：对，需要按照一套完整系统的模式进行有机结合。在这方面，我经过多年呕心沥血，做了系统的模式设计，创立了"势力经济学"，并绘制了一系列战略运行模式图，有八大板块，涉及执政效能、国家品牌、国防文化、文化输出多个领域。我想把这套文化产业发展模式，奉献给国家。文化产业，需要百花齐放，但总体上，更需要模式化，只有实现模式化运行，我们的文化产业才会走上捷径。这些模式中包含运行模式、植入模式、赢利模式、发展模式、价值定位模式等，都是完整、系统，且具有极强可操作性的。

对于文化产业，虽然党中央、国务院都非常重视这个问题，一直决心加大力度进行发展。但很明显，金融支持不够。在这个问题上，我们的国家、应当提供良好的金融平台，甚至专门成立文化产业银行，对文化产业，不能用撒胡椒面的方式，东撒一点、西撒一点。比如你想做一部有影响力的电影、电视剧出来，就要有资金，我们的资金怎么解决？金融！如果想让中国的文化艺术作品、产品蓬勃发展，我们就应该下大力气解决资本问题，不是仅仅停留在政策层面，而是应该落到执行上。尤其是要做有国际影响力的大制作，更应该集中力量办大事，更需要金融平台。中国房地产这十几年为什么风生水起？不是它兵多将广，而是国家政策特别是金融扶持力度大。如果国家像扶持房地产一样扶持文化产业，给予那么多金融支持，文化不大发展大繁荣才怪呢！

第四，讲出民族好故事 唱出中国好声音

颜建国：文化产业是提高国民素质的最好方式，是中国梦梦想成真的重要推动力量，是让我们中国和中国人阔步走向世界的最广阔桥梁。

王广：您说我们是文化产业的生产大国，以后也要做输出大国，为了把我们的作品传播到世界各地，您认为我们还应当做什么？

颜建国：除了政府支持、融资平台、人才培养和模式设计以外，最

重要的就是作品的质量本身了。看我们能不能专业、认真地研究文化艺术，十年磨一剑了。影视文化艺术作品是需要历练的，需要淡定从容、认认真真地去研究。我们现在拍一部30集的电视剧，三个月就能完成，拍一部电影可能三个月到半年就能完成。像这样快餐式的作品能产生很高的艺术价值吗？答案是否定的。但这背后是什么原因呢？不是说我们不想拍优秀作品，根本原因还是定位不准，投机心理严重，而资本投入又太少，捉襟见肘。另外，电影涉及院线问题，电视剧涉及播出时段问题等等，总而言之，这是一个系统工程。这些应该由国家来做，国家应该在这个方面下大力气。

王广：您觉得我们的文化产业还在哪些方面有更多的提升空间？

颜建国：我们还应该挖掘电影、电视、动漫、游戏的衍生产业链和衍生价值，进行全面、系统的知识产权保护，进行专业的机构管理，要有准入机制。这种准入机制应该包含知识产权、模式、未来发展、理念植入等，都要进行完整的体系建设。

归根结底，文化产业是一个关系国计民生的产业，是一个非常有前途的产业，也是所有产业中最重要的组成部分。文化产业是一个依靠想象力的产业，是一个依靠创造力的产业。文化艺术来源于生活，又高于生活，它可以将历史文化、人文文化、地域文化、生活方式、政治理念、国家品牌、价值观念等植入到文化商品中，让全世界都了解、都知道、都向往。文化产业是提高国民素质的最好方式，是中国梦梦想成真的重要推动力量，是让我们中国和中国人阔步走向世界的最广阔桥梁。我们的企业家，我们的文化产业，应当坚持这样的信仰，只有这样，才能讲出民族好故事、唱出中国好声音。

03、关于中国文化输出

第一，一些社会事件是文化输出的产物。

当今时代，文化的力量日益凸显。文化走出去，已经成为一个国家、民族迫切的时代需求。早在2011年10月审议通过的《中共中央关于深化文化体制改革 推动社会主义文化大发展大繁荣若干重大问题的决定》就提出，文化在综合国力竞争中的地位和作用更加凸显，维护国家文化安全任务更加艰巨，增强国家文化软实力、中华文化国际影响力要求更加紧迫。

党的十八届三中全会进一步提出，建设社会主义文化强国，增强国家文化软实力，必须坚持社会主义先进文化前进方向，坚持中国特色社会主义文化发展道路，坚持以人民为中心的工作导向，进一步深化文化体制改革。要完善文化管理体制，建立健全现代文化市场体系，构建现代公共文化服务体系，提高文化开放水平。

有关报道提出，文化输出已被提升至前所未有的高度，并具备了明晰的政策导向。中国文化，正在以踏实稳健的步伐走向世界。围绕着文化输出和文化走出去等话题，笔者与颜建国先生展开了对话。

王广：最近有两个新闻，一个是乌克兰事件，一个是昆明恐怖袭击事件。您能不能从文化的角度解读一下？

颜建国：这两件事表面上看似乎有些风马牛不相及，然而我注意到，它们其实都是文化输出的产物，准确地说，是异质文化对一个主权国家输出的结果。每一个民族、每一个国家都存在自己的文化，而文化是需要输出的。不仅仅国家需要文化输出，族群、宗教、城市、社区、企业、家族……也都有自己的文化，也都有自己的文化输出。不同国家、不同地区的文化输出，是一种竞争又合作的关系，但有时竞争会非常激烈。

先说昆明恐怖袭击事件。我认为它是两种外来文化对中国输出的结果：一个是"东突"运动，一个是伊斯兰教的极端原教旨主义派别。前者想要在中亚建立一个突厥国家，后者想"净化"伊斯兰教。二者的共同之处都是主张通过暴力恐怖手段，达到他们的目的。"东突"分子利用极端宗教派别，宣扬各种极端思想。不少人被蒙蔽，相信通过所谓"圣战"，可以换取进入"天堂"的入场券，于是铤而走险，制造了多起流血事件。由于我们在一定程度上疏于防守，手法老化、僵化，行动上慢了半拍，所以这两种错误思想传播得比较广泛，甚至在一些汉族或其他民族知识分子中都产生了一定影响。

王广：对于乌克兰局势的"前世今生"，您怎样看待？

颜建国：至于乌克兰，它本身是苏联的一个加盟共和国，苏联解体后才独立出去。虽然独立出去，但许多人还是渴望回归到过去的时代。然而毕竟它已经独立了20多年，其间深受西方文化渗透，它的文化也是处于西方和苏联、俄罗斯夹缝中间的文化，自身的文化面对两种互相冲突的文化，自卫并不得法。你看乌克兰那个真人版芭比娃娃，为了追求向美国文化靠拢，在美国文化拥趸中获得市场，不惜整容，把自己变成芭比娃娃的模样。乌克兰人难以有自己的文化和政治主张，最后只能是亲俄派和亲欧美派互相角逐。正是因为自身文化的衰落，才导致乌克兰的今天。

这是乌克兰局势的内因。它提醒我们，世界上任何一个国家，只要它想长期屹立于世界伟大民族之林，就都应该从乌克兰的悲剧中吸取教训。要花大力气弘扬自己的文化，而不是成为别人文化的跑马场。

王广：那乌克兰局势的外因呢？

颜建国：乌克兰的失败之处，恰恰是西方国家和俄罗斯的成功之处。尤其对于西方国家来说，其"可圈可点"之处更多。乌克兰继1991年脱离苏联后，政局一直动荡不安。本土文化只能接收不能输出，这种状态改变了乌克兰人的精神世界和政治诉求。这种状态还将持续下去，并对世界局势产生巨大影响。我们要从乌克兰的频繁动荡中吸取教训。要深刻认识到，文化输出不是形象工程，不是面子工程，而是一场关系到国家、民族生死存亡的战争。我们必须行动起来，掌握主动权，不仅要搞文化防卫，更要搞文化输出。战争嘛，你不主动对方就主动。他们就会钻进铁扇公主的肚子里，制造各种各样的事件，让你不得安宁。从西方史观突围，重新认识中国优秀文化

王广：文化输出好像是您一直在研究的一个课题。几年前您就做过一个流传颇广的视频《中国文化输出总动员》，在网上引起热议。我想

知道您当时是怎么想的，现在观点有没有改变？

颜建国：文化，与自然界和人一样，都是需要循环的，不能循环，就不正常。人要呼吸，水要流动，文化也是一样。过去中国文化之所以长期繁荣，与循环有关，有引进也有输出，两种情况是平衡的、良性的。现在回头看几年前的作品，我发现其中的一些观点还是有一定预见性的。

王广：普遍认为，改革开放就是引进，引进是为了增加我们的文化活力，但您这么讲是不是有些逆势而为的想法？

颜建国：我从来不反对引进，今后还将继续引进各种各样的好东西。科学、理性地引进是好事。但同时，我反对一边倒，反对为引进而引进，反对不加分辨、不计成本、不管价值、不接地气地胡乱引进。这种引进，从某种意义上讲，甚至正在成为一种价值观、一种宗教似的东西。一些人念念不忘所谓"与国际接轨"，其实是崇洋媚外，自毁长城。从来没有一个民族能够靠牺牲传统和尊严来获得进步！

凡事都有个收支平衡，只进不出那是极不正常的，在经济领域如此，在文化领域也是如此。经济入超不正常，文化入超更不正常。所以我极力主张搞文化输出，这是顺势而为。从世界的角度看，世界需要中国文化的滋养和帮助，就像过去所需要的那样。从中国自身的角度看，其也有自身文化安全、文化传播和文化发展的需求。众所周知，中国文化自古以来就不断输出，也正是因为输出才使中国文化走在世界前列，现在英语中管中国叫China，就是中国文化输出的证据。由于中国文化输出，亚洲更是出现了一个庞大的汉文化圈。韩国首都首尔过去就叫汉城。这说明文化输出是非常必要的，也是我们中华民族的一个优秀传统。

一些人把改革开放仅仅理解为引进，什么都要从外面引进，这是一种误解，中国的资源，中国的人才，中国的市场，中国的管理，中国的模式，为什么还要引进？都说引进的是先进经验，为什么美国的先进经验导致它外债累累，不得不依赖我们输血给它？从邓小平理论到"三个代表"重要思想，到科学发展观，到"四个自信"，都是强调中国社会主义制度优越性的，事实也正是如此。可是一些干部、一些媒体、一些专家只讲引进、不讲输出，这是不符合党的指导思想，也是不符合党的政策的，更不是实现中国梦的路径。

王广：肯定会有一些人带着疑问——这是不是有些阿Q精神？既然强调中国文化自古以来都很优秀，我们历史上为什么还会败给西方？为什么中国文化并没有在鸦片战争之后一百年拯救自己？

颜建国：这是西方人的一种定论，然而并非一成不变、不可推翻的，因为它不是客观的，这种定论丝毫不考虑中国人的话语权，带有强烈的西方中心论色彩，准确地说是一种带有偏见和谎言的定论。

王广：这话怎样讲？

颜建国：优秀的中国文化没有死亡，也不会死亡，而是在经历浩劫之后，爆发出了蓬勃的生命力，这为后来的中国革命史所证明，也为改革开放的巨大成就所进一步证明。

王广：中国革命的伟大胜利和改革开放的巨大成就，在某些人看来，似乎是西方文化的产物，无论土地革命、工业化、市场经济、金融发展、信息革命……都似乎是西方文化的产物。

颜建国：上面这种说法，貌似有理，其实与事实严重不符。先说后面几点，比如工业化。中国古代的工业是十分发达的，四大发明就不用说了，考古发现中国宋朝制造的船舶，巧夺天工，关键是它还能航行很远，遍及全球。

说市场经济是西方产物，这更是西方人的一种学术霸权。中国古代有一个朝代叫商朝。为什么叫商朝？因为商朝的祖先喜欢做生意，商品经济发达，才叫他们商人。至于金融起源于西方，就更可笑了。银行和纸币都是中国人发明的，唐代就出现了"柜坊"，这是世界上最早的银行，宋代就出现了"交子"，这是世界上最早的纸币，经由马可·波罗才传入西方，并被西方发扬光大的。这些年热炒的信息革命，其实是古已有之的事实，并不是西方高科技的产物。在各种生物中，信息化程度最高的是动物，在各种动物中，信息化程度最高的是人。从历史上看，在各民族中，信息化程度最高的是中国人。为什么？我们汉朝就发明了造纸术，而那时西方人还在羊皮上写字呢，绝大多数人都是文盲，纸的出现加快了信息流通，增加了识字率，甚至有"洛阳纸贵"的说法，这在当时就是信息革命。我们宋朝又发明了印刷术，而那时西方人还在用鹅毛笔，这是中国人领导的又一次信息革命。所以我说信息革命是中国人的产物。这些问题，我2008年就出过一本书《大旗五千年》，进行过专门探讨。

第二，中国特色社会主义作为传统文化的发展，应当奉献给世界。

王广：那关于中国的土地革命您有何看法？

颜建国：中国共产党领导的土地革命，也是中国文化的一个重要组成部分，从陈胜、吴广到李自成、太平天国，都是土地革命的古代代表，说它是西方的产物，这不客观。科学社会主义道路，没有在西方成功，在苏联成功后又走向暂时的失败，这说明什么？说明科学社会主义虽然是真理，但仍然是一种需要不断发展、完善和创新的理论。比如马克思、恩格斯的著作中，并不主张在农村进行土地革命。马克思主义一直处于发展状态，它在俄国与俄国实际结合发展为列宁主义，在中国与中国实际结合发展为毛泽东思想。中国文化在西方文化的打击下不但没有走向没落，反而在马克思列宁主义普遍真理的指导下，与中国实际相结合，发展为毛泽东思想，凤凰涅槃，浴火重生，给中华民族带来了天翻地覆的改变。

同时，我们也要看到，中国文化虽然博大精深，但也有糟粕，比如纳妾、裹小脚、活人殉葬、三纲五常等。这些糟粕，在古代就有人反对。然而瑕不掩瑜，中国文化更多的是精华。深刻了解中国文化的毛泽东，对我们文化的糟粕同样了解很深，所以他对中国文化始终坚持"古为今用"，"取其精华，去其糟粕"的科学态度。

王广：有人提出，毛泽东一生最反对儒家，逝世前还在"批林批孔"……对此种观点，您怎么看？

颜建国：在我看来，毛泽东是一个典型的中国人，一个典型的中国知识分子。他喜欢写古体诗词，热爱中国书法……这一切都说明，他仍然是中国文化特别是中国优秀文化传统的继承者和发展者。毛泽东继承了中国传统思想的精粹，双脚始终站在中国的文化大地上，再以马克思列宁主义的科学方法论为指导，弥补了传统文化尤其是儒家文化的不足，使得包括儒家文化在内的中国文化孕育出一个新的生命，中华民族也从此迎来一次新的腾飞。这就是我研究创作《中国文化对外输出模式图》、制作《中国文化输出总动员》视频的缘起。

王广：今天我们中国应不应该输出毛泽东思想？

颜建国：毛泽东思想已经输出了很多，各国都有吸收。在我看来，美国如今的民主，就是在原有资产阶级民主模式基础上，吸取了毛泽东思想中有关民主模式的思考。一言以蔽之，毛泽东思想是中国人民的主心骨，是我们世世代代取之不尽的精神财富。西方不断试图给我们输出民主自由宪政，我们也应该告诉他们，什么才是真正的民主自由宪政。这方面我们比他们更具优越性，更有发言权。中国特色社会主义不是空话，是实实在在的业绩和行动。不仅毛泽东思想要输出，邓小平理论、"三个代表"重要思想、科学发展观、"四个自信"等也要大踏步地"走出去"，因为它们是一脉相承、不可分割的一个整体，是人类文化中最精髓、最有生命力的部分。

王广：过去我们有失误，包括改革开放也伴生了一些问题，那么对我们的优越性该怎样理解？

颜建国：人类本身就是在失误中发展的，而且以后还会有失误。然而人类并不因为失误而渺小，恰恰相反，人类因为失误而伟大。为什么？失误让我们建立了纠错机制，让我们有了免疫力。比起制造两次世界大战生灵涂炭的西方，中国的失误才有多少！

王广：在西方文化高歌猛进的当代，我们的先进性，又该如何具体体现出来？

颜建国：一个文化的先进性，不能仅仅看少数指标、短期指标，还要看综合指标、长期指标。以中国特色社会主义为最高成就的中国文化，已经被历史证明是好东西，是放之四海而皆有益的。中国文化是一种君子文化、和平文化，西方文化则在某种意义上是一种海盗文化、战争文化。海盗文化最终是缺少生命力的，是对人类自身、对大自然的伤害，对其他文化，它也有排斥性、殖民性的。

王广：谈到这里，会涉及一个重要问题，文化殖民和文化输出有什么区别？

颜建国：文化殖民是用你的文化消灭人家的本土文化，而文化输出则是在尊重本土文化、融合本土文化的基础上传播你的文化。中国文化输出，应该融合各国本土文化，让他们认识到被西方文化殖民是一件多么危险的事。

如今的世界，由于资本主义高度发达，人与人、国与国、人与自然的矛盾都日益严重，西方文化制造出来的问题，不能靠西方文化本身解决，必须引来"他山之石"，这就是中国文化。只有中国文化才能担当起"天人合一"的特殊使命。如果西方文化都在输出，都善于输出，那么我们这么优秀、先进的文化就更要"走出去"。我们搞文化输出，让中国文化走向世界，不仅仅是对中华民族负责，对子孙后代负责，也是对全人类负责。让中国文化走向世界，不仅是我们的权利，也是我们的义务。

第三，关于中国文化输出的路径。

颜建国：文化输出是各民族通用的。近代社会，特别是第二次世界大战以后，很多东方国家的文化都有过度西方化尤其是美国化的趋势，日本、韩国也不例外，印度甚至以英语为国家官方语言。不仅东方国家受到影响，在西方国家，英语文化也压倒法语文化、西班牙语文化、俄语文化、德语文化等。所以这些国家也在研究文化安全、文化输出，以抵制英语文化的渗透。在军事上，进攻是最好的防守，文化上也是这样。

王广：中国文化输出，有哪些具体方略？

颜建国：文化是一个综合概念，既有广义的文化，也有狭义的文化。广义的文化，可以将政治、经济、军事、生活方式等均容括在内，而狭义的文化多指向意识形态领域。

我所讲的文化输出，是全方位的输出。从广义上，我们的文化输出一直在进行，如从劳务输出到产品输出，一直都有。改革开放以来，随着中国工业的崛起，产品数量、质量大幅度提高，又发展到品种越来越丰富的产品、设备、技术输出，以及随着经济崛起必然带来的资本输出，这都属于广义的文化输出范畴。

王广：讲到产品输出，有一个观点，说"中国出口电视机，却不出口电视剧"。

颜建国：这个问题要从两方面来看。一方面，物质文明和精神文明没有实现平衡发展，这是我们过去的一个失误；另一方面，狭义的文化输出，也要依赖于广义的文化输出，特别是产品输出。二者相辅相成，不可偏废。中国输出应该软硬件并举。

王广：刚才您还提到军事文化输出，对这个问题应该怎样理解？

颜建国：军事文化输出，是一个大国必不可少的重要战略手段。诚然，我们不称霸，但我们也不能听任其他极少数国家称霸而无所作为。要想达到这个目的，就必须有强有力的军事力量。

这就是习近平主席强调的："能打仗、打胜仗是强军之要，必须按照打仗的标准搞建设抓准备，确保我军始终能够召之即来、来之能战、战之必胜。"而这就牵扯到军事文化输出。军事文化输出可以保护本国利益，打击恐怖主义，保护我国侨民，帮助友好国家，制衡霸权主义，维护世界和平。这些年，我们一心抓经济，军事文化输出虽不能说完全没有，但基本上处于配角地位。现在的国际局势，已经向我们提出了新的要求，面临各种各样的挑战，这就需要我们输出军事文化。

王广: 那您如何评价中国的经济输出?

颜建国: 从各方面来看,虽然门类还不够齐全,地区还不够广泛,还都有拓展的余地,但是我们的经济输出是做得最好的。

王广: 经济输出方面,是不是包含技术输出?

颜建国: 在技术输出方面,我们做得不好,主要是人才输出。人才是最宝贵的生产力,在我们自身人才紧缺的情况下,大量花高昂代价培养出来的人才,却"学而优则洋",即使没移民,也有许多在中国本土为国外企业效力。想当年钱学森从美国归来,美国人是什么态度?百般阻挠。而我们当前的移民政策太宽松,因此应当进行大刀阔斧的改革。因为最好的人才都输出了,我们的技术进步就慢,创新独立性就差了,加上知识产权盲点多,我们在技术上非常被动,长期处于技术的下游。

之所以出现这些问题,不是战术方面出了问题,而是在战略方面出了问题。在战略方面,我们应该要有新思想,要有更高的战略。我们要在世界上扮演更重要的角色,即规则制定者的角色。过去相当长的历史时期内,我们都扮演着规则遵守者的角色,话语权不多。如经济领域的改革,我们要有自己的日程表和路线图,而不能受制于任何国家和组织。

王广: 有一种观点认为,就整个世界范围来看,社会主义已经穷途末路,政治上基本破产了;在经济方面,我们也一直在努力加快与西方经济模式的接轨。而在政治思想和经济思想领域,我们缺少有说服力的学说。对此,您怎么看?在国际上又如何制定规则?

颜建国: 苏东剧变之后,世界社会主义运动虽然暂时遇到低潮,但是它并没有灭亡。一方面,社会主义遇到低潮,是各种原因造成的,并不能证明科学社会主义思想本身是错误的。科学社会主义毕竟是一种新的思想,没有经验可以借鉴,遭遇低潮在所难免。另一方面,由于欧美资本主义国家进入帝国主义阶段,它在发展过程中,吸收了社会主义的一些思想精华,国内矛盾减少,把矛盾转移到了包括中国在内的其他国家。这些国家的剥削,在很大程度上从国内剥削转换为国际剥削。但其国内并不是一团和气,随着他们腐朽生活方式的蔓延,剥削仍然存在,所以社会主义的土壤也就仍然存在。"占领华尔街"就是一个明证。那些过去的社会主义国家,那些没有出现过社会主义风暴的国家,都有大量无产阶级仍然在学习、信仰马克思列宁主义、毛泽东思想。虽然他们在战术方面与我们不同,诉求不同,但总体上看,仍然属于国际共产主义运动的阵营。只不过有别于我们的中国特色社会主义。

所以,我们在政治思想和经济思想方面有巨大优势。我们的理论体系是完备的。中国从一个半殖民地半封建社会走到现在,取得了这样令人瞩目的成绩,我们在政治、经济和思想上还不够有说服力吗?党的十八大所提出的道路自信、理论自信、制度自信和文化自信这四个自信,是有其现实依据和理论依据的。大量事实已经无数次雄辩地证明,中国模式优于西方模式。虽然中国现在还有很多不足,但办法总比困难多。中国道路不仅对当下的中国有效,对未来的中国也有效;不仅对中国有效,对世界也有效。所以我们不仅要为自己的政治思想和经济思想而自豪,更要有一种高度的历史使命感,把这些思想传播出去,使之成为人类的共识。

王广:在总体战略没有做好的情况下,怎样输出我们的文化?

颜建国:那就需要先停下来,制定新的战略。具体来说,就是要恢复自己的信仰。文化输出很难,可是有一个时代我们做到了,那就是毛泽东时代。这说明什么?说明事在人为,战略定位很重要。

王广:这确实需要一种眼光和气魄。

颜建国:毛主席有一句诗词,"环球同此凉热",讲的就是把中国的好东西分享给全世界。我们现在最需要的就是这样一种眼光和气魄。可是现在,一部分人对文化是歧视的,对文化输出是麻木的。文化经常作为装饰和点缀,作为可有可无的东西。这一点在一部分政府决策、金融机构、投资人、老百姓等身上都有体现。还有一小部分宣传、媒体、文化部门的管理者,人浮于事,关心的不是中国文化的繁荣发展,缺乏文化危机感和使命感。这种不作为,将成为影响文化发展与输出的负能量。文化从业者也在某种程度上出现了身份的迷失，把自己当成拉赞助的，而不是灵魂工程师。文化没有尊严，文化从业者就没有尊严，文化事业和文化产业就更没有尊严。金融机构做评估的时候，给文化戴了一顶帽子——"轻资产"，认为文化是轻资产，其他却是重资产。这是典型的本末倒置。这种本末倒置，是中国文化输出的瓶颈。

王广：如何突破这种瓶颈？

颜建国：这要有政策性的重视，特别是金融政策方面的重视；要有精品意识，要有千年眼光。这方面韩国值得我们学习。虽然文化不能孤立输出，要依赖于其他方面的输出，但是文化在许多时候，可以先行一步。韩国不仅设立了文化产业振兴院，还制定了《文化产业振兴基本法》。这些政策的实施，立竿见影，电视剧《大长今》在全世界风靡，大大刺激了韩国的外贸和旅游，学习韩语的人数不断激增。随着《大长今》以及更多韩剧、韩服、韩国饮食来袭，韩国电子产品也借此机会，一举雄霸天下。这都与韩国政策大力扶持文化，并以输出为国家战略有关。韩国人意识到自己的本土市场是有限的，于是大力开拓海外市场，中国和美国成为他们的重点输出方向。他们认识到，中国是世界上各种商品的最大市场，美国对世界各国的文化消费具有引导作用。于是，《大长今》逆袭中国十几年后，《江南style》逆袭欧美，红遍全球，韩流汹涌。韩国政府，特别是韩国文化产业的振兴，功不可没。我们也应当有这样的部门，有这样的战略基金，有这样一支精明强干的文化大军。只有拥有这样一支文化大军，才能推广自己的符号价值。

王广：我们也颁布了自己的《文化产业振兴规划》，也多次强调要搞文化大发展大繁荣。

颜建国：是的，这说明中国自上而下已经开始重视文化问题。但与此同时，需要清醒地看到，我们确实重视得还不够，还没有像韩国那样提高到文化兴国的战略高度，只是把文化产业当成一个经济增长点，而不是支柱产业。这样做带来一种副作用，标语口号太多，落实执行太少。而且一落地，就立即变成人人争夺的"唐僧肉"，或者被房地产所绑架。比如很多地方都大搞影视城、动漫基地，却并没有多少代表中国国家形象的大片、动漫和电视剧拍摄出来、传播出去，更没有把我们的符号价值传播出去。

王广： 确实是这样。您多次提到符号价值，如何理解符号价值？

颜建国： 符号价值就是一个产品、一个品牌、一个企业、一个民族、一个国家所拥有的虚拟价值，类似于所谓的"估值"。它虽然是虚拟的，却具有威力无比的无形力量。

符号价值最像风。中国成语中包含"风"的成语很多，而符号价值，可以"风靡天下""移风易俗"，让人"闻风而动""望风披靡"。你看看韩国文化的流行，不就是这个样子吗？最近热播的韩国电视剧《来自星星的你》，哪里是来自星星，分明是来自韩国！反观我们的文化产业，基本没有中国自己的符号价值。一些文化从业者本身已经是外国国籍，或者是外国粉丝，传播的是外国符号、外国价值。中国制作了那么多电视剧，拍了那么多电影，产量上是大国，可是宣扬中国符号价值的有多少？"走出去"的有多少？少得可怜，根本不成比例。

我们的文化产品基本没有国家这个概念，更谈不上走出国门，向外国人宣传我们的优秀文化了。中国影视主要有两方面的问题，一方面是崇洋媚外，一些电影导演为了讨好西方、获得西方奖励而拍摄，作品中必须贬低中国，必须有外国英雄；另一方面是贪财逐利，不择手段，迎合投资人，迎合观众，而不是改变他们，教育他们，提高他们。热衷于"走出去"的，大都是冲着所谓的国际大奖，那些戴着有色眼镜的评委们更乐意看到的中国国家形象。而一些导演则成为迎合这种口味的高手。一些中国导演自轻自贱，既丧失了文化尊严，也丧失了民族尊严，营造了极坏的国家形象，在全世界面前无法得到应该得到的、足够的尊敬。这些现象在知识界、文学界、教育界、企业界、金融界等，都有所体现。

第四，文化输出需要软硬件立体作战。

王广： 您认为优秀的文化从业者，应该具有何种素质和意识？

颜建国：应该立足于本民族文化，以自身的文化良知和社会影响力，用影视、音乐、图书、游戏等各种形式，向外输出。用这些东西去影响外国人的灵魂，向着有利于中国的方向发展，增加世界人民对中国的认知、认同和向往意识。

我们的文化不同于西方的文化。西方文化是侵略的、排他的，而中国文化则是和平的，历来强调和平共处。我们决不是要搞大国沙文主义，我们在向全世界宣扬自身优秀文化的同时，尊重世界各民族的文化个性和文化多元。与他们相结合，和平共生。我们的文化有这样的胸襟。有人对中国文化输出存在误解，恰恰说明我们的文化输出太少，太不成功。文化输出其实是国家本能、国家天职。淡化国家意识，这恰恰是亲者痛仇者快的事情。如今不只美国，日本、韩国等都在全世界努力发出自己的声音。中国在这方面万万不能缺位。

王广：日本、韩国的文化输出，不是孤立的事件，他们不只重视影视，许多实体产品也非常过硬。

颜建国：其实我们的实体产品也非常过硬，不然为什么国际上有"中国制造""世界工厂"这样的说法。

前几天刚刚逝世的吴天明导演，生前曾把他的电影《中国CEO》光盘送给我，是以海尔为蓝本，讲述海尔打入西方国家主流市场的故事。如果大家都认真思考，比较事实，会知道所谓"外国产品过硬"也是一种宣传，而且这种宣传许多恰恰是我们自己做的。各国工业产品有差距是在所难免的，然而总体上差不多。如果仅仅迷信外国货，认为外国货质量就高，这同样是一种思维上的奴性，需要破除。

王广：完整的文化输出，需要软硬件相结合，两手同时抓。

颜建国：是的，需要实体产业和文化产业相结合，立体作战。因为纯文化产品是精神层面的，面对的是小众，与大众不发生极其密切的关系。所以我们不但不能放弃输出物质层面的文化，反而要进一步加强。小众文化，只能影响文化程度高、精神需求大的人，而涵盖衣食住行的、广义的大众文化却可以影响更多人。如美国的牛仔裤，教授能穿，学生也能穿。可乐和啤酒，不管什么文化程度的人都可以喝。这就是大众文化。在中国，麦当劳、肯德基、必胜客、吉野家等，有很多人吃。不是因为它们味道好，价格低，而是它作为一个品牌符号，已经植入消费者的心灵深处，成为一种标准、一种习惯、一种生活方式、一种风俗。我们要在这些方面多动脑筋。

王广： 这方面，我们输出的总体上比文化方面要好。

颜建国： 虽然我们的一些硬件输出产生了一定的世界影响，但是与其他国家尤其与美国相比，还是存在着巨大差距。因为我们的传统产业与文化产业还没有形成一个共同体，还在单打独斗。单打独斗的实体产业，是没有自己的符号价值的，也难以与世界高手竞争。有许多实体产业，连名字都没有中国味道，怎么让别人辨认出来？偶尔与文化产业挂钩，满脑子想的都是如何主导文化，而不是服从于文化的领导。这是本末倒置的。文化产业，应该成为整合其他产业、领导其他产业的主导力量，而不是相反。

然而在中国，这还有很长的路要走。我们必须反复重申，文化产业要成为整合传统产业、改造传统产业、提升传统产业、领导传统产业的主导力量，只有这样才能建立良好的产业链、产业群，以立体作战的方式，走向国际。反观美国迪士尼，它就不是单一地做动画片，而是一个产业链、一个产业群。而迪士尼的产业群，都靠符号价值统筹。

王广： 环顾身周，可以说符号价值真是无所不在，无所不至。

颜建国： 是的，迪士尼动画片虽然好看，流传广泛，但是一切都是为了符号价值而存在。而符号价值，则不仅仅是播出片子，而是改变灵魂，培养习惯，从而达到永久推广产品的目的。它可以产生多次收益，从玩具、食品到主题公园，包罗万象。其中，不可无视的是它在推销美国的国家形象，而且路径非常明确，直奔青少年而去。因为他们懂得，一个人一生的精神、人格，在童年时期就基本成形了，成年后再改变它就不容易了。而迪士尼在全世界所做的，是让孩子从小"亲近"美国，希望成为美国人，即使不能成为美国人也要拥护美国，在其他国度中为美国服务。面对这一局面，我们必须全力以赴，扭转这种被动地位，不仅要发起中国文化保卫战，更要发起中国文化输出战。

王广：让中国文化走向世界，以我们内在的亲和力引起世界的认同和关注，这应当也是中国梦的题中应有之义。为了迎接这一天早日到来，需要更多的像您这样的有志之士去艰苦奋斗。

颜建国：一个人的呐喊是有限的。要想完成这样的使命，必须把文化输出列为国家大战略，只有自上而下地重视、落实，扎扎实实努力几十年，中国形象才能有一个质的改变，并向全世界强势传播出去。那时候，我们的符号价值将大大提高，人们将以移民中国为梦想，以取中国名字、染黑头发为时尚，人人喜欢汉语，世界兴起中国风……

借用视频《中国文化输出总动员》的话："我们要用实干和实力，震聋发聩地宣告：在西方世界面前，中国不仅是原料商，不仅是加工厂，不仅是提款机，不仅是献血者。我们还应当拥有更高的政治地位、军事地位、经济地位、文化地位。我们不仅要做规则的遵守者，还要做规则的制订者；不仅要做标准的执行者，还要做标准的创立者；我们不仅要加入国际组织，还要缔造国际组织；我们不仅要跟随世界，还要领导世界；我们不仅要输出电视机，还要输出电视剧；我们不仅要参加国际电影节，更要举办国际电影节；我们不仅要让别人看到中国功夫这样的形象，还要让他们认识中华文明博大精深、辉煌灿烂、天人合一的健康形象。我们不仅要输出美食，还要输出中医、戏剧、国画、书法、雕塑、音乐、货币、制度、教育、慈善、建筑、礼仪、风俗、历法、节日、语言……我们不仅要输出孔夫子，还要输出毛泽东；我们不仅要影响非洲、亚洲，还要影响欧洲、美洲；我们不仅要影响他们的成人，还要影响他们的儿童，让世界人民从小就懂得热爱中国、向往中国、维护中国！"

——原载于《中国社会科学报》

第二十一章

关于英雄文化的
对话录（二）

颜建国：央视微电影英雄儿女频道执行总监，英雄儿女品牌联盟创始人，著名文化产业专家。

王广：社会科学报编辑。

01、坚持"四个自信" 壮大国家品牌 巩固执政基础

第一，品牌是所有国家和民族的生命线。

王广：最近见不少人都在谈论您的《国家品牌与执政基础模式图》，我们有一个疑问，把执政与品牌放在一起，是不是有些用企业眼光看国家的意思？这样做是不是有些把政治问题和经济问题混为一谈？

颜建国：把运用于企业的品牌概念导入国家执政层面，这不是我个人的发明，其实之前很早就有人做过了，只是都有些浅尝辄止，我只是做了一些系统化的工作而已。

王广：能否说说为什么要导入国家品牌概念？

颜建国：其实自然界的万物都有自己的品牌。世界按一定的规律、在一定的轨道中运行，道路总是需要设定路标的，品牌就是我们的路标和界限。品牌不是人类所独有的现象，其实在植物界、动物界中，品牌也是存在的。它是生命力的外在表现，是一种生命密码，一种遗传基因。任何生命，要想在激烈的生物竞争中，保证自己物种的发达，扩大自己的势力范围，就必须发展扩张自己的品牌。观察动物界，雄孔雀有漂亮的尾屏，牛有锐利的犄角等。动物这样做有什么好处？为的是快速找到异性，交配繁衍，同时让其他同性和敌人望风而逃。这就是动物的品牌。不光动物，植物界也是如此，为了生命的繁衍，苍耳子见到什么

都沾，蒲公英有风就飞，这都是自然界生命品牌无意识扩张的表现。

王广：那么，人类的品牌又是一种什么样的情形呢？

颜建国：在我看来，人类品牌的建立，可以追溯到远古时代的结绳记事，生火取暖，到逐步建立语言文字，以及一些非语言文字的符号，如图腾、文身，还有音乐、舞蹈、旗号、建筑、服装、饮食，等等。不同的群体，逐步发展出不同的品牌。从氏族、部落，最后发展到民族、国家，人类的品牌不断强化。民族、国家形成之后，品牌迎来了一个井喷式的大发展时期。品牌的内涵也更加丰富，从人文文化、历史文化辐射到自然文化领域，连环境都成为我们的品牌。品牌强则民族强，品牌弱则民族弱，甚至完全消亡。这一点，在中华民族的历史上，尤其如此。

秦始皇统一中国，"车同轨，书同文"，一方面强化了自己的新品牌，另一方面也消灭了周朝、六国的旧品牌。此后，中国历朝历代都注重自己的国家品牌。我们能够拥有今天，多亏祖先们在品牌建设方面所付出的巨大努力。在古代社会，世界各民族文明程度都十分有限，而只有中华民族品牌是最强势的，对人类文明进步作出了无比巨大的贡献。那个时代，提起中国，世界人民首先联想到什么？最早是丝绸、茶、瓷器，强盛的国家，富足的生活。王维用这样的诗句描写中国古代的盛况："九天阊阖开宫殿，万国衣冠拜冕旒。"那时候，人类不知道地球是圆的，也没有现代的航海、航空技术，然而，仍然从世界各地不辞辛苦、不远万里，来到中国。日本人来中国，阿拉伯人来中国，都是带着朝圣的心理。两宋之后的元朝，西方大旅行家马可·波罗来到中国，简直就像刘姥姥进了大观园一样兴奋、激动。回去之后，他写了一部游记描写中国、美化中国，就像现在的一些中国人美化美国一样。马可·波罗对中国的描写，逐步激起了西方海盗们的贪婪，他们渴望寻找新大陆，并付诸行动。进而，人类社会才从古代文明时代，进入近代文明时代。

王广：那个时候，中国品牌还是个非常强势的品牌。

颜建国：是的，然而由于生产力、生产关系等多重复杂因素的影响，中国在近代落后了。所以，当西方殖民者真的来到中国之后，很快发现了中国的致命缺陷，态度也从崇敬、害怕到欺压、掠夺、侵略，在鸦片战争及后来的一系列侵略战争中大开杀戒。从此，中国的国家品牌也走上了从衰落到复兴的道路，至今还是处于"在路上"的状态。

王广：在这一品牌复兴的过程中，我们走了很多弯路。

颜建国：是的。戊戌变法，清政府为挽救国家品牌作过垂死的挣扎；辛亥革命，孙中山、黄兴想为挽救国家品牌而"恢复中华"。这些都是面对帝国主义者的欺压，中华民族品牌的自救行动。然而这些努力，从本质上讲，都是依靠少数人力量的，所以注定走向失败。十月革命一声炮响，给中国送来了马克思列宁主义。中国共产党应运而生，以马克思主义为指导，并汲取中国传统文化的精华，形成了自己一整套新的理论体系——毛泽东思想，并在此指导下，成功地领导中国革命走向胜利，推翻了"三座大山"，在关键时刻拯救了中华民族，建立了中华人民共和国。中华民族自强不息、抵抗外侮的百年激荡史，从此画上了一个完满的句号。1949年，毛泽东主席在天安门城楼上宣布"中国人民站起来了"，这是中国国家品牌的最强音，是中华民族品牌的最强音！中国品牌从此进入一个全方位强盛的时代。

王广：中国品牌的全方位强盛都包含哪些方面？

颜建国：一般来说，国家品牌要包括很多子品牌，如领袖品牌、政党品牌、英雄明星品牌、国民品牌、制度品牌、信仰品牌、货币品牌、国防品牌、工业品牌、农业品牌、教育品牌、文艺品牌、科技品牌、生活方式品牌、环境品牌，等等。这些子品牌各有功用，缺一不可。

王广："领袖品牌"这个说法有些新鲜，能否具体谈一下？

颜建国：领袖当然也是品牌，这是人类惯例、世界惯例。美国首都华盛顿是以开国元首华盛顿的名字命名，俄罗斯首都也曾以彼得大帝的名字命名，称为圣彼得堡，而多数国家的货币上面，都印着开国领袖头像。这就是领袖品牌。毛泽东带领中国共产党解放了几亿人民，缔造了新中国，理所应当成为值得很好珍惜的领袖品牌，值得全中国人民和全人类敬仰。

王广：现在有一部分人并不这样认为，反而热衷于攻击毛泽东。

颜建国：对于毛泽东这样的历史性伟人，要经过更长历史时期的检验，才能对他的伟大贡献看得更清楚。我认为，不能一面心安理得地享受毛泽东等老一辈革命家给我们留下的巨大遗产，一面吹毛求疵，刻意寻找甚至恶意编造他的过失，那都是忘恩负义的表现。为什么？因为对任何品牌的评价都有其基本原则，那就是要保持品牌的连续性、一致性，不能朝三暮四、朝令夕改，领袖品牌——特别是对关键时刻作出伟大贡献的领袖品牌，更当如此，否则就会给国家、民族带来巨大的动乱，给人民带来巨大的创伤。中国要想维稳，就决不能走那样的道路，做"亲者痛仇者快"的事情。不光对毛泽东不能否定，对我们党和国家的每一代主要领导人、每一位领袖，都要坚决维护。这是个一脉相承的领袖品牌，不能吹毛求疵，不能否定，不能割裂，不能忘记。现在有人打着"学术研究"的旗号，公开造谣诬蔑，亵渎毛泽东，一些媒体推波助澜，对这些现象，应该全国人民抵制，情形严重的，要拿出行政手段乃至法律武器，给以惩处，决不能姑息养奸，为他们颠覆中国埋下定时炸弹。

王广：在品牌强盛时期，我们在其他品牌方面，做得怎么样呢？

颜建国：要特别说的是政党品牌。《没有共产党，就没有新中国》这首歌，曾经家喻户晓，人人深信不疑。中国共产党的品牌一度做得非常杰出，非常强势。无论资本主义国家如美国怎样对我们实施孤立政策，我们的政党品牌都是扎扎实实的，撼动不了，越做越大，越做越强。这个品牌，至今仍然不能撼动，它是中华民族繁荣昌盛的中流砥柱。每一个炎黄子孙都应该为之自豪与骄傲！

英雄明星品牌方面，我们涌现出了黄继光、邱少云、罗盛教、杨根思、雷锋、王杰、焦裕禄等一大批英雄人物，他们成为人民学习的模样；国民品牌方面，"六亿神州尽舜尧"，人人传播正能量；制度品牌方面，"社会主义好"响彻云霄，深入人心；信仰品牌方面，人民对"解放全人类"充满憧憬、深信不疑；货币品牌方面，人民币无滥发、无通胀，是人类历史上的奇迹；国防品牌方面，海陆空三军发展，通过几次正义战争宣示国威，威慑敌人，"两弹一星"核潜艇捍卫国门；工业品牌方面，我们建立了完备的重工业和轻工业体系，完成了中国从农业社会到工业社会的历史腾飞，令世界刮目相看；农业品牌方面，发挥愚公移山、精卫填海的精神，兴修了大量水库，治理了黄河、淮河、海河等河流，荒山变良田，中国粮食产量不断提高，实现了粮食自给自足；教育品牌方面，通过扫盲运动和大力发展教育事业，基本消灭了文盲，大大提高了中华民族文化素质，培养了一支学科齐备的知识分子队伍；文艺品牌方面，省省有电影厂，县县有剧团，文艺工作者不图名、不图利，只为建设社会主义鼓与呼，极大地教育和鼓舞了人民；科技品牌方面，独立自主，自力更生，研发导弹核潜艇成功，研发"红旗"高级轿车，人工合成结晶牛胰岛素，修建铁路，开发晶体管大型数字计算机和百万次集成电路电子计算机，油田、电站层出不穷；生活方式品牌方面，"七亿人民七亿兵"，增加了国民凝聚力，提高了社会生产力；环境品牌方面，我们山清水秀，地大物博，长期坚持植树造林，绿化祖国，为子孙后代留下极为丰厚的环境遗产。

可以说，我们这一系列品牌工作，做得有声有色，灿烂辉煌，彪炳史册！

现在讲改革红利，人人都想分这个红利，但改革红利从何而来？不是天上掉下来的，石头缝里蹦出来的，改革红利是从改革本钱而来的。我们改革的本钱，都是毛泽东时代的人们勒紧裤腰带，夜以继日苦干、创造、积累、节约下来的。那时，我们在国际上从有些孤立到逐步拥有越来越多的国际朋友，能够骄傲地说"我们的朋友遍天下"。我们的国际形象、国际地位非常高，没有人瞧不起我们。这是中华民族品牌的第二个强盛时期。这一切，都为后来的改革开放打下了坚实基础，让一切妄想来犯之敌不敢幻想，为我们赢得了集中精力搞经济建设的三十多年宝贵的和平时间。

第二，品牌发展和经济发展严重不协调。

王广：我注意到，就品牌发展这一问题而言，您好像没有把改革开放当成中华民族的品牌高峰，能否谈一下您的考虑？

颜建国：习近平同志指出，改革开放前后两个历史时期，都不能否定。这是非常及时、非常英明、高瞻远瞩的重要思想，是对过去一些错误做法的纠偏。我们必须承认，改革开放取得的成就特别是经济成就是无比巨大的，使中国成了世界第二大经济体以及美国的最大债权国，也让"中国制造"的威名传遍了全世界。改革开放带来了中华民族经济腾飞的高峰。这都是值得载入史册的。

然而与此同时，我们也应认识到，改革开放新时期也伴生了一系列问题，十八大报告就此指出，"必须清醒地看到，我们工作中还存在许多不足，前进道路上还有不少困难和问题"。可以看到，在一些领域和一些具体问题上，我们走得快了，考虑不周全，有些还是舍近求远，是丢了西瓜捡了芝麻，甚至是"崽卖爷田不心疼"。这一切，最容易导致中华民族品牌和中国国家品牌的溃退。而这些，通过我们更扎实、更全面的工作，其实都是可以避免的。比如现在，中国经济崛起，而中国品牌衰落，要解决这个问题就还完全来得及。

王广："中国经济崛起，而中国品牌衰落"，这个说法怎样理解？

颜建国：按说，经济发展是与品牌发展成正比的，经济越发展，品牌越强；反之亦然，品牌越强，经济越发展。比如古代中国，比如近现代的英国、美国、日本、苏联，甚至韩国、新加坡。然而"全球化"来势迅猛，让中国有些措手不及。尤其我们所面对的全球化还不是真正的"全球化"，而是旨在扼制其他国家民族多样性、削弱其他国家品牌的美国化时，我们受到的冲击是无比巨大的。"全球化"时代，由于信息技术的飞速发展、地球资源的日益匮乏和人们生活方式的日益奢华，新的经济模式与传统时代完全不同。过去是资源经济时代，而如今是品牌经济时代，各个国家都开始明白了一个道理，即制造符号、生产符号、输出符号，用自己的符号整合别国的资源、节省自己的资源。品牌的重要性超过了历史上任何时期。每一个国家都在加快经济模式、产业模式的转型，从资源经济过渡到品牌经济，以便适应竞争激烈的"全球化"时代。

王广：资源经济和品牌经济，有什么异同？

颜建国：比方说，现在流行用苹果的产品，人人传讲乔布斯的神话。卖一斤苹果的钱，只够买一罐苹果果汁；卖一亩苹果的钱，只够买一台苹果电脑。卖苹果是资源经济，而卖苹果产品是品牌经济。所谓品牌经济就是以符号换概念，以概念换愿景，以愿景换思想，以思想换包装，以包装换资本，以资本换资源。拿无形的东西换走你有形的东西，拿虚拟的东西换走你真实的东西，拿符号价值换走你的真实价值。比如上海筹建迪士尼乐园，400亿元的总投资都要由上海负责。迪士尼付出什么呢？他们提供的只是一些卡通形象和名称，但他们却要收取很大一部分品牌授权费。这并不是个案，在中国各地，这样的情况举不胜举。

一些地方"招商引资"，最后"商"招来了，"资"却没引来，引来的只是一些符号，也就是品牌，投资还是由地方来埋单。规模再大，产量再高，品牌主动权不在我们手里，还是为他人做嫁衣裳。所以说，中国经济的崛起，其实也付出了一定代价。就连我们津津乐道的"中国制造"都是以低价格出卖土地资源、矿产资源、人力资源和市场资源换来的。所以，中国人承受了很大的环境污染压力，挣了很少的钱，却买了昂贵的西方概念制成品，还经常被西方以人权、环境等问题无理指责。品牌具有资源整合力，强势品牌是整合者，弱势品牌是被整合者。越来越多的地区被西方国家主导的"全球化"整合，却不得不面临资源越来越少、品牌越来越小等多方面压力。

王广：是不是说被别人的品牌整合了，就等于把自己变成了别人的组成部分？

颜建国：基本上是这个意思。在品牌整合过程中，弱势一方付出的最大代价是民族文化品牌面临消失的危险。就我国而言，人们经常呼吁"中国特色"，即反映了对这一问题的重视。而在我们身边，也存在一定的对民族文化不重视的问题。如建筑方面，许多建筑不是毫无个性，就是欧美风情，中国特色的建筑形式没有被充分重视；再如对学习汉语、书法等很多人不重视，却呈现人人争考英语四、六级的局面；中国一些高校，成为移民密度最大的地方，遗憾地成为国外机构所需各种人才的"新兵训练基地"。而许多中国产品品牌，不取中国名字，却戴个外国帽子，从某种程度上体现了国家品牌的不自信。

王广：确实存在这样一些问题。

颜建国：比如英雄明星品牌，目前，明星多数为娱乐明星、经济明星，构成成分较为单调。而英雄人物、普通劳动者严重缺失。众所周知，榜样的力量是巨大的，单一的英雄明星品牌，会导致人们价值观的倾斜、民族品牌的倾斜，把人们变成享乐主义、拜金主义、虚无主义、个人主义的追随者和崇拜者。

再看国民品牌。千百年来，中华民族都以勤劳勇敢、热爱和平、无私奉献著称，但现在民族自卑还普遍存在，这与国民品牌的不够强大也有一定关系。"遍地英雄下夕烟"的场面绝迹了，夜不闭户、路不拾遗、见义勇为的事情减少了。

金融货币品牌方面，虽然人民币取得了较高地位，然而一提起美元，人们还是不能用平常心看待，美其名曰"美金"。

国防品牌总体上是最好的。尤其是1999年美国轰炸我国驻南斯拉夫大使馆，以及2001年发生了南海撞机事件后，血的教训让我们对国防的重要性更加重视，但国防形势依然严峻。

在工业品牌方面，总体上发展不错，但自主品牌少，代加工情况多，资源透支严重、资源浪费较多，带来的污染也很严重。工业发展带来了环境危机、资源危机。

农业品牌方面，中国是传统的农业大国，然而由于一些地方农业政策得不到很好落实，加上浪费严重，现在我们已是粮食进口大国。城市化、工业化导致耕地减少、土地沙漠化，化肥、农药、除草剂的过度使用，更使土地受到严重污染，国际上甚至出现了对中国食品不信任的情况。再加上"剪刀差"的存在，农民地位还较低，转基因技术的流行，更让我们丧失了传统种子，农业面临土地、农民、种子等方面的危机。

教育品牌方面，中国人传统的教育思想是"传道、授业、解惑"，"修身、齐家、治国、平天下"，或者如毛泽东所言，教育方针，应该使受教育者在德育、智育、体育几方面都得到发展，成为有社会主义觉悟的、有文化的劳动者。可是长期的教育产业化，使传统教育品牌受到冲击，读书已经在某种程度上沦为某些功利目的的工具，这对中华民族创新力和凝聚力是巨大的破坏。

文艺品牌方面，撤销了很多电影厂，把应该受国家保护的文艺人才大量驱赶到市场上自谋生路，加上电视台、院线、报刊、出版社的全盘市场化，负面价值观、负能量较严重。虽然在国际上得过一些奖，但国际影响上有时候甚至误导外国人。

科技品牌方面，有人才外流现象，一些人急功近利，急于市场化转换，基本功不扎实，存在科技腐败、项目腐败，许多科技人员动手实践能力、原创力不足，处于全球产业链的下游。

生活方式品牌方面，我们已经在视觉、听觉、味觉三大战役中处于极大的被动位置了。崇尚洋装、洋车、洋酒等，有的甚至干脆直接移民。这一现象在一些大城市、高收入、高学历阶层，更是相当严重。

综上所述，中国经济获得大发展，但同时国家品牌"走低"。因此，必须励精图治，全力重建，才能让中国国家品牌在世界上重新崛起。

王广：您认为出现这些局面的原因是什么？

颜建国：问题是多方面的，主要出在执行层面和宣传层面。

由于此前干部考核机制是GDP至上。加之地方干部特别是一把手权力过大，再好的政策，一到了下面执行层面，就变了样，变成了GDP至上，变成了一切向"钱"看。干部本来应该是人民公仆，却变成了实质上的大大小小的公司老板，一些干部把自己的乌纱帽和钱袋子，看得比党纪国法、民族前途都重要。一些处于中间阶层的干部，对下面封锁，对上面隐瞒，在中央和群众之间形成了一个隔离带、一道防火墙。绝对的权力和绝对的经济追求结合，必然使一些地区、一些部门变成大大小小的独立王国，而其中的领导干部则成为大大小小的"老板"，这就导致了对信仰的绝对腐蚀。

加上在某些宣传方面和某些具体环节上出了问题，也影响了我们的品牌建设。共产党做了那么多好事、大事，就应该大张旗鼓，用老百姓喜闻乐见的方式去宣传。但是我们在这方面做得不够。先是让知识分子下海，自谋生路。又把宣传媒体变成公司，把最好的收视时段、观影票房、报刊版面，向别人拱手相让。我们的阵地、喉舌被出资方控制了，其结果可想而知。信仰品牌、制度品牌、政党品牌、文化品牌全线撤退，经济单方面发展，甚至是杀鸡取卵、竭泽而渔式的畸形、自杀式发展。打个不恰当的比喻，这样做的后果就是要把中国变成古代神话人物刑天，变成一个无头的巨人。然而俗话说，蛇无头不走，鸟无头不飞，头上出了问题，全身还能好吗？

因此，我认为，国家品牌的弱化，已经是一个危及国家形象和国家安全的严重问题，必须迅速解决，刻不容缓！

第三，以高度的自信重建中华民族国家品牌。

王广： 确实，如果只讲发展，不讲品牌，一切发展都是盲目的，是"为他人做嫁衣裳"。

颜建国： 我们党的十八届三中全会，把国家安全提升到三十多年来从未有过的战略高度，这是极其正确的。

国家安全，必须要有国家品牌安全的意识。国家品牌不安全，其他方面即使安全了，也无济于事，因为你的旗帜被人拔走了。品牌是脸面，脸面是直接长在头上的。脸面遇到危险，头也就危险了，头危险了，全身也就都危险了。

王广： 面对这样复杂的现状，我们如何维护国家品牌安全？

颜建国： 现在我们面临的已经是如何重建国家品牌的问题了，是如何让我们的国家品牌从被动转为主动的问题了。我认为，从战略上讲，要正本清源，对于一些提法、一些口号进行一次系统性的梳理、优化。比如"文化大发展大繁荣"，其中，我们到底要发展什么样的文化，繁荣什么样的文化？当然是发展繁荣中华民族五千年、中国共产党九十多年、中华人民共和国六十多年的主流文化，而不是别的什么文化。应该通过立法、行政、产业规划等手段，理直气壮地发展繁荣我们的主流文化、主流价值观，旗帜鲜明地推广我们的领袖品牌、英雄明星品牌、国民品牌、制度品牌、信仰品牌、货币品牌、国防品牌、工业品牌、农业品牌、教育品牌、文艺品牌、科技品牌、生活方式品牌。

王广：具体而言，我们应该怎样做？

颜建国：要大力发展文化事业和文化产业，这一点我多次论述过。通过文化事业、文化产业两条腿走路，全方位弘扬本国文化、发展本国品牌。美国影视宣传美国价值，日本影视宣传日本价值，韩国影视宣传韩国文化，印度影视贯穿印度歌舞。可是中国影视里面是些什么东西呢？在这方面，在具体的宣传、拍摄、反映手法上，我们应该向美国、日本、韩国、印度学习。只有中国文化真正得到重视了，中国文化事业和文化产业发展起来了，中国的视觉文化、听觉文化和味觉文化"三大战役"打胜了，中国的国家品牌安全问题才能解决。

王广：发展国家品牌，战略、战术上，您都有什么样的愿景与构想？

颜建国：国家品牌和企业品牌、产品品牌、个人品牌有一定相似之处。战术虽然千千万万，战略却是万变不离其宗，大体来讲，有上、中、下三策。在国际上，我们要解决一个身份与角色问题。首先是规则遵守者，其次是规则打破者，最后是规则建立者。一般而言，遵守规则是一种缺乏自信的表现，是一种保守，一种被动，一种委曲求全。要想恢复制度自信、理论自信、道路自信和文化自信的"四个自信"，就不能仅仅是遵守规则，还必须打破规则、制定规则，这是一种自信，更是一种创新。

王广：能否深入浅出地讲讲什么是遵守规则、打破规则和建立规则？

颜建国：先说遵守规则，比如传统银行，都必须在国家政策、法律、法规的框架之内开办、运行，银行属于国家战略行业，普通人根本无法染指，这是遵守规则。那么什么是打破规则和建立规则呢？阿里巴巴的马云、腾讯的马化腾，他们就是打破规则、建立规则。他们由于拥有了用户量数以亿计的网络帝国，占据了新兴产业的优势，在此基础上尝试着变通现有规则、建构新规则，从事一些金融业务，客观上拥有甚至超越了传统银行的权限，这就为阿里巴巴和腾讯的品牌增加了无法估量的无形资产。如果一味地墨守成规，他们永远不会有今天的业绩。

企业可以如此，国家也可以如此。比如国家主权、爱国主义，这是每一个国家、每一个人都必须遵守的主要价值，然而美国却到处宣传"人权大于主权"，把抽象的"人权"凌驾于其他国家主权之上。无疑，美国已经是国家主权、爱国主义这些基本规则的打破者。它凭借自己的科技、经济、文化和武力优势，自封为"世界警察"，多次武装干涉别国内政，形成新的"规则"。中国知识分子中甚至出现"带路党"，盼望美国能够武装干涉中国。当然这是反面典型。再比如，中国的国际地位，中华人民共和国建立之后，是一座孤岛，少有人承认，联合国也不承认，在抗美援朝时，中国是美国人主导的所谓"联合国军"的敌人，可是在朝鲜半岛打了三年之后，中国的国际地位开始变了，后来在国际上一直是独立自主、不称霸、不信邪的强硬态度，最终于1971年恢复在联合国的合法席位，成为联合国常任理事国之一。过去，中国被封锁，各种各样的国家、国际组织为我们设立的禁区很多，如今我们完成了从"神舟一号"到"神舟十号"的发射，"嫦娥""玉兔"连月亮也登上去了，谁也封锁不了我们。未来，中国还会在国际上建立更多规则。这都是通过打破规则、建立规则强化国家品牌的例子。

王广：遵守规则、打破规则、建立规则三头并进，必然为中国的"四个自信"添砖加瓦。

颜建国：是的。经过中华人民共和国成立以来特别是改革开放三十多年来的成功实践，我们走出了一条中国道路，创造了发展奇迹，这是开展品牌建设、壮大中国品牌的丰厚资源。习近平总书记强调，当今世界，要说哪个政党、哪个国家、哪个民族能够自信的话，我们是最有理由自信的。

因此，我们中国必须有高度的自信，中国不能在美国的要求下做负责任的大国，中国要自己做负责任的大国，不是按照任何其他国家的需要，而是按照中国自己的需要和世界人民的需求负起责任。面对世界局势，要敢于"指点江山，激扬文字，粪土当年万户侯"，这才是真正的"四个自信"，这样才能从根本上壮大当代中国强大的国家品牌。

02、势力与视力经济时代：文化复兴与中国战略

第一，中国必须坚持马克思主义政治经济学。

王广：在很大程度上，高科技产业都很好地利用了心理效应。从某种意义上说，一切战争本质上都是心理战。那是不是也可以这样理解，势力经济就是心理战？《孙子兵法》说"攻心为上"，是不是可以这样说，势力与视力经济早就已经存在了。

颜建国：表面上看，确实是这样的，可是从历史角度看，《孙子兵法》说的还是自发状态，不是自觉状态。因为《孙子兵法》受到当时的科学技术条件限制，虽然讲究谋划、讲究系统工程，但仍然具有一定的盲目性。它虽然想要整合其他资源，形成产业链、产业群，建立自己的理论体系，上升到政治高度，并在最大范围内造成影响，然而力不从心。因为那个时代的科技仍然处于萌芽状态，作为早期信息革命主要载体的造纸术、印刷术等都没有出现，报刊、广播、电影、动漫、游戏、网络等都没有出现，很多人还是文盲，所谓的公共媒体只局限于道听途说和集体臆测……因而，决不可能具有现在这种核爆炸式的传播效果。

王广：确实如此。

颜建国：我研究势力与视力经济学时发现，所有的势力，主要都是通过视觉手段（也包括听觉和味觉手段）传播其诉求的。孙子所处的那个时代，人类的视觉是浅层次的、零散的、个体化的。只有到了15世纪，古登堡把从中国学习并加以改进的印刷术在欧洲大规模应用，信息和知识传播日新月异，视觉手段才产生了爆炸效应。到了20世纪，电话、电报、电影、电视出现之后，视觉手段才达到了进一步的集约化。到了互联网时代，特别是智能手机等移动终端时代，集约化愈演愈烈，

势力与视力经济的地位更加凸显。因为这个时代，金融高度集约化，交通高度集约化，视觉手段高度集约化，信息技术高度集约化，同时思想传播也高度集约化。前所未有的集约化，给各国带来的挑战与机遇都是无与伦比的，所以必须把它上升到一个政治的高度来理解。

王广：肯定会有许多读者提出一个疑问——经济学就是经济学，应该是纯粹的，应该一切以市场为主导，让市场自己去选择去说话。为什么要上升到政治高度？为什么不能去政治化呢？

颜建国：这是一种"小清新"式的理解，具有很大的麻醉性。其实社会的方方面面都离不开政治的影响，没有脱离于政治范畴之外的任何"纯"学问，经济学更是如此。西方一些主流经济学家所宣传的那种所谓的纯粹的经济学，是从来不存在而且永远不会出现的。

人的一切社会活动都离不开政治，"属人"的一切经济学也都是政治经济学。美国20世纪30年代的经济危机，是由市场造成的，但最终为它收拾残局的却是政府干预、政治手段。无独有偶，最近几年美国的次贷危机、金融危机，也是由市场经济造成的，但要其政府来收拾残局。所以，归根结底，经济仍然离不开政治。

王广：一定会有人问，在一个互联网金融时代，再谈政治经济学是不是已经过时了？

颜建国：政治经济学从来没有过时，而且永远不会过时。所谓自由主义经济学的影响开始流行，是与世界社会主义阵营的变化，特别是与苏联解体和东欧剧变有关，它是冷战的延续。更何况苏东剧变并不是最后的盖棺论定，应该给一个更长的时间来观察。

从另外一个层面看，虽然苏联和东欧的经济和政治都遇到了巨大的挫折，然而社会主义——中国特色社会主义在中国，却取得了举世瞩目的伟大成就。这令资本主义阵营和世界社会主义阵营刮目相看。

王广：现在一些人持一种颇为流行的观点，认为中国改革开放取得的巨大成就是学习西方经济学的结果，而中国要想取得更大成就，还应该加大"全盘西化"的力度。对这种观点，您怎样分析？

颜建国：由于理论研究的误区和盲区，这种论调确实具有一定市场，甚至在社会各界都具有一定的迷惑性。我们也需要承认，西方自由主义经济学有它一定的优点，值得我们学习。然而我们更加需要思考的是，自由主义经济学如果真是放之四海而皆准的真理，那么历次席卷全球的经济危机是怎样发生的？次贷危机、希腊破产、占领华尔街，又是怎样发生的？美国政府多次被迫关门，又是怎样发生的？美国和欧洲不断向中国"哭穷"，又是怎样发生的？这说明西方自由主义经济学是有其致命缺陷的。

自由主义经济学主导下的西方经济，像泰坦尼克号，随时都有撞上冰山的危险。在西方奉行自由主义经济学的时候，我们没有动摇、没有跟风，而是坚持中国特色社会主义。结果呢，西方经济挺不住了，美国要中国去救，欧洲也要中国去救。这说明中国特色社会主义是成功的，我们的政治经济学仍然有着鲜活旺盛的生命力！

势力与视力经济是资源的高度整合

王广：您的表述实在是一针见血！我想知道，您的势力与视力经济和经典意义上的政治经济学有什么联系和差异？

颜建国：毫无疑问，势力与视力经济学是政治经济学的延续和发展。

王广：势力与视力经济学是怎样延续和发展经典意义上的政治经济学的？

颜建国：由于生产力条件所限，在过去的时代，金融、交通、视觉艺术、信息技术、思想传播，都无法高度集约化，无法聚合全球、全人类的能量。经典政治经济学受到时代的局限，没能把资源整合纳入考察范畴，没能把虚拟经济纳入重点研究的范畴，没有把心理学因素纳入重点研究的范畴，也没有把信息科学纳入重点研究的范畴。政治经济学诞生的时代，影视还没有出现，核武器也没有出现，更没有网络，没有手机，没有微博和微信等，无法在全球范围内把资源图像化、视觉化，让其深入人心，改变人心。受制于当时的生产力条件，经典政治经济学只能发展到那个地步。随着时代的飞速发展，政治经济学也需要与时俱进，补充一些新的因素。我研究的势力与视力经济学，就在这方面做了一些小小的工作。

王广：请具体讲讲您都做了哪些方面的工作。

颜建国：经典政治经济学偏重于物质文化，对于精神世界比较忽略。毛泽东曾经告诉我们，精神变物质，物质变精神。然而经典政治经济学对这一点研究得不够。在整合资源的时候也是忽略这一点的。这种弊端现在还在各个领域存在。比如银行把文化产业评估为轻资产，官员提拔也片面地以GDP论英雄等。

王广：我们在号召"文化大发展大繁荣"的时候是不是让文化坐了冷板凳？

颜建国：文化应该是我们的精神原子弹，让我们整合历史文化资源、人文文化资源、地域文化资源。通过整合发展出自己的视觉产业集群、文化产业集群、思想产业集群。

王广：这些是您的个人经验还是借鉴他山之石？

颜建国：势力与视力经济学，是一个新生事物，一门新兴学科，目前世界上还没有这方面著作，我的《绿色原子弹》是关于这个学科的第一本专著。"二句三年得，一吟泪双流"，每每想到此著，都令我感慨系之。我的每字每句都是经过亲身实践、亲身经历、亲身失败而砥砺所得。

王广：《绿色原子弹》确实是势力与视力经济学方面的开山之作。

颜建国：开山之作谈不上，算是抛砖引玉吧。

王广：您认为自己的思想有什么独创性？

颜建国：我认为在战略上，我吸收了博大精深的中华民族文化，在战术上学习了500年来世界各国特别是美国崛起的先进经验，研究重点是在势力和"视力"上做文章。

王广：势力和"视力"有什么区别？

颜建国：所谓势力就是审时度势，求天道也求人道，巧妙借势，为我所用，顺势而为。审时度势，就是要掌握整个宇宙运行的规律，特别要掌握人心向背。

中国共产党在毛泽东的领导下，推翻了"三座大山"，取得了辉煌的胜利，就是因为掌握了这些，这就是审时度势。顺势而为，就是顺应宇宙和人类的基本规律，不逆势操作。同样，共产党的胜利就是因为顺势而为，而国民党却恰恰相反，没有认识到在革命浪潮下人民的觉醒、人民素质的提高、人民力量的壮大，也没有认识到土地改革的重要性和迫切性。

王广：审时度势、顺势而为，确实是极其重要的道理。

颜建国：说起审时度势、顺势而为这些方面，最优秀的还是中国文化。中国文化是一种无与伦比的先进文化，无论和西方文化相比，还是和东方其他民族文化相比，都是先进的。它既可以代表中国人民的利益和诉求，同时也可以表达全人类的长远利益。中国要崛起，民族要平等，人类要和平，地球要保护，这是目前最大的势。我们要很好地借助这个势力，转换为一种"视力"，表现出来，传播出去。

王广：在这方面我们转换得还很不够。

颜建国：是的，"视力"方面是我们的薄弱环节。表面上看，我们每年拍的电影、电视剧、动漫都非常多，在数量上名列前茅，可是其中很多没有我们自己的价值观，也不能在国际上流通。就算有价值观，也是西方人的价值观。如果好好一个中国人，长了一颗外国心，那就成了黄皮白瓤的"香蕉人"，在丑化中国、抹黑中国方面比外国人还有过之而无不及。

第二，视觉战略让中国自豪屹立于世界民族之林。

王广：历史的看，我们的信仰危机是怎样出现的？

颜建国：改革开放以来，我们强调以经济建设为中心，同时也强调"两手抓，两手都要硬"，但现实地看，我们在思想文化领域和理想信念层面做的工作还不够，还有很大的改善和提升空间。

举例说来，此前我们在具体工作中，有一个不良倾向，就是GDP至上。GDP至上，本质上是一种生产力崇拜，而离开战斗力的生产力，从来都不是一个民族的"补药"，而是"丧钟"。只有生产力，没有战斗力，就是只富不强，不但不能保护自己发展起来的生产力，而且还会将自身的生产力拱手送予他人。

客观地看，我们就不必否认和掩饰，当前，在一部分群体中，拜金主义毒化了他们的精神，腐蚀了他们的灵魂。我们必须看到，一部分人已经人心浮动，六"神"无主；一部分中国人现在的信仰已经不是红色信仰，而是黄色信仰；另一部分中国人现在的信仰是做官发财，成名成家，贪图享受。正面的信仰走向没落，就必然会有负面的信仰登堂入室。所以，"及时行乐""过把瘾就死""死后不管洪水滔天"等的负能量在一部分人身上已经根深蒂固。

王广：出现这种局面，主要是因为什么？

颜建国：应该说，内因是对精神文明和物质文明抓得不够深入。从事意识形态工作的部分部门和工作人员，没有把为最广大的人民群众服务落到实处。但同时，我们也不能因此就否定那些深刻的外因。

王广：什么外因？

颜建国：邓小平曾经在一个重要讲话中，谈到"国际大气候"和"国内小气候"的辩证关系，两个"气候论"，入木三分，非常深刻。其实，人的精神意识是一块空地，你不去占领，别人就会去占领。由于在基层执行等方面的一些失误，部分群体和个人一切向钱看，领土意识特别是"精神领土"意识严重缺失。少数部门的管理者"尸位素餐"，甚至将外国文化拔高到不适宜的位置。这就使外来文化乘虚而入，导致文化入超现象严重，在教育、电影、电视剧、游戏行业特别明显。这些年，中国人看美国电影、韩国的电视剧，玩日本和韩国游戏已经成为常态……

王广： 环顾身边的文化生活，的确如此。

颜建国： 如果真是向发达国家看齐，见贤思齐，那是好事，我一百个赞成，然而事实并非如此。因为这些国家的文化产品主要是外销，卖给外国人，给外国人洗脑并赚取大量的洗脑费！他们在文化产业方面，实施的是"双轨制"，执行的是双重标准，内销产品和外销产品不同，别人看的和自己看的不同。如今中国是全球最大的市场，是一切商品包括文化商品的天堂。这些商品的设计者当然要不失时机地想到，为中国人"量身定制"，植入他们想要灌输给中国人的意识形态和价值观，以及随之而来的思维模式和生活方式。他们不是要这些商品被动地适应中国人，而是让中国人主动地去适应这些商品，特别是文化商品。通过商品，反过来影响我们。

值得深思的是，在这些国家的本土，他们的国民对这些文化产品的追捧程度远不如中国的热烈。比如说韩剧，它让你觉得自己真善美，很阳光，很时尚，不知不觉就抹杀了你的分辨力。久而久之，这些东西会让部分观众产生瘾性，觉得自己天生渺小、落后、愚昧，从服装到饮食、到文化，都不如外国，甚至不如自古以来就隶属于亚洲汉文化圈最紧密层的韩国。更可怕的是，国内许多业界人士还盲目地跟风，一切"以洋为美""以洋为贵""以洋为时尚""以洋为标准"。外来文化产品特别是视觉产品，对中国人精神世界的改变是触及灵魂、触目惊心的。比如说出国问题，当前，出国似乎已经成为一种符号，对企业来说是一种国际化符号，对一些人来说是奋斗成功的符号。

我不反对出国，可问题是你出国干什么？张骞出使西域、鉴真东渡、郑和下西洋，都是为了传播中华文明，开拓中华民族的精神疆土、文化疆土。清朝末年，大量的中国学生出洋留学，"五四"时期，许多老一辈无产阶级革命家也出国，他们追求、探讨的是救国救民的真理。可是现在的一些人出国则是怀着"外国的月亮比中国圆"的观念。

王广： "冰冻三尺，非一日之寒"，这种局面，不是一朝一夕形成的，也不是一朝一夕能够改变的。

颜建国： 对这个问题，我进行过多次探讨和长期的呼吁，引起了越来越多的仁人志士的强烈共鸣和深刻思考。为了改善国人的视力，当好国人的眼科医生，改变这种状况，我甘愿粉身碎骨、倾家荡产。

王广：您是不是也听到了一些反面意见？

颜建国：反面意见是轻的，其实我受到的各种攻击数不胜数，每天都有许多拥有境外政治和经济背景的"水军"，对我进行人格攻击和污辱。当然也有一些善意的朋友，说我不务正业。

王广：胸怀天下却不能得到尊重和重视，反而受到辱骂，这是莫大的悲哀。

颜建国：我永远记得毛泽东同志的一句名言：一切反动派都是纸老虎。为什么呢？因为这句话高瞻远瞩，对世界大势洞若观火，对自己胸有成竹。不把这些反对的负能量看得过重，而被它干扰。不畏浮云遮望眼，只缘身在最高层。虽然问题多多、困难重重，但我们也要清醒地看到，经过60多年的艰苦奋斗、30多年的改革开放，中国已经具备了强大的物质基础和国防力量，成为一个当之无愧的经济大国、国防大国。

王广：您的乐观，建立在"道路自信、理论自信、制度自信和文化自信"四个自信基础之上。

颜建国：是的，未来的全球经济竞争将是势力与视力经济的竞争。中国在经济实力和潜力上占有优势，但在宣传上尚居于劣势；西方经济不占优势，但在宣传上依然占据优势。西方经济虽然吸收了社会主义思潮中的若干优秀部分，试图做些改变，但归根结底，它是一种腐朽没落的经济模式，宣传可以是强心针、是激素，却永远不能成为长生不老药。如果西方世界继续抱残守缺、故步自封，而不革故鼎新、改弦更张，那么西方的没落和消亡是必然的，"不改革，死路一条"。

与西方相比，我们具有强大的能源、交通、金融、信息整合能力，只要我们能够奋起直追，加强顶层设计，提升文化整合能力、思想整合能力、信仰整合能力，补上自己的短板，把巨大的势力转换为"视力"，我们就可以更深层地影响世界、改变世界，让中国无比自豪地屹立于世界民族之林，让全世界以无比尊重的心态面对中国。

身为一介布衣，我深深知道自己的平凡和渺小，我只是站在巨人的肩膀上，看到了远方更美的风景。揽镜自照，虽两鬓微霜，而我心犹壮；回首来路，即历经千劫，亦难移我志；瞻望前程，我对我们伟大的国家和民族充满自豪，对如期实现民族复兴中国梦满怀信心。一言以蔽之，对于中国的未来，我有百分之百的忧虑，但更有百分之二百的乐观！

第三，造势，是我们不能丢弃的法宝。

王广：除了审时度势、顺势而为之外，我们还应该造势。

颜建国：是的，因为仅仅掌握宇宙和人类基本规律，审时度势、顺势而为，还是不够的，还需要造势。审时度势、顺势而为，这是一种长期战略。但人之所以是人，因为人具有主观能动性，可以利用条件，创造条件，改变整个历史进程，改变历史时间表。就像科学可以通过改变生命的基因改变人的寿命一样，通过势力与视力经济学，我们也可以改变历史的进程，改变国家民族的命运。

王广：如何改变？请具体谈谈。

颜建国：主要是靠宣传，通过高度集约化的现代媒体手段，为中华民族的伟大复兴大造舆论。宣传也是一种战争，必须紧紧抓住宣传上的主动权。辛亥革命取得成功，很大程度上得益于宣传，革命党的宣传机器比清政府强大得多、有效得多。清末民间的报纸刊物，如同雨后春笋，频频引发街谈巷议，这为瓦解清朝统治发挥了无比巨大的作用。而开天辟地的中国共产党也有独特的宣传艺术。在贵州考察时，我发现有些地方还保存着当年写下的标语"打土豪，分田地"，寥寥六字，字字千钧，却又简洁明快，深入人心！宣传就应该是这样一门视觉艺术，说出人人心中所有、人人笔下所无的人间真理，唤起人们的强烈共鸣。当年红军的标语，让许多不识字也不懂汉语的彝族、藏族、苗族、壮族群众心向往之，并愿为此踊跃奋斗，这便达到了宣传的最高境界。再如方志敏烈士，在监狱中，在敌人的严刑拷打和层层监视中，仍然用米汤秘密写下

《可爱的中国》，并托人转送出去，进行宣传；《挺进报》也是在非常艰难的环境下，通过笨重落后的油印机印刷的。这些都显示出宣传的力量。

王广：当代社会，瞬息万变，和方志敏、红军、《挺进报》的时期已然不同，在这种情况下，应该怎样加强宣传呢？

颜建国：时代虽然变了，但宣传的艺术没有变。作为一个大国，对外宣传，不能仅仅宣传自己的产品，更要宣传自己的品牌，最高境界是宣传自己的标准，宣传自己的思想。纵观世界各国，在宣传方面，做得最好的是美国。美国宣传的不仅是美国产品、美国品牌，我们要透过麦当劳、肯德基、谷歌、微软的表面，看到更深更远的层面，实际上，美国最重要的是宣传了美国的国家品牌、美国标准。美国的这些品牌、标准，就像五行山一样压着你，像紧箍一样套着你，像裹脚布一样缠着你……

王广：看来美国人深谙一个道理：化势为视，用视觉造势效果最好。

颜建国：对，陈胜吴广起义喊的是"大楚兴，陈胜王"，这是听觉。而更多的是视觉，"揭竿而起"——不仅仅是拿来当武器，也是当旗号。人的行为动力，80%来自视觉，必须化势为视，才能达到最佳宣传效果。在这方面，美国的实战经验很多。现在一些文化人甚至管理层，言必称美国、行必学美国，以至沦为笑柄。我们应该积极地总结美国的宣传经验，为中国未来提供智囊服务。

王广：在宣传方面，我们除了美国还有其他可以学习的对象吗？

颜建国：在这方面，日本、韩国、俄罗斯，还有阿拉伯世界……都在各显神通，都有值得我们学习的地方。

王广：他们最值得学习的地方是什么？

颜建国：和美国有许多相似之处，那就是学习他们的信仰。西方人说中国人没有精神、没有信仰，这是西方人的一种严重误解和误导！中华民族有着五千年的文明，中国人自古以来是有精神、有信仰的。因为信仰，我们才建设出举世瞩目的中国特色社会主义宏伟大厦。

——原载于《中国社会科学报》

第二十二章

关于英雄文化对话录（三）

颜建国：央视微电影英雄儿女频道执行总监，英雄儿女品牌联盟创始人，著名文化产业专家。

艾克拜尔·米吉提：全国政协委员，著名作家。

01、没有民族品牌，就没有企业品牌、产品品牌

1.艾克拜尔·米吉提：最近很多人发现，网上有一个热点，就是民族品牌大讨论，套用一个网络词语，简直成了"爆款"。关于民族品牌推广，是你们发起推动的，可以说是你们的呕心沥血之作。很多人都有一种好奇心，想知道在一个"一切向钱看"的时代，你们大张旗鼓运作这样一个活动，请问这是出于什么原因？

颜建国：运作英雄儿女品牌，为民族品牌鼓与呼，这都是出于强烈的民族使命感。现在的很多人都被金钱洗脑了。被金钱洗脑的人，只有两种命运，要么沦为金钱的奴隶，要么沦为没钱的奴隶。奴隶需要自由，只有信仰才能让人自由；只有强烈的民族使命感，才能成为信仰。看到这个时代需要有人担当，需要力挽狂澜，带动越来越多的人真正成为金钱的主人，不再做金钱的奴隶和没钱的奴隶，成为自由的灵魂，必须有人挺身而出。于是民族品牌大讨论也就应运而生，可以说发起民族品牌总动员，这是顺天时而应人心。

2.艾克拜尔·米吉提：有人认为，品牌是个纯经济学概念，而民族使命感是一个政治概念，把政治和经济混在一起谈，似乎有些牵强，二者之间有什么关联？

颜建国：政治和经济两个概念放在一起谈既不牵强，也不矛盾。现在有的人不知道民族品牌与使命感二者有什么关系，不了解政治和经济的联系，这很不正常。所以在对话之前，必须先花一点篇幅把它说清

楚。什么是经济学？就是关于人类经济活动的学问。什么是经济活动？生产、流通、分配、消费，这每一个环节，都与政治发生密切的关系，丝毫不能脱离政治。现在的主流经济学是有严重缺陷的，是基于英国几百年前的经济学家亚当·斯密体系的，按照他的观点，西方的崛起得益于纯经济，好像一种空洞的经济模式，离开现实的土壤，离开政治、军事和自然资源，也可以平白无故、无中生有地赚钱。这个经济学表面上听起来，似乎很在理，其实它是一种思想上的文化狼奶，是一种精神鸦片，毒害我们，对我们洗脑多年了，让我们从企业到学界，从官方到民间，都奉为金科玉律，被它所愚弄和奴役。

3.艾克拜尔·米吉提：看来你们的理论体系很有颠覆性。那么请问你认为正确的经济学应该是什么样的？

颜建国：包括亚当·斯密在内，西方经济学都是为了搞乱其他国家，发展不平等贸易，更好地垄断全球经济而量身定做的，是一个陷阱，只能局部学习，不能丝毫拔高。习近平总书记说我们要有"制度自信"，制度上如何自信？首先就不能被亚当·斯密这些经济学家绕晕了，被他们牵着鼻子走。亚当·斯密是西方资本主义的御用文人，他向全世界隐瞒了一些不容辩驳的铁的事实。西方崛起的最重要原因，是他们在全球范围内的殖民掠夺，没有殖民掠夺，仅仅靠他们的所谓制度优越性，不可能从一个西欧小国，变成曾经不可一世的日不落帝国！如果他们的高度优越性那么优越，如何解释英国后来的衰落？以及更多西方国家的衰落？把你的东西抢过去，然后大言不惭地对你说："我比你富，我的制度比你优越！"这就是他们的伎俩。这种伎俩，西方各个资本主义国家都玩过，第二次世界大战之后，玩得最得心应手的是美国。可悲的是，我们对此认识不足。过去我们还可以理直气壮地高唱《社会主义好》，这些年我们有些人逐渐被他们唬住了，再唱《社会主义好》时，有些底气不足了！其实我们应该更加大声地唱《社会主义好》！借钱给别人的国家制度好，还是向别人借钱的国家制度好？借钱给别人的国家更需要改革开放，还是向别人借钱的国家更需要改革开放？不言而喻！

4.艾克拜尔·米吉提：殖民确实在西方的崛起过程中发挥了不可忽视的重要作用，但是不要忘记，西方的现代金融手段也起了决定性作用。

颜建国：现代金融确实为西方资本主义助了一臂之力，但是金融必须依附于强大的政治实力，经济实力，一切软件都必须依赖于硬件才能运行。没有硬件实力，金融手段就是一剂毒药，一个笑柄。世界上绝大多数国家都被绑上了现代金融的战车，然而有几个国家成了发达国家呢？寥寥可数！希腊破产，津巴布韦的通货膨胀率甚至达到了百分之十亿。这就是现代金融。金融手段，是一将功成万骨枯，实行现代金融手段的国家很多，但是只有一些大国强国才能吃肉，其他国家只能喝汤，甚至喝西北风。所以仅仅讲金融也是片面的，不科学的，是与事实不符的。

5.艾克拜尔·米吉提：你这个思想很新颖，很少有人从这个角落思考过。政治经济学确实比经济学的概念要准确和完整。

颜建国：是的，金融是制度中的一部分，制度是为利益集团服务的，是不能孤立发挥作用的，否则就是沙上之塔。经济学从来都不是什么纯粹的经济学，品牌也从来都不是纯粹经济学概念，而是携带着很多政治基因。我们大学里面的经济学课程叫做政治经济学，这是非常有道理的，政治第一位，经济第二位。可惜大学的教科书写得太刻板，未能深入浅出、循循善诱，激发学生的学习兴趣，而是成为简单的考试工具。讲课的老师和听课的学生，他们自己都是有口无心，内心都是不相信的。学生们走向社会之后，仍然不相信，而且利用自己的影响力把那些从西方道听途说、似是而非、漏洞百出的所谓西方主流经济学知识对外扩散，于是就成为主流观点，占据许多媒体，扮演成普世价值、全民共识，甚至对国家战略、国家决策产生影响力。实在是贻害无穷！

6.艾克拜尔·米吉提：看来应该在理论上正本清源！

颜建国：我们多年来一直在做正本清源的工作，我们不仅创建了英雄儿女品牌联盟，而且有很多理论建树，出版了《大旗五千年》《一切皆有可能》《没有不可能》，特别是《影响力与势力经济》等专著，还创作了一些列经济模式图，可以说在理论探索方面，硕果累累，我们力求通过这些探索，为国人解疑答难，为中央提供决策参考，同时也为后人留下一些精神财富。

7.艾克拜尔·米吉提： 现在是互联网+时代，人们都谈论地球村，讨论互联网思维。过多讲民族品牌，是不是有狭隘之嫌？毕竟我们都加入WTO多年了，全球一体化已经成为共识，我们应该更多更深地与国际接轨，不能再故步自封。

颜建国： 开放与封闭其实是相对的，并不具有绝对的道德和智力优越性。不能简单地认为开放就一定是对的，封闭就一定是错的，这种思维定式大有问题。在中华人民共和国成立之初，西方帝国主义曾经想把共和国扼杀在摇篮之中。面对这种局面，伟人毛泽东怎么说？他说："封锁吧，封锁十年八年，中国的问题就解决了！"后来的事实如何？我们不与他们纠缠，一心一意，就搞出了两弹一星核潜艇。没有那个时期的封闭，哪有后来的改革开放？改革开放是要拿实力说话的，没有实力的开放，那是引狼入室。而当你拥有了实力，无论封闭还是开放都是得心应手的。就算你想封闭，别人还追着赶着来找你。

8.艾克拜尔·米吉提： 现在中国已经成为世界第二大经济体，已经有实力在地球村里扎根了。

颜建国： 未可过早松懈。地球确实是一个村，然而这个村并不是十分太平，无论政治、经济方面，都从来没有达到"童叟无欺""天下无贼"的和谐状态，某种程度上，局部地区的冲突反而加剧了，贫困与疾病问题也愈演愈烈；当然还有人不承认是这个村的人，还有人想离开这个村；这个村里还有村霸，有骗子，有赌徒，有乞丐，有妓女，有混混……

9.艾克拜尔·米吉提： 可这都不是主流。

颜建国： 恐怕没有那么乐观。的确，技术进步，使地球村成为一个村，也使我们的国际政治模式，进入一个新的时期，要采取一定程序的新思维。但是我们要时刻清醒地认识到，地球村并不是一个融洽相处的村，每天都是多事之秋。中国在这个村里，要保持头脑清醒，既有责任帮助邻里，协调治安，惩治坏人，也有权力自我防护，不为虎视眈眈的别人所左右。就算村里比较好的村民，也不是那么整齐划一。

10.艾克拜尔·米吉提：那么我们应该怎样做？

颜建国：抛开政治和军事上的竞争，单从经济方面看，我们也要认识到，经济竞争是没有硝烟的战争。全球一体化是好事情，然而透过温情脉脉的面纱，也要看到后面的竞争。一体化有合作，也有竞争，竞争是绝对的，合作是相对的！

11.艾克拜尔·米吉提：请问在这样的地球村，我们如何与国际品牌竞争？

颜建国：竞争，应该以己之长，比人之短，而不是随大流，人云亦云。应对全球一体化的最佳策略，不是消灭民族特色，恰恰相反，是弘扬民族特色，彰显民族特色，让民族品牌占据世界市场，影响全球人心。

12.艾克拜尔·米吉提：彰显民族特色，对品牌建立有什么好处？

颜建国：有一句话：越是民族的，就越是世界的。这一真理，在全球一体化时代不会过时，反而更加强化。"世界语"没有任何民族色彩，它不属于任何国家、任何民族，然而正因为此，它是一种人造语言，没有实用价值。也没有人因为世界语而获得归属感和自豪感。除此之外，一切走出国门的有形无形产品，都是有其民族特色、民族气息的，它们不仅可以唤起本民族人们的归属感和自豪感，也能唤起其他国家、民族人们的好奇、向往，这就是品牌效应。

13.艾克拜尔·米吉提：那么一个产品，从民族品牌成长为国际品牌，它是如何实现的？

颜建国：从来没有什么绝对的国际品牌，也没有永远的民族品牌。民族品牌做大了，做强了，卖得多了，就自然而然成为国际品牌，如果它在某个行业具有开天辟地的创新性，甚至可以成为这个行业的国际标准。好比我们耳熟能详的那些国际品牌，可口可乐、麦当劳、微软、谷歌……它们与生俱来就是国际品牌吗？不，他们起初都是区域性的小品牌，是如假包换的民族品牌。

14.艾克拜尔·米吉提： 美国不是一个单一民族，它是一个移民国家，称它为一个民族是否妥当？

颜建国： 民族的构成，要从两个角度来看，一个是血缘角度，另一个是文化角度。中国有朝鲜族、蒙古族、哈萨克族、俄罗斯族，从血缘上讲，他们不属于汉族，但是从文化上讲，却又属于中华民族。同理，享有美国国籍的人，都属于美利坚这个民族。凝聚一个民族的不仅仅是血缘，还有政治认同和文化认同。

15.艾克拜尔·米吉提： 凡事都从国家和民族的角度看，这是不是有一点政治挂帅的味道，有悖于自由竞争的时代潮流？

颜建国： 自由竞争是有条件的，一切国家都是政治挂帅的，政治挂帅不是中国专利、中国特色，世界上所有的国家都搞政治挂帅。他们都有自己的国防部，都有自己的外交部，都有自己的海关，都有自己的文化特点，都有自己的贸易保护，都有自己的爱国主义。他们的公民都有着自己强烈的民族荣誉感。那些打着"全球一体化"旗号，热衷别人对它无条件开放的国家，自己却闭门数钱的国家，其开放动机都不是学雷锋做好事，白白为外国人服务，而是借着开放的机会，开拓他们自己民族的产品市场，传播他们的民族文化，扩大他们的民族生存空间，增加他们民族的影响力。美国人更是精于此道，他们过去就曾经提出过"门户开放"政策，他们的开放，是索取式的，掠夺式的，这和英国人强行租借香港，都是一样的。

16.艾克拜尔·米吉提： 可是西方国家也敞开大门，欢迎外国人进入。
颜建国： 这个问题就要去看看他们的移民政策了。中国人那么多，而且很多人做梦都想着移民美国，可是为什么很多人被美国大使馆拒签？因为美国的开放都是以美国自己为中心的，以他们的利益为转移的，对他们利大于弊，他们就欢迎；其他的，一概拒绝。所以说，西方人的开放都是相对的、有条件的，如果都无条件开放给你，让你长驱直入，让你随心所欲，他们就亡国灭种了。别说对人，对产品和品牌也是如此，西方国家都要人为设置很多壁垒。美国之所以三番五次找华为的麻烦，就是因为华为对他们产生了威胁，让他们不安了，才叫嚷着要制裁。为什么没有人来批评美国的封闭保守、闭关锁国呢？那是因为我们都被洗脑了，洗脑得太彻底，对西方国家太体贴，对我们国家太忽略。

17.艾克拜尔·米吉提：那么中国为什么30年对西方开放那么彻底？

颜建国：30多年韬光养晦的过程中，我们确实有些开放过度了，好在我们有良好的纠错机制，开放过程中一直在调整自己。

18.艾克拜尔·米吉提：西方人的双重标准挺严重。

颜建国：双重标准是西方国家的拿手好戏。没有他们的双重标准，我们就没有必要搞民族品牌总动员。每一个国家都是政治挂帅的，国家越大越强，越要政治挂帅；越政治挂帅，国家也越大越强。什么是政治挂帅？就是每一个人都想着自己的国家，爱着自己的国家，支持自己的国家，盼望自己的国家方方面面都好起来，在世界上占领导地位，而不是相反。全世界人民，都是人同此心，心同此理。美国在这方面，比其他国家更是有过之无不及。只不过美国非常狡猾，他们自己搞一套，要求别人另搞一套。他们自己搞政治挂帅，却不让别人政治挂帅。他们垄断了全世界的意识形态，长期宣传，宣传时间久了，就让人麻木了，造成它"没有政治挂帅"的错觉，向它看齐，模仿它，自废武功，自毁长城。我们应该理直气壮，针锋相对！而不是被它麻痹，好像越不爱国越洋气，越爱国越见不得人似的。为什么包括美国在内的世界各国都可以政治挂帅，偏偏中国就不能呢？难道中国低人一等吗？你讲政治，不让中国人讲政治，这是严重的不平等！过去他们搞"华人与狗不得入内"，中国人觉得受到了侮辱，现在他们搞"华人与狗不得讲政治，不得讲爱国主义"，这不是更大的侮辱、歧视和文化灭绝吗？如果我们都相信他们那一套，没有一点政治原则，那就是有奶便是娘，关键时刻甚至会走向国家的对立面。

所以我们要理直气壮、旗帜鲜明地讲政治，讲民族使命感。没有国哪有家？没有大家哪有小家？民族品牌，则是为国家做一点实事，同时也为自己成长做一些实事，共同把民族品牌做强，共同把民族品牌做大。一个自轻自贱的民族更容易获得世界尊重，还是一个自信满满的民族更容易获得世界尊重？答案是显而易见的。民族品牌是企业品牌、产品品牌的基础。

19.艾克拜尔·米吉提：可不可以说弱国没有强品牌，强国没有弱产品？

颜建国：基本上是这么一个趋势。你看看能够获得中国消费者青睐的产品中，有多少来自非洲的？有多少来自拉丁美洲的？别说产品和品牌，许多老百姓甚至连他们的国家名称都没有听说过！

20.艾克拜尔·米吉提：这个问题耐人寻味。看到白种人的脸孔，许多人自然而然网开一面，这就是人家国家品牌做大了，形成了品牌效应。

颜建国：是这样的！20世纪50年代有一件事，在拉丁美洲某个国家，有一个华侨，虽然经济实力很强，但是当地人不以为意。忽然有一天，当地要人邀请他竞选市长。这位华侨很纳闷，这是为什么？后来才知道，原来是报纸上刊登了新闻，中国人民志愿军在朝鲜打败了美国军队主导的联合国军！这个消息极大地震撼了当地人，改变了中国人在他们心目中的地位。我们中国人过去这样，现在也应该这样！过去说我们的朋友遍天下，现在应该说我们的粉丝遍天下。这才是中国梦。如果让人一看到中国人的脸，尊敬、信任之感油然而生，男人愿意结交他，女人愿意嫁给他，你的国家品牌就上了层次，你的软实力就写到了脸上。不仅每一个中国人都以做中国人为自豪，而且全世界每一个国家的人都以能成为中国人为自豪！那时候，中国的品牌就做起来了。这就是英雄儿女品牌联盟今后要努力的方向。

02、民族品牌的符号价值体系

21.艾克拜尔·米吉提：我想知道，按照你的理解，什么才是品牌？

颜建国：品牌是属于人类的一种符号价值体系，品牌是一种识别标志、一种精神象征、一种价值理念，一种基因密码。国家有品牌，民族有品牌，企业有品牌，甚至个人也有品牌。品牌是一种识别系统，好比你的脸型、肤色、发型、指纹、血型、印章、签名……共同构成一套价值系统，是树立你自己，保持自己区别于他人的标志，也是复制自己，传承自己的重要基因。

22.艾克拜尔·米吉提：那么可不可以说，品牌是人类独有的精神财富？

颜建国：品牌并非人类所独有，其实自然界的所有生命都有自己的品牌。世界按一定的规律、在一定的轨道中，朝着一定的目标运行，道路总是需要设定路标的，品牌就是我们的路标和界限。品牌不是人类所独有的现象，其实在植物界、动物界中，品牌也是存在的。它是生命力的外在表现，是一种生命密码，一种遗传基因。任何生命，要想在激烈的生物竞争中，保证自己物种的强盛，扩大自己的势力范围，就必须发展扩张自己的品牌。观察动物界，雄孔雀有漂亮的尾屏，牛有锐利的犄角，霸气十足。动物这样做有什么好处？为的是快速找到异性，交配繁衍，同时让对手望风而逃。这就是动物的品牌。不光动物，植物界也是如此，为了生命的繁衍，苍耳子见到什么都沾，蒲公英有风就飞，它们都想借助于外物，把自己的种子播撒到更远的地方，这都是自然界生命品牌无意识扩张的表现。如果连动物、植物都知道扩张自己种群的品牌，一个民族却不知道弘扬自己的品牌，这不是连动物植物都不如吗？

23.艾克拜尔·米吉提：人类的品牌经历了怎么样一种历程？又是怎么样发生于人类，对人类历史产生影响的呢？

颜建国：人类品牌远比大自然界复杂得多。人类品牌的建立，可以追溯到远古时代的结绳记事，钻木取火，到逐步建立语言文字，以及一些非语言文字的符号，如图腾、文身，还有音乐、舞蹈、旗号、建筑、服装、饮食等。不同的群体，逐步发展出不同的品牌。从氏族、部落，最后发展到民族、国家，在这个过程中，人类的品牌不断强化。民族、国家形成之后，品牌迎来了一个井喷式的大发展时期。品牌的内涵也更加丰富，从人文文化、历史文化一直辐射到自然文化领域。这就是现代化品牌。品牌发展过程中有一个铁律，品牌强则民族强，品牌弱则民族弱，甚至完全消亡。中华民族恰恰一直强势，所以一直存活下来，并且不断自我升级，自我更新，长时间处于民族品牌的领导地位。

24.艾克拜尔·米吉提：那么中华民族的品牌，它的发生、发展是怎样的一部历史？

颜建国：中华民族品牌，也是在民族竞争、民族融合过程中，逐步演化的。从三皇五帝，到夏、商、周三代，我们的民族品牌经历了聚合、强化，秦始皇统一中国，"车同轨，书同文"，中华民族的品牌达到了一个前所未有的高峰时期。秦始皇一方面强化了自己的新品牌，另一方面也消灭了周朝、六国的旧品牌、小品牌、杂品牌，使中国品牌更紧凑、更有力地前进。此后，中国历朝历代都注重自己的国家品牌，哪怕那些被少数民族征服的朝代，汉文化也没有消亡，没有被少数民族品牌所消灭，反而在吸收了少数民族文化中的营养成分之后，变得更加具有生命力和竞争力。我们能够拥有今天，多亏祖先们在品牌建设方面所付出的巨大努力。

在古代社会，世界各民族文明程度都十分有限，而只有中华民族品牌是最强势的，对人类文明进步作出了无比巨大的贡献。那个时代，提起中国，世界人民首先联想到什么？汉字，汉服，丝绸、茶、瓷器，强盛的国家，富足的生活。唐代诗人王维用这样的诗句描写中国古代的盛况："九天阊阖开宫殿，万国衣冠拜冕旒。"那时候，人类不知道地球是圆的，也没有现代的航海、航空技术，然而，仍然从世界各地不辞辛苦、不远万里，来到中国。日本人来中国，阿拉伯人、波斯人来中国，都是带着朝圣的心理。两宋之后的元朝，西方大旅行家马可·波罗来到中国，可以说就像刘姥姥进了大观园一样兴奋、激动。回去之后，他口述了一部《马可·波罗游记》，详细地描写中国、美化中国，比现在的一些中国人美化美国还要过份。马可·波罗对中国的描写，逐步激起了西方海盗们的贪婪，他们渴望寻找新大陆，并付诸行动。进而，人类社会才从古代文明时代，进入近代文明时代。中国文化，这个品牌一直在充当西方人的导师！

25.**艾克拜尔·米吉提**：那个时期中国品牌还是个非常强势，中华民族很有尊严，那是一个令人神往的时期。

颜建国：是的，然而由于生产力、生产关系等多重复杂因素的影响，加上天然热爱和平的文化精神，与天然热衷冒险、侵略的西方不在同一个面位上，书生与强盗的对抗，书生的暂时失败是注定的。在品牌现代化的过程中，当西方殖民者来到中国之后，很快发现了中国的致命缺陷，对中国的态度也从崇敬、害怕到欺压、掠夺、侵略，他们在鸦片战争及后来的一系列侵略战争中大开杀戒。中国成了唐僧肉，每一个列强都想染指，都想瓜分一把。从此，中国的国家品牌也走上了最悲惨、最屈辱的一段历史。

26.**艾克拜尔·米吉提**：真是不堪回首的一幕！

颜建国：但是西方侵略者没有想到，中国并不是"黔驴技穷"的驴子，可以任老虎随意宰杀、吃掉，恰恰相反，像拿破仑所预言的那样，中国是一头睡狮，它一旦醒来将震撼世界！中华民族是天然的王者，威武，优雅，执着，不能驯化，中华民族需要一条复兴之路，中华民族从来没有放弃过，从来没有停止过探索，至今还是处于"在路上"的状态。

27.**艾克拜尔·米吉提**：西风东渐之后，我们走了很多弯路。

颜建国：是的，然而一切都是螺旋式发展的，弯路也有弯路的好处。洋务运动，中国探索学习西方科技，包括兵器工业；戊戌变法，中国探索制度改革。事实证明，中国为挽救国家品牌作过的这些垂死挣扎，都不能使中国焕发出新的生命；甚至辛亥革命这样的自救行动，孙中山、黄兴们依靠少数人的力量，关心少数人的利益，所以注定不能挽救国家品牌，不能挽救民族品牌，不能在实质上"恢复中华"。在第一次世界大战后，作为战胜国的中国，仍然无法决定自己的领土主权，西方殖民者要把胶州半岛切割给日本。这才催生了五四运动，并预告了一个开天辟地的伟大时代的到来，一个伟大品牌的诞生！

28.艾克拜尔·米吉提： 什么伟大的品牌？中国共产党？

颜建国： 是的，是中国共产党！这是中国历史上最伟大的团队，也是世界历史上最伟大的团队；是中国历史上最强势的品牌，也是世界历史上最强势的品牌！中国共产党以马克思主义为指导，并汲取中国传统文化的精华，形成了自己一整套新的理论体系——毛泽东思想，并在此指导下，成功地领导中国革命走向胜利，推翻了"三座大山"，拯救了中华民族，建立了中华人民共和国。中华民族自强不息、抵抗外侮的百年激荡史，从此画上了一个圆满的句号，走向了独立自主。1949年，毛泽东主席在天安门城楼上宣布"中国人民站起来了"，这是中国国家品牌的最强音，是中华民族品牌的最强音！中国品牌从此进入一个全方位强盛的时代。中国共产党开创了中华民族品牌的又一个强盛时期，这个强盛时期超越了古代的汉代、唐代。

29.艾克拜尔·米吉提： 可惜我们现在的版图不如汉代和唐代大。

颜建国： 不能仅仅这么比较，首先，我们的版图缩小，是西方帝国主义掠夺的结果。其次，汉代和唐代，中国是一个高速前进、高度发达、领导世界潮流的文明大国，而其他民族当时文明程度还非常低下，有些还处于原始社会，有些民族甚至还没有形成。然而现代社会，中国面对的是一批经济、军事都比中国发达得多的现代化国家。在冷战时期，美国和苏联两个超级大国甚至直接把核弹对准中国。汉唐面对的是比我们弱的对手，而现在面对的是比我们强的对手。所以说现在的中国更加伟大，更加令人佩服！更加值得尊重！创下这些基业的中国共产党，是世界历史上空前绝后、最伟大的政治品牌！

30.艾克拜尔·米吉提： 我们处于这样一个强盛时期，为什么还要呼吁民族品牌呢？是不是缺乏自信心？

颜建国： 对自己的民族品牌给予重视，这应该是一种常态，而不是临时性的姿态。自信心也不是自我陶醉可以保持下去的，要时刻保持危机意识。更何况我们的现状还不是居安思危，而是说按下葫芦浮起瓢，我们的危机从来没有停止过，一直都是危机四伏！

31.艾克拜尔·米吉提： 为什么说危机四伏？

颜建国： 发展的道路，难免出现一些曲折，一些失误。这些年我们过度强调经济文明，却忽略了精神文明；过分强调了一部分人先富起来，却忽略了没有富起来的那一部分人；过度强调了生产力，却忽略了生产关系；过分强调了经济基础，却忽略了上层建筑；过分强调了国际接轨，却忽略了民族道路。虽然我们一直说"中国特色"，但许多方面却是"美国特色"，以上几个"过分"，几个"忽略"，导致的局面就是中国经济腾飞，中国品牌滞后。

32.艾克拜尔·米吉提： 为什么这样说呢？

颜建国： 具体来讲，就是经济发展，让我们付出了惨痛的代价，两极分化，贫富不均，环境污染，通货膨胀，一些中小企业生存艰难，就算那些获得较大国际影响的企业，虽然是既得利益者，然而也暴露出许多危机。比如中国制造多，中国设计却不多，利润的大头被其他国家拿走；中国制造多，但是中国的假冒伪劣多；凡此种种，都暴露出民族品牌的危机。必须要发起一场民族品牌总动员，才能唤起更多人加入到民族大复兴的行列中。我们搞英雄儿女品牌联盟，就是要力挽狂澜，恢复中华民族品牌的尊严和威严。

03、品牌是一个企业不可或缺的标配

33.艾克拜尔·米吉提： 对于企业而言，品牌有什么优点？可以给我们带来什么好处？

颜建国： 品牌是一个企业的标配，它就像人的名字、鞋子、裤子一样，不可或缺。没有品牌，别人根本分不清、记不住你。好比卖牛奶，内蒙古的牛奶和东北的牛奶有什么区别？你就得有品牌，说明你的产地是内蒙古，还是东北；同样是内蒙古的牛奶，蒙牛和伊利有什么区别？这个必须建立自己的品牌。所以品牌的第一个作用就是把自己和别人区别开来。连猴子都需要自己的品牌。假如孙悟空没有自己的品牌，谁知道孙悟空是谁呢？人们怎么样从千万人中一眼认出孙悟空呢？首先要看

谁像猴子，其次要把这一个猴子和其他猴子区别开来。归根结底，小到个人，大到国家，穷如乞丐，贵如王子，都需要品牌。

34.艾克拜尔·米吉提： 如果没有品牌会出现什么情况？

颜建国： 没有品牌是非常危险的，就可能陷入一种阿Q式的困境，陷入一种身份危机。你看鲁迅先生的《阿Q正传》，里面阿Q为什么别人瞧不起他？因为他连自己姓什么都是模糊不清的，他说自己姓赵，可是别人说他不配姓赵！他也没有文化，临死前不会写字签名，画圆圈代替签名，连个圈都画不圆。阿Q就是没有自己品牌的。

35.艾克拜尔·米吉提： 品牌还有什么作用？

颜建国： 品牌的作用非常多，比如加强团队，凝聚粉丝，推广产品，扩大市场，吸引投资，建立联合，快速复制……

36.艾克拜尔·米吉提： 能不能详细谈谈？

颜建国： 没有品牌的团队，是一盘散沙，一触即溃的。街上一百个卖羊肉串的，也还是一盘散沙。可是如果一百个卖同一种羊肉串的，那可就是一道亮丽的风景线，一个不可小觑的品牌。它对于食客的吸引力，是不可估量的。它甚至可以把一个城市的口味都给改变了。你可以算一笔账，一个摊一百个顾客，一百个摊一万个顾客……他已经成为一个军团！销售扩张，都是成几何级数的，是可以移风易俗的。作为新疆人，新疆羊肉串对中国人饮食习惯的改变，了解肯定更多！新疆羊肉串就是一个了不起的品牌！

37.艾克拜尔·米吉提： 新疆羊肉串是一个极为罕见的特例，难以复制。一般来说，品牌是大企业的特权，中小微企业还是有些望洋兴叹。

颜建国： 认为品牌是大企业的专利，这是一个误会！诚然，大企业需要品牌，必须要有品牌，然而中小微企业更需要品牌。他们面临的竞争更加激烈，更加危险，环境更加恶劣。千万不要以为中小微企业就可以因陋就简，不要品牌了。阿Q，这就是中国企业特别是中国中小微企业的一种写照。越小越需要联合，越小越需要品牌。中国中小微企业的品牌意识如果不能早日觉醒，那么很可能就会像阿Q一样稀里糊涂地被消灭掉。

38.艾克拜尔·米吉提：被什么对手消灭掉？

颜建国：可能被国内其他企业消灭掉，也可能被外资企业消灭掉。

39.艾克拜尔·米吉提：被国内企业消灭掉，那不是肉烂在锅里吗？

颜建国：表面上看，是肉烂在锅里，然而也应该看到其他的情况，由于国家监管体系的不足，有些企业背景不明，就像有假的外资企业一样，也有假的内资企业，假的内资企业为外资效劳，充当保护伞，这对于那些真正的内资企业，特别是中小微企业的打击，都是致命性的。

40.艾克拜尔·米吉提：现在的企业很重视品牌，很多申请了自己的专利，至少也注册了自己的商标。这是不是就意味着他们都有了自己的品牌？

颜建国：这是把品牌想得过于简单化了，品牌是一个系统工程，并非申请专利，注册商标那么简单。申请专利，注册商标，只能说明一个婴儿合法出生，在户口本上登记在册，有自己的名字了。然而这只是一个开始，而不是结束！以后你还要为这个孩子的健康成长付出各种呵护，缴纳各种费用，还需要慢慢等待他的成长，为他提心吊胆，彻夜不眠，你还要培育他，帮助他，真正长大成人，成名成家，你才能从他身上得到回报。

41.艾克拜尔·米吉提：是不是从他身上得到回报时，就可以松一口气了？

颜建国：松一口气，谈何容易。虽然得到回报了，但是焉知这种回报不是更大投入的开始？打一个比方，孩子学习好，得了荣誉，得了奖金，你能指望这笔奖金用于家庭其他方面吗？恐怕用在孩子自己身上都不够！可能随着得奖，你会有更多的灵感，更多的计划，更高的要求，更多的预算……在更加漫长的日子里，你还需要继续为他付出，买房子，娶媳妇，带孩子……培养一个品牌也是如此。品牌是一个时间概念，而不是一个瞬间概念；是一个动词，而不是一个名词;是进行时，而不是完成时。品牌需要年年讲，月月讲，天天讲，日积月累，不断重复，不断强化，不断培育。没有时间积淀的品牌，不具有说服力。没有大量情感、劳动、经济投入的品牌，不具有说服力。你十世单传，生一个白白胖胖的儿子，全家高兴，全家族高兴，没问题，没有人反对，可是你让他去上大学，应聘世界五百强，那就是笑话！品牌强大与否，不能只看个人感受，看给你自己带来价值，带来存在感，还要充分体现你的实力，为他人带来价值，为他人带来存在感。只有别人对你品牌的认识和你基本一致时，你的品牌才算成熟。

42.艾克拜尔·米吉提： 培育一个品牌不容易，培育一个优秀的大品牌更加不容易，那么请问什么样的品牌才算是一个优秀的品牌？

颜建国： 皮之不存，毛将焉附。优秀品牌不能孤立于国家品牌和民族品牌之外独立存在。优秀品牌首先要依托于国家品牌和民族品牌，人类有史以来一切的经济学都是政治经济学，同样，一切的品牌也都要找到强大的政治后盾。把自己的企业品牌、产品品牌纳入到国家品牌、民族品牌当中，成为国家国防大军之外的另一支大军——产业大军、经济大军，以国家的愿景为自己的愿景，以民族的崛起为自己的崛起，以民族的忧患为自己的忧患。这样的品牌才是优秀的品牌。做企业是一种担当，一种付出，如果仅仅想从国家那里要政策，要资金，那么这样的企业所做的品牌是先天不足的，是没有前途、没有出息的，它势必会淹没在未来各种新品牌的汪洋大海之中。

43.艾克拜尔·米吉提： 现在具有这种担当的品牌太少了，都是经济动物，逐利是资本的天性，也是人的天性。

颜建国： 生活中不光有苟且，还有诗和远方，还有情怀，还有信仰，还有担当。唯利是图，把大写的人贬低为小写的人，这是对中华民族光荣传统的抹黑与侮辱。战国时期，有一个商人弦高，听说秦军想要借道入侵，赶紧假装犒劳秦军，秦军一看觉得对方对自己的阴谋已经了如指掌，严阵以待，于是不敢造次，放弃了入侵计划。把国家利益置于个人利益之上，这才是真正的商人情怀。而秦国的吕不韦，养了几千门客，以一己之力，整理传统文化典籍，研究治国安邦的思想，为秦始皇统一中国做理论准备。抗日战争时期，陈嘉庚等一大批爱国商人，倾家荡产支持抗日事业。抗美援朝时期，爱国商人不惜代价，捐飞机的，捐大炮的，捐军衣的，不一而足……只是当代的许多商人，过于掉进钱眼，拔一毛利天下而不为。甚至在汶川大地震这样的巨大灾难发生时还有某大企业，以自己的冷漠为炒作题材，不以为耻，反以为荣。更有企业与境外资本勾结，打压民族企业，打压民族品牌，打压爱国力量，长此以往是没有好下场的，他们品牌的衰落也是必然的。

44.艾克拜尔·米吉提： 这个时代有些事真是令人汗颜，那么还有没有有担当的品牌？

颜建国： 纵然如此，也不是所有的企业都是如此没有节操。比如我们英雄儿女品牌联盟，就是一个积极的探索。

45.艾克拜尔·米吉提： 优秀的企业品牌和产品品牌，应当与国家品牌、民族品牌保持高度一致，那么我们的国家品牌和民族品牌又体现出一种什么样的特征呢？

颜建国： 在我看来，中华民族、中华人民共和国、中国共产党，是三位一体的，中华民族奠定了五千年的伟大文化，中华人民共和国则让中华民族浴火重生，中国共产党则是中华民族伟大复兴的直接领导者。这个三位一体，表现为勤劳勇敢，坚韧不拔，牺牲奉献，百折不挠，这样一种无私无畏的英雄主义精神！是满满的正能量！我们的企业品牌、产品品牌，都要具备这样的优秀基因，具备这样的基因，它对于这个国家来说，才是"亲生的"，这种品牌无论属于哪个行业，哪个产品，都体现出中华民族的符号价值。而凡是缺少这种基因的品牌，即使暂时赚了大钱、快钱，却由于局部或全部脱离这些基因，仍然是垃圾品牌，只不过是流行度高的垃圾品牌而已，对于世界缺少正面的影响力，其品牌寿命也是难以长久的。

46.艾克拜尔·米吉提： 具备这些强大基因的品牌，应该表现出一种什么样的文化特点？

颜建国： 具体来说，就应该体现出一种英雄文化。一种阳刚之气，一种英雄之气，一种豪迈之气，是"安得猛士兮守四方"，是"不破楼兰终不还"，是"八千里路云和月"，是"我自横刀向天笑"，是"貂裘换酒也堪豪"，是"万水千山只等闲"，是"敢叫日月换新天"，这是何等的大气磅礴！我们的企业品牌和产品品牌，都应该具备这样的文化特点。没有这样的文化特点，是会在激烈的品牌竞争中被淹没的。

47.艾克拜尔·米吉提： 这样的文化特点有什么优越性？

颜建国： 首先是精神层面，它具有政治上的正义性，它传导的是中华民族、正面的价值观，是正能量。不是小桥流水，风花雪月，但它却是小桥流水和风花雪月的创造者、捍卫者。它以情怀服人，以气势服人。

48.艾克拜尔·米吉提： 它还有什么优点？

颜建国： 在形式上，具有形式的生动性，风格的鲜明性。我们知道，品牌都是有注册商标的，注册商标需要运用到语言文字。而改革开放30多年来，企业竞争激烈，使许多词语也成为稀缺资源，好名字都被抢注得差不多了，好名字越来越少，短名字越来越少。一些生僻、奇怪的名字，品牌价值也是存在的，然而它不鲜明。有些不容易读，有些不容易记，有些和其他品牌、其他国家产品混同。有些品牌前后不一致，定位不一致，产品不一致，受众人群不一致。想追随潮流，却被潮流误导和抛弃……这种种因素，都制约着一个品牌成为优秀品牌。

49.艾克拜尔·米吉提： 优秀品牌还应该具备什么样的优点？

颜建国： 优秀品牌还应该具备运作上的凝聚力。这些年过多强调了竞争，却忽略了合作，人人都想出头露面，却没有人在背后做幕后英雄。而只有足够的幕后英雄，强大的后方才能保证强大的前方。凝聚力，则可以各司其职，取长补短，每个人自己做好自己应该做的事情。这样的运作，才能够让一切能量最大化的。

50.艾克拜尔·米吉提： 优秀品牌与受众应该有良好的互动性？

颜建国： 与受众的良好互动，这正是我们所要谈到的第四点。在传统意义上，生产者是生产者，销售者是销售者，消费者是消费者，三方各自为政，甚至各自隔绝、各自对立，如果发生分歧，公说公有理，婆说婆有理。这样的关系，不能很好地调动各方的积极性，拧成一股绳，一致向前。而到了这个时代，优秀的品牌与时俱进，打破了许多界限。优秀的品牌，需要建立一个生态系统。它基因纯正，定位清晰，活力四射，生机勃勃，能够吸引人，提高凝聚力，建立忠诚度，为别人提供价值。面对日新月异的时代，又能够保持学习能力，从而可以不断自我更新。它不是一个盆景，一束鲜花，而是一个花园，它的周围有泥土，有流水，有蜜蜂，有蝴蝶……甚至蓝天白云太阳都可以和它互动。这样的品牌可以最快速度传播，可以让最多的人群参与传播，长期传播。

51.艾克拜尔·米吉提： 优秀的品牌还应该具备什么特点？

颜建国： 一个优秀的品牌还应该具备国际的认同度。我们天天讲开放，什么是开放？真正的开放不光要引进来，还需要走出去！民族品牌不能永远躲在自己家里，赚自己家人的钱，这样的民族品牌没出息。是马就要跑，是鸟就要飞，是鱼就要游，民族品牌要走出国门，冲出亚洲，走向世界。把中华民族的智慧分享给全世界！把中华民族的正气分享给全世界！之前我们说"越是民族的，就越是世界的"，现在我们要补充一句：我们的民族品牌，越是世界的，就越是民族的！越能够在世界上为国争光，你就越是民族的！

52.艾克拜尔·米吉提： 民族品牌如何获得国际上的认同？

颜建国： 获得国际上的认同，需要遵循国际上的普遍价值观。所谓"得道多助，失道寡助"。一个国家的利益、一个民族的利益，必须同时也符合世界上大多数国家和民族的普遍利益。符合大多数国家和民族的普遍利益，就能够得到国际社会的广泛认同。中华民族热爱和平，是讲道义、有担当的大国，中国的和平崛起符合世界上大多数国家和民族的利益，甚至也符合那些对中国有敌意的国家人民的利益。中国品牌的崛起也必然受到这些国家人民的欢迎和支持。世界需要中国这样的合作者、教导者和领导者。而中国产品，中国品牌，则是中国的最佳代言人！

04、建立民族品牌保护的长城

53.艾克拜尔·米吉提： 长远地看，西方品牌总体上呈衰退趋势，而中国品牌呈上升趋势，然而也不能掉以轻心。你对中国和外国品牌未来的竞争，有什么看法？

颜建国： 每一个民族，每一个国家，其在历史舞台上的活跃时间，都是有一定周期的，没有永远的主角。就像当初西方国家代替中国，成为主角是历史的必然趋势一样，中国再一次崛起，王者归来，取代西方，这也是历史的必然趋势。中国和西方需要做的都是顺势而为。二者之间既有竞争，也有合作。中国如何适应这个角色？就要练好内功。

54.艾克拜尔·米吉提： 练好内功是竞争的前提条件。

颜建国： 是必要条件，而不是充分条件。练好内功是必需的，然而仅仅练好内功还是远远不够的！现在的竞争越来越激烈，甚至练好内功都不能完全应对瞬息万变的时代。你看《水浒传》，里面有李逵和李鬼；看《西游记》，里面有真假美猴王；你上微信和微博，里面说不上就会有人下载你的头像，模仿你的网名，冒充你干坏事！

55.艾克拜尔·米吉提： 是啊，盗版、山寨可以迅速让一个真的品牌蒙受无妄之灾。

颜建国： 这就需要更好的品牌保护机制了。打击盗版，打击山寨，这是民族品牌相当长历史时期内必须关注的问题。然而仅仅做好这些，还不能保护民族品牌安然无恙。

56.艾克拜尔·米吉提： 为什么？难道还有比盗版、山寨更加可怕的威胁？

颜建国： 是的。盗版和山寨，基本上都是国内的人在搞，虽然不好，归根结底肥水不流外人田，山寨一段时间也许这些山寨企业就会洗掉原罪，改邪归正，加入到民族品牌的大家庭里。最可怕的还是那些来自国外的企业，它们对民族品牌可以说是虎视眈眈，亡我之心不死。改革开放之初，他们就利用我们的封闭和无知，打一个观念差和时间差，占了我们很大的便宜，使我们失去了若干大好机会，成为它们的附庸。

57.艾克拜尔·米吉提： 能不能详细讲讲？

颜建国： 由于我们改革开放时间短，经验少，对于品牌的价值认识不足，当遇到外资收购的时候，并不知道这是一次品牌战争，甚至是争夺国内市场垄断地位、消灭国内同行的战争。听说对方出"天价"，就见钱眼开，想不到品牌被收购之后，被束之高阁，而与此同时，外国品牌则大肆进攻，民族品牌长时间没有还手之力！这是民族品牌的第一次失败。

58.艾克拜尔·米吉提： 也有人认为企业本身拿到了这笔钱，已经赚了。

颜建国： 品牌是活的，钱是死的。品牌如果经营好了，是一架高速运转的印钞机。钱是可以花完的，而印钞机却是长期使用的。因为品牌具有无形价值，具有强大的辐射力。民族品牌卖给外国企业，别说这个企业本身赔了，就算赚大了，对于国家，对于民族都是得不偿失的。因为一些品牌，占据着某个行业的桥头堡。如果失去民族品牌这个桥头堡，就像吴三桂敞开山海关，放清军长驱直入、大肆屠戮一样。

59.艾克拜尔·米吉提： 媒体上有一种观点，说外资产品长驱直入，可以打破国内一些行业龙头老大的垄断，提高质量，降低价格，对消费者有利。

颜建国： 这是境外资本主导的一种虚假宣传，带有极大的野心，极强的恶意，也是与事实完全相反的。比如日化产品，日化行业，30年前，中国曾经是拥有自己的品牌，然而由于品牌意识薄弱，看事情不长远，这些品牌还在萌芽状态就被老谋深算的外国企业低价收购，失去半壁江山，从而丢掉了整个行业的话语权和控制权，被外国品牌垄断。你看看现在的洗发水、化妆品，现在还有几个品牌不是外国的？在被他们占领之前，许多人幻想着引入市场竞争机制，外国人会给我们白白提供物美价廉的产品，可是事实呢？他们完全成为霸王，把国内品牌挤入低端品牌，他们全面涨价，消费者并没有得到任何好处！被外资收购，绝对是一失足成千古恨！

60.艾克拜尔·米吉提：外资对民族品牌的收购，并没有那么普遍，还有一些品牌仍然属于中国人。

颜建国：这里有几个概念需要区分清楚，华裔，中国人，中国控股，中国参股。有些人曾经是中国人，现在也在中国做生意，然而他们早已取得了外国身份，外籍或者双重国籍，那么他们的品牌还是不是中国品牌？不能完全说不是，然而已经大打折扣了。这些品牌在用中国原料，透支中国资源，消耗中国能源，污染中国环境，中国员工，卖到中国市场，赚的是中国人的钱，打压的是其他纯粹的中国品牌，挤占的是中国本土企业的生存空间，他们吃掉了最好的肉，却把骨头和汤留给了我们中国人！他们的高管年薪几百万美元，而我们的工人累死累活却只有几百、几千美元，差距是成千上万倍！生产出来的产品，最好的拉出去低价卖给高收入的他们，质量次一些的留下来高价卖给低收入的中国人……这些现象，虽然合法，但未必合情合理。中国人看到这些应该好好想一想。

61.艾克拜尔·米吉提：刚才谈了民族品牌的第一次失败，请问民族品牌的第二次失败是怎样的？

颜建国：民族品牌的第一次失败，是收购。第二次失败则是代工。当西方品牌发现中国的消费能力日益提高，中国市场容易扩大，与此同时，西方的高福利政策，使他们的本土国民越来越轻视体力劳动，日益扩大的市场和日益增长的劳动成本，使他们改变策略，寻找代工！而这正好迎合了中国企业产能过剩的需求。于是大量的代工风起云涌了。

62.艾克拜尔·米吉提：代工也为中国解决了大量就业，增加了许多GDP。

颜建国：确实如此，然而这只是一种短视，是剜肉补疮，是饮鸩止渴。为什么这么说呢？首先，代工拿走了大多数的利润，中国企业也只是挣了一点辛苦钱，他们做的许多事情都是人家嫌利润低不愿意干的事情。

其次，这些工作技术含量不高，会使中国企业麻痹，长期处于产业链的下游而不自知，不能为中国培养懂技术的产业生力军。

最后，这样对于塑造国家形象非常不利。一提起菲律宾一般人会想起什么？保姆。一提起黑人一般人会想起什么？犯罪。不是我们喜欢种族歧视，而是这些国家和民族的形象已经在全世界固化了。这种固化有别人的原因，有媒体的原因，也有这些国家和民族自身的原因。这个国家和民族形象如果在全世界固化了，可能一百年都难改过来。清朝和民国时期造成的中国人"好欺负"的印象，现在也还没有完全被改过来！未来，我们中国人希望自己的国际形象都是蓝领工人吗？希望自己的国际形象都是厨师吗？我想绝大多数人都是不愿意的。我们必须建立民族品牌的钢铁长城！建立繁荣、富强、智慧、和平的国际形象。

63.艾克拜尔·米吉提： 看来中国与外国品牌相比，还有许多差距，这些差距是如何形成的？

颜建国： 这种差距的形成，至少有一个是文化方面的原因。中国人崇尚儒家文化，重视集体、道义；而西方人重视个体、利益。两种截然不同的文化，必然导致两种截然不同的品牌意识。文艺复兴、启蒙运动，特别是工业革命以后，西方品牌意识觉醒，开始大规模重视品牌保护。这样慢慢就出现了现代品牌。而中国品牌意识，受到了文化的制约，根本无法和西方国家品牌抗衡。可以说中国品牌意识是被动出现的。

64.艾克拜尔·米吉提： 能不能详细一点？

颜建国： 中国一直是文明古国，中国文化一直没有断裂过，除了短时间的分裂以外，中国版图绝大多数时间是大一统状态，这就决定了中国经济一直遥遥领先，甚至在鸦片战争时期中国的GDP都是世界第一。但是中国过去是农业社会，工业落后，生活节奏慢，人员流动少。许多分歧都可以用人情、道德调节。然而西风东渐，中国和西方处于冲突状态，这样的冲突可以说是两个时代的战争，野蛮的现代西方人与文明优雅的中国人发生了战争，可想而知，这是一场根本不成比例的战争。这样的战争，中国的失败是必然的。

鸦片战争之后，国门被打开，洋货大规模涌进，国货很快显出捉襟见肘之处。从那个时代一些物品的名称就可以听出来，洋布、洋蜡、洋火、洋铁皮……民族品牌、民族资本奄奄一息，加上战争频繁，工业发展缓慢。后来中华人民共和国成立，由于总体上是计划经济，与外界尤其是西方发达社会直接交锋不多，经验不足，品牌意识薄弱，甚至在改革开放后相当长时期内，甚至到现在，都没有摆脱。

65.艾克拜尔·米吉提： 中国品牌和西方品牌的差距主要表现在哪些方面？

颜建国： 中国品牌和西方品牌差距，主要表现在五个方面。

一是品牌意识薄弱；认识不到品牌的重要性，简单认为只要注册专利和商标就可以万事大吉；而没有把品牌当成一个不可或缺、长期维护的系统工程。

二是过分迷信全球化，缺少民族品牌保护观念，甚至认为一些领域中国可以依附于外国，不需要独立自主；"造不如买，买不如租"的思想严重。

三是行业布局不合理，过多依赖于高能耗产业，尤其是房地产业，过多依赖于贸易，对于创新重视不够；中国品牌依赖于高能耗、高污染行业，房地产、煤炭、石油……这些传统企业较多，福布斯榜上绝大多数都是房地产公司，或者以房地产为主业的公司，而世界发达国家的却不是这样，他们的房子是用来住的，不是用来拆的，不是用来炒的……中国品牌无烟工业，特别是文化产业方面动力不足。

四是中国一些企业缺少产业链思维，产品单一，用户单一，市场单一，单打独斗，许多应该占领的领域未能占领，许多应该获得的利润未能获得，许多应该开拓的市场未能开拓，极大地限制了品牌的发展空间。

五是由于整体上对于中小微企业重要性认识不足，扶植不力，经常是任其自生自灭，这种普遍的制度性歧视，使中国的中小微企业雪上加霜。

66.艾克拜尔·米吉提：这些问题，有些我们之前谈过，请问你理解的产业链是什么样的？

颜建国：打一个比方，如果说产业是鱼，那么产业链则是整个的鱼塘，包括鱼塘周围的芦苇、鸭子、岸上的果树、花卉、蜜蜂、蝴蝶、青蛙……它们是一个完整的生态系统，可以互相共生，互相循环，源源不断。各种各样的短视行为，让我们只看到了鱼，看不到比鱼多得多的其他东西。而我们的英雄儿女品牌则是要教会中国企业，包括广大中小微企业，培养一种产业链思维。不是授人以鱼，不是授人以渔，而是授人以塘。英雄儿女品牌联盟，就是要完成这个使命。

05、中小微企业的解决方案

67.艾克拜尔·米吉提：根据你的研究，中小微企业是没有能力做自己的品牌的。

颜建国：确实如此，进入新世纪，企业竞争更加激烈，"马太效应"更加突出。强者更强，弱者更弱。中小微企业的境况可想而知。这是一个矛盾，一方面中小微企业比其他企业更需要做品牌，才能在强手如林的竞争中存活下来；另一方面，中小微企业比其他企业更难做自己的品牌。

68.艾克拜尔·米吉提：那么有没有什么好的办法，解决中小微企业的燃眉之急？

颜建国：我一再强调，政治经济学。一切过多夸大市场力量，却忽视政治力量的经济学，都是注定会走弯路的。改革开放30多年产生的那些大企业，是政治经济学的结果，他们的成功诚然有自身的努力与智慧，然而离不开共产党的英明领导，离不开政府的大力扶持。中小微企业如果想获得更大的成长空间，首先要考虑争取政策性支持。没有政策性支持，自己再努力，都是事倍功半，甚至南辕北辙。

69.艾克拜尔·米吉提：中国的中小微企业多如牛毛，如果每一个都寻求政策性支持，可能政府也管不过来。那些得不到政策性支持的中小微企业怎么办？

颜建国：一方面我们要不断为中小微企业鼓与呼，利用自己掌握的各种媒体，各种资源，呼求更大的政策性支持；另一方面，也致力于为中小微企业创造其他机会。一个篱笆三个桩，一个好汉三个帮，中小微企业要想在白热化的激烈竞争中存活下来，除了政策性支持以外，还可以与其他同行联合，搞统一战线。改革开放30多年，中国经济取得了无与伦比的巨大成就。其中一个秘密就是中国企业具有一种得天独厚的凝聚力。什么凝聚力？像一家人一样的凝聚力。过去的普遍观点是家族企业制约了中国企业的发展，那是一种偏见，已经被证伪的偏见。事实恰恰相反，中国之所以能够在改革开放30多年飞速发展，得益于家庭企业。中国是宗法社会，非常讲究亲情血缘，家族企业是最有效的合作和管理模式。中小微企业要想做大，就需要提升自身的凝聚力，与更多的企业建立深层的紧密关系。

70. 艾克拜尔·米吉提：你的意思是这些中小微企业之间建立一种类似于家族企业那样的紧密合作关系？

颜建国：是的。松散的合作等于无合作，合作的前提是建立唇亡齿寒的亲密关系。

71. 艾克拜尔·米吉提：这个想法听着不错，不过众口难调，这种紧密合作的关系如何才能建立起来？

颜建国：企业用品牌加盟的方式加入我们的英雄儿女品牌联盟就可以了。

72. 艾克拜尔·米吉提：你们的英雄儿女品牌联盟，到底是一个什么样的组织？

颜建国：英雄儿女品牌联盟，是一个致力于民族品牌发生、发展、孵化、做强做大的联合体。它整合政府资源，发挥民间优势，运筹帷幄之中，决胜千年之外，力挺生产商，力扶销售商，培育消费商，它将运用自己强大的电子商务平台，在全国两千多个市、区、县设立推广联络站点，沟通各行各业，激活东西南北。

73.艾克拜尔·米吉提： 目前国内的电子商务平台，已经有不少了，那么英雄儿女品牌联盟有什么特色？

颜建国： 英雄儿女品牌联盟最大的特色就在于，它是一个有灵魂的平台，它是一个有信仰的平台！它是一个响应国家战略，代表国家形象，展示民族豪情的经济系统工程。

它的精神内涵可以用"正义、正气、担当、大爱"来概括，正义指的是，面对价值混乱的时代，能够登高一呼；正气指的是，面对不择手段的潮流，坚持有所不为；担当指的是，面对冷漠旁观的社会，能够挺身而出；大爱指的是，面对急功近利的时代，关注千秋万代！

74.艾克拜尔·米吉提： 英雄儿女品牌联盟的核心价值是什么？

颜建国： 英雄儿女品牌联盟的核心价值是"共享、共富、共创、共有"。

75.艾克拜尔·米吉提： "共享"有哪些内涵？

颜建国： 所谓共享，指的是平台对每一个成员公平开放，政治资源共享，文化资源共享，经济资源共享，品牌资源共享。生产、营销、消费各方，相互整合，相互推动，相互促进。

76.艾克拜尔·米吉提： "共富"有哪些内涵？

颜建国： 共富指的是，通过强大的品牌优势和平台运营，大规模发展线下网络，实现财富倍增、团队倍增和品牌价值倍增，快速富裕，共同富裕，持续富裕。

77.艾克拜尔·米吉提： "共创"有哪些内涵？

颜建国： 共创指的是，以多方整合、跨界合作的方式，融汇百业，点化百业，取长补短，出奇制胜，依托模优势和平台优势，用出神入化的激励机制，挖掘潜力，加速成长，立体营销，实现双赢、多赢。

78.艾克拜尔·米吉提： "共有"有哪些内涵？

颜建国： 共有指的是，打破生产商、流通商和消费商之间的壁垒，肝胆相照，心心相印，你中有我，我中有你，以消费促销售，以销售促生产，高速成长，永续发展，完善互联网+时代的生态系统，实现良性循环。

79.艾克拜尔·米吉提： 关于平台的命名，为什么没有选一个时尚、年轻一些的名称？

颜建国： 这与我们的精神主旨是息息相关的。"英雄儿女"四个字，属于极为稀缺的汉字资源。由于汉字组合有限，好听、好记的名字早在20年前就已经被抢注完毕！而我们的"英雄儿女"，明确清晰，好听易记，寓意深远，又和国家主流文化紧密吻合。更能和电影《英雄儿女》同名，政治意义巨大。电影《英雄儿女》曾经轰动一时，感动了整个中国，影响了几代人。它的观众，其中相当一部分都是中国当今政治领域、经济领域、文化领域的中流砥柱，包括我们的政治局常委，都是受到电影《英雄儿女》电影影响成长起来的。电影主题歌《英雄赞歌》更是家喻户晓，唱了半个多世纪，还曾登上2011年春节联欢晚会，掀起一次新的英雄文化传播和复兴高潮。而《英雄儿女》电影主演刘世龙老人，和我们团队都有着非常密切的关系，曾经与我们团队一起，在全国各地采风、访问。英雄儿女四个字所关联到的一切，都有着巨大的知名度和美誉度，都会源源不断转化为我们的品牌价值，它所关联到的所有资源也都会成为我们的资源。

80.艾克拜尔·米吉提： 品牌联盟和品牌加盟有什么异同？

颜建国： 品牌加盟是一种十分成熟的经营方式，当一个品牌做强做大之后，会产生巨大的无形资产，这种无形资产具有巨大的符号价值，能够轻而易举唤起消费者的联想，唤起消费者对后续产品的潜在需求。这是一种"爱屋及乌"的心理。为了使品牌效益最大化，就可以授权其他企业，享有其名称、标识及其他关于专有特征，甚至开设分店。品牌加盟是一个品牌扩张的强有力手段。麦当劳、肯德基之所以能够无所不在，也引起了无数爱国人士的反对，就是因为它们的品牌加盟，不仅收取了中国人的巨额加盟费，还改变了中国人的饮食习惯，挤占了无数中国企业的生存空间。

81.艾克拜尔·米吉提：迪士尼和肯德基、麦当劳有什么不同？

颜建国：如果说肯德基、麦当劳是针对中国人的味觉战争，那么迪士尼则是一个全方位的战争，是一个开放的大使馆。我们知道，迪士尼是美国的动画品牌，好莱坞大片抢占了世界成年人的眼球，迪士尼则抢占了未成年人的眼球。要知道，一个人的童年经验可以影响他的一生。从小看迪士尼动画片，会被它心理暗示，会不由自主把美国当成世界上一切的标准，会不知不觉把自己假定为美国人，这种心理烙印可能一辈子都难以抹去。可以说它一直在不遗余力给全世界儿童洗脑，特别是给中国孩子洗脑。最耐人寻味的是，这样的洗脑是向我们的孩子收取高额洗脑费的，换言之，我们被洗脑了，还要自己埋单。上海迪士尼开业，门庭若市。不要以为是美国人在给我们掏钱，羊毛出在羊身上，许多所谓的外国投资，归根结底都是中国人自己埋单，迪士尼更是毫不手软。据有关资料统计，迪士尼从动画形象授权、衍生产品销售等得到的收入，占它全部收入的40%，如果加上迪士尼乐园的收入，则高达85%以上。以授权开发的模式，迪士尼在全世界可每年收入400亿美元以上！

82.艾克拜尔·米吉提：英雄儿女是要立志做中国的迪士尼吗？

颜建国：从国家利益、民族利益的角度看，迪士尼是我们的对手。从经营的角度看，迪士尼是我们的老师，值得认真学习，并有所创新，有所超越。

83.艾克拜尔·米吉提：目前英雄儿女各方面实力，都不能和迪士尼相比，如何向迪士尼学习，并且超越它？

颜建国：有一句话，人民群众是历史的创造者。包括肯德基、麦当劳、迪士尼在内，这些美国品牌虽然厉害，然而它主要的利润来自哪里？当然都是来自中国！如果中国人能被美国人组织起来，动员起来，那么更应该由中国人、中国企业动员起来！

84.艾克拜尔·米吉提：如果中国人是被中国企业动员起来，为什么不是那些大企业，而是你们英雄儿女品牌联盟？

颜建国：我们不能说我们是唯一参加民族品牌总动员的企业，这是一场大兵团作战，不同的企业在不同的战线，担任不同的使命。我们不是那种大企业，然而我们掌握着全国最有生命力的一大批中小微企业，众志成城，这么多中小微企业加入英雄儿女品牌联盟，我们就可以组成一个大企业，甚至是比那些大企业还要大的企业。

85.艾克拜尔·米吉提：所有的品牌加盟，都是收取许可费的，而且这个费用不低，分布于各个行业、各个角落的中小微企业，能承担得起这样的费用吗？

颜建国：这是一个非常实际的问题，对于中国的中小微企业而言，自己开发品牌，维护品牌，能力不足，加盟一个大的品牌，仍然困难重重，这就需要引入品牌联盟的概念了。品牌联盟绝对不会像品牌加盟那样漫天要价，造成企业的巨大负担。

86.艾克拜尔·米吉提：那么请问，什么是品牌联盟？

颜建国：就是一大批志同道合的中小微企业，为了一个共同目标，形成的品牌联合体。各成员企业和机构之间同舟共济，互惠互利，齐头并进，双赢多赢。

87.艾克拜尔·米吉提：加入英雄儿女品牌联盟需要缴纳费用吗？

颜建国：英雄儿女品牌是一个公益性的项目，不以营利为目的，更不以会员费为收入来源，所以会有若干免费服务；如果有特殊情况需要收费的，也是象征性收取成本费。

88.艾克拜尔·米吉提：加入英雄儿女品牌联盟的企业，会得到什么样的收益？

颜建国：英雄儿女品牌联盟，是一个公益性的项目。首先要明确一点，我们做企业、加入英雄儿女品牌联盟的目的是什么？如果带着急功近利的目的来，想赚快钱，则是有可能会大失所望的。如果要是带着努力工作、早日适应的心态，那么一定是会有一份沉甸甸的收获的。总部把自己的独特优势全都委托授权，使这些企业网开一面，画龙点睛，雪中送炭，给他们带来天翻地覆的变化，从它们中间，必定会有新的华为、联想、娃哈哈成长起来！

89.艾克拜尔·米吉提： 企业和机构如何加入英雄儿女品牌联盟？

颜建国： "英雄儿女"品牌联盟总部，整合全国各地志同道合的两类中小微企业，加入品牌联盟。第一类是生产商，第二类是流通商。生产商遇到各种典型问题，如没有商标，或虽有商标却没有品牌，没有知名度；没有能力支付巨额广告费的；产品定位混乱，形象模糊的；没有高端资源的；没有人才的；没有资金的……这些问题成为制约中小微企业发展的瓶颈，在边远地区企业、初创企业身上表现得更加突出。这是生产商。我们将把自己的宝贵资源与他们共享，授权给他们，便于他们更好、更快地把各项工作开展起来。

而那些流通商虽然具有一定的资源和实力，但是在文化底蕴、顶层设计方面，功亏一篑。受到网络时代的冲击，更是如临大敌。流通商加入英雄儿女品牌联盟，可以登高望远，开阔眼界，解除危机，使自己的各种潜力最大化。

90.艾克拜尔·米吉提： 英雄儿女品牌联盟，是否会吸收个人加入？

颜建国： 个人是必不可少的，离开了个人，我们的英雄儿女品牌联盟根本就无法成立。

91.艾克拜尔·米吉提： 为什么这样说？

颜建国： 过去有一句话"得终端者得天下"，什么是终端？过去的终端就是零售商，消费者是被动的客体，是产品的坟墓。在"互联网+"时代，消费者成了主体，成了终端，而且是活力四射的终端。每一个个体，都不再是孤立、抽象的顾客，而是一个个有立场、有观点、有激情、有创造力的粉丝和自媒体。他们不再是观望者、埋单者，还是一个个宣传者、组织者、销售者乃至投资者。只要充分认同你的理念和愿景，每一个消费者都可能成为迅速裂变的原子弹。过去一件商品到达消费者手里，一件商品的流通过程即告结束。而现在呢，一件商品到达消费者手里，它的流通才刚刚开始，更精彩的大戏还在后头呢！

92.艾克拜尔·米吉提： 听起来这似乎是商业史上的一场革命。

颜建国： 是的，这就是商业史上的一场革命，是从消费者到消费商的一次飞跃！这次飞跃将给中国经济带来巨大改变，能够跟随完成嬗变的，将从此拐入快车道；不能跟随嬗变的，则会财富缩水，甚至被清除出局。

93.艾克拜尔·米吉提： 令人向往！英雄儿女品牌联盟的准入门槛如何？有没有行业方面的限制？

颜建国： 英雄儿女品牌联盟立足现实，放眼未来，涵盖各行各业，适应士农工商。"英雄儿女"品牌联盟是英雄文化最生动的概念浓缩，具有广泛的知名度和公众接受度，蕴含着巨大的品牌价值和符号价值。我们现已以"英雄儿女"及系列英雄文化关联概念，在国内、国际注册了数百个品牌商标和形象符号，涵盖上千个商业领域，形成了十分全面、完整的知识产权保护体系。多个行业、多个领域加入，形成品牌矩阵，会更好地发挥英雄儿女的品牌潜力。

94.艾克拜尔·米吉提： 作为你们的消费商，有什么要求？

颜建国： 只要志同道合，没有什么条条框框，英雄儿女品牌联盟适合于任何人，并不以经济条件作为合作的基础。但是有一点，他们必须对新生事物保持高度的敏锐度。互联网+时代的来临，得益于技术，准确地说就是移动互联网和微视频的突飞猛进。对于移动互联网和微视频，把握好就是机会，把握不好就是坟墓。每一次技术革命，都会淘汰一批企业，兴起一批企业；淘汰一批品牌，兴起一些品牌；淘汰一批个人，兴起一批个人。我们希望那些有兴趣加入我们的个人，能够很好地使用移动互联网和微视频这样的武器，抓住这个千载难逢的绝佳机会。

95.艾克拜尔·米吉提： 对经济条件比较差的人群，你们会不会置之度外？

颜建国： 对于那些弱势群体，特别是来自老少边穷地区的人，只要自强不息，具有强烈的奋斗愿望，我们愿意加大扶植力度！在中国共产党奋斗史、共和国创业史上，老少边穷地区做出了无比巨大的奉献和牺牲。改革开放30多年，发达地区的人们都已经享受到了改革红利，而他们却仍落后于这个时代。借着互联网＋时代的来临，我们英雄儿女品牌联盟愿意投入到精准扶贫当中，助他们一臂之力，让他们早日过上有尊严的生活。

96.艾克拜尔·米吉提： 精准扶贫，和传统意义上的慈善有什么异同？

颜建国： 精准扶贫，是社会公益行为，却又不同于传统意义上的慈善。传统意义上的慈善，仅仅把弱势群体当成施舍对象，是不平等的，没有照顾到他们的心理需求，没有照顾到他们的尊严，是授人以鱼，是治标不治本，是不可持续发展的，已经产生了许多副作用。而英雄儿女品牌联盟，则是授人以渔，授人以塘，把弱势群体当成平等的创业伙伴。这样的扶贫，是理性的，是良性的，是可持续发展的。

97.艾克拜尔·米吉提： 外国人和外国品牌可以加入吗？

颜建国： 响应国家"一带一路"战略，与国际上一切进步力量更深地合作，是每一个中国人都应该具有的气度与情怀。我们英雄儿女品牌联盟，也是具有开放性的，不会故步自封，闭门造车。英雄儿女品牌联盟，欢迎对中国抱有好感、尊重中华民族、遵守中国法律的外国产品、外国品牌加入我们的行列，与我们一起分享中华民族的成功与光荣。因为现在的中国，在世界上的影响力越来越大了，中国无论投资能力，还是销售能力，还是消费能力，都是绝对一流的，不可忽略、不可替代的。得到中国市场，你就蒸蒸日上；失去中国市场，你就一败涂地。这已经是世界各国、各企业的共识。所以我们也把对中国抱有好感的外国企业作为长远的伙伴。只要不是反华企业，我们都表示欢迎，我们在利益上有交集。

98.艾克拜尔·米吉提：现在创业，都是先声夺人，媒体的力量越来越重要。请问你们有什么媒体优势？

颜建国：中央电视台微电影频道是我们的联合发起单位，媒体的优势得天独厚。还有许多传统媒体都可以合作。另外，我们还可以创办自己的影视公司，我们旗下还有若干微信公众平台，自媒体也是一支强大的宣传力量。

99.艾克拜尔·米吉提：现在是一个网红时代，你们有没有自己的网红？

颜建国：今年以来，网红这个词特别热，所谓网红就是网络红人的简称，它是社会发展到一定程度，特别是娱乐业发展到一定程度必然出现的现象。一些商家从中发现了商机，纷纷布局网红。网红经济时代，我们应该把握时代脉搏，进行跟踪研究。

100.艾克拜尔·米吉提：那么请问英雄儿女品牌联盟未来会在网红经济方面有何举措？

颜建国：网红经济的风口，我们理所应当占据。然而也应认识到，现在的网红有低俗化的趋势。即使那些格调较高、三观正确的网红，也是差强人意。按照网红罗振宇的说法，网红应该"有种、有趣、有料"，然而现在的网红有趣、有料者多，有种者少，多是以娱乐至死、娱乐致死为其追求。正能量的东西不多，英雄文化的东西不多，"有种"的东西不多。对这种时代趋势，英雄儿女品牌联盟不应该被动顺应，更应该主动影响它，改变它，让英雄人物成为这个时代的网红！今年全国各地遭遇了特大洪水，中间涌现出许多感人的英雄，然而媒体对他们的关注不足，人们对他们的尊敬不够，人们对他们的学习不够！今后共和国还会遇到考验，还会涌现出英雄人物。英雄儿女品牌联盟，要善用自己的平台优势，巧用自己的平台优势，为英雄人物树碑立传，让英雄人物成为永不磨灭的网红！

图书在版编目（ＣＩＰ）数据

英雄文化论 / 颜建国著. -- 武汉：长江文艺出版
社，2017.9
　ISBN 978-7-5354-9937-0

　Ⅰ.①英… Ⅱ.①颜… Ⅲ.①英雄-文化史-研究-
中国　Ⅳ.①K203

中国版本图书馆CIP数据核字(2017)第194092号

英雄文化论

颜建国　著

选题产品策划生产机构|北京长江新世纪文化传媒有限公司
选题策划|金丽红　黎　波　安波舜　孟　通
责任编辑|孟　通　刘艳艳　　助理编辑|刘笑迎
法律顾问|张艳萍　　　　媒体运营|洪振宇　　　　　责任印制|张志杰　王会利
装帧设计|小徐书装　　　内文制作|方加青

总　发　行|北京长江新世纪文化传媒有限公司
电　　话|010-58678881　　　　　传　真|010-58677346
地　　址|北京市朝阳区曙光西里甲6号时间国际大厦A座1905室
邮　　编|100028

出　　版|长江出版传媒　长江文艺出版社
地　　址|湖北省武汉市雄楚大街268号湖北出版文化城B座9-11楼
邮　　编|430070
印　　刷|三河市百盛印装有限公司
开　　本|710毫米×1000毫米　1/16　　　　印　张|21.5
版　　次|2017年09月第1版　　　　　　　印　次|2017年09月第1次印刷
字　　数|309千字
定　　价|99.00元